悠悠青史 岁月流逝

历史长河映照之中

沉淀的文化 古人的智慧

烛照人心

使今人以为鉴

血溅江东

姜狼 著

南北朝萧氏帝国往事

知识出版社

图书在版编目(CIP)数据

血溅江东:南北朝萧氏帝国往事.1 / 姜狼著. —北京:知识出版社,2011. 1
ISBN 978-7-5015-6176-6

Ⅰ.①血… Ⅱ.①姜… Ⅲ.①中国—古代史—南北朝时代—通俗读物 Ⅳ.①K239.09

中国版本图书馆 CIP 数据核字(2011)第 012211 号

选题策划　杨　静　方模启
执行策划　赵海霞
责任编辑　杨　静　冯妙华
责任印制　张新民
封面设计　乐尚图文工作室
装帧设计　何翠楠

知识出版社出版发行
地　　址　北京市西城区阜成门北大街 17 号
邮政编码　100037
电　　话　010-88390732
网　　址　http://www.ecph.com.cn
印　刷　厂　北京佳信达欣艺术印刷有限公司
开　　本　1/16
印　　张　14
字　　数　195 千字
印　　次　2011 年 4 月第 1 版　2011 年 4 月第 1 次印刷

ISBN 978-7-5015-6176-6　定价:25.00 元
本书如有印装质量问题,可与出版社联系调换。

前　言

自秦汉以来，中国历史上共出现六十多个为正史所承认的政权。在这些让人眼花缭乱的政权更迭中，有后人非常熟悉的统一政权，比如秦、汉、隋、唐、宋、元、明、清。有些割据政权，因为某些特殊的原因，也为后人所熟知，比如三国蜀汉，中国人有几个不知道刘备和诸葛亮呢？

但并非所有的割据政权都有蜀汉这样的幸运，毕竟罗贯中只有一个，《三国演义》只有一部。有些政权在当时虽然威风一时，但最终都被历史的滔天巨浪所淹没，在历史上籍籍无名。这些的政权虽然寂寞，却不缺乏精彩，比如此书将要讲述的南北朝南齐政权。

中国历史上的萧姓名人非常多，其中最有名的应该是西汉开国名相萧何。而萧姓历史上第一个皇帝，正是建立南齐的萧道成。其实，萧道成就是萧何的第二十四代孙。

刘宋元嘉四年（公元427年），武烈将军萧承之的夫人陈道正生下了一个大胖儿子，他就是后来的南齐皇帝萧道成。作为庶族地主家庭出身的萧承之，他并不指望这个儿子将来能有多么大的成就，毕竟在魏晋南北朝时，权力从来都是世家豪门的内部游戏。但所有人都没有想到，这个小名"斗将"的男孩子最终会闯进豪门的宴会，抢走所有的蛋糕。

刘宋帝国是一代铁血枭雄刘裕积三十年之功创建的。刘宋之初，国势强盛，刘裕的儿子宋文帝刘义隆开创了历史上赫赫有名的元嘉之治。但自刘义隆去世后，刘宋帝国开始不可逆转地走上了下坡路，最终导致刘宋帝国被北方强大的鲜卑北魏帝国死死压制住，眼看着庞大的刘宋帝国就将滑进历史的深渊。在这个关键时刻，萧道成站了出来……

萧道成通过政变夺取了刘宋帝国的最高权力，并杀光了近乎所有的刘宋宗室。从私的角度看，萧道成也许对不起刘宋。但从公的角度看，萧道成的夺权，及时拯救了风雨飘摇中的汉文明。无法想像在当时汉文明处于弱势的情况下，剽悍的鲜卑人闯进江南会是一个什么样的场面。

除了萧道成对刘宋宗室下手太重之外，很难找到萧道成有什么失德的地方，至少对于百姓来说，萧道成的所做所为，远远要比刘宋那几个残暴皇帝更符合百姓的利益。萧道成掌权后，废除了刘宋的一系列弊政，减轻赋税，给在苦难中挣扎的底层百姓带来了光明，这也许就是萧道成对历史做出的巨大贡献。

萧道成在位时间很短，仅四年，弹指一挥间而已。幸运的是，他的事业继承人萧赜，和他一样优秀。萧赜远没有他的堂弟——梁武帝萧衍出名，但萧赜的综合能力，放在中国历史几百个皇帝中是顶尖的。衡量历史人物的标准，不是看他有多大的知名度，而是看他是否做出了对历史发展有益的贡献。

南齐的历史很短暂，却有七个皇帝，这也意味着皇族内部的权力斗争非常的残酷激烈。七个皇帝中，除了萧道成和萧赜，以及齐明帝萧鸾，其余四个全是被人杀死的。更加荒谬的是，南齐在历史上仅有的一点知名度，还是靠行为怪诞的东昏侯萧宝卷"挣"来的。

其实早在萧宝卷出场之前，南齐已经有一个非常荒诞滑稽的皇帝，即海陵王萧昭业，他是萧赜的孙子。但历史并没有记住在位仅一年的萧昭业，也不应该记住这样对历史发展毫无贡献的荒唐皇帝。可惜历史总会在人们意想不到的时候，出现荒谬的轮回，萧宝卷的上台意味着南齐的历史还将继续沉沦下去。

公元502年的四月初八日，南齐名将萧衍意气风发地建立了在历史上赫赫有名的梁朝，南齐仅存在了二十三年，就成为历史上一段并不引人注意的灰色记忆。建康城郊的禅让台下，冲天的火光衬映着萧衍灿烂的笑容，已经无人记得，当初萧道成是如何从刘宋帝国手上得到的天下。

时间已经过去了一千五百多年，当年南齐的辉煌盛景，现在还剩下多少？也许只有那一部稍显简略的《南齐书》，才会提醒人们，在历史上曾经发生过怎样的一段悲喜人生故事。

唐太宗李世民有一句寓意非常深刻的名言："以铜为镜，可以正衣冠；以史为镜，可以知兴替；以人为镜，可以明得失。"历史的价值，不仅在于创造了多少辉煌，更大的意义在于留下了多少不堪回首的回忆。以史为鉴，从一段段灰色的记忆中汲取教训，避免后人再犯同样的错误，这才是历史资料的真正价值所在。

目录

Contents

第一章　萧道成的帝王之路

一　废宋建齐 ·······························001

二　励精图治 ·······························006

三　鲜卑骑兵的马蹄声 ···············010

四　寿阳之战 ·······························014

五　萧道成的成绩单 ···················017

六　老将周盘龙的传奇搏杀 ·········020

七　齐朝的将军们 ·····················023

八　一场热闹的国宴 ···················026

九　皇家父子情 ·························030

十　荀伯玉很狂，垣崇祖很傻 ·········036

十一　萧道成的太阳落山了 ···········038

第二章　永明时代（上）

一　新旧交替的时代 ···················043

二　大清洗（上） ·····················047

三　大清洗（下） ·····················050

四　永明时代的文人们（上） ·········053

五　永明时代的文人们（下） ·········056

目录

Contents

六　官场上的潜规则（上）⋯⋯⋯⋯⋯ 059

七　官场上的潜规则（下）⋯⋯⋯⋯⋯ 063

八　小动干戈 ⋯⋯⋯⋯⋯⋯⋯⋯⋯⋯⋯ 067

九　优雅的士族们 ⋯⋯⋯⋯⋯⋯⋯⋯⋯ 072

十　桓玄的儿子？ ⋯⋯⋯⋯⋯⋯⋯⋯⋯ 076

第三章　永明时代（下）

一　萧赜的内政 ⋯⋯⋯⋯⋯⋯⋯⋯⋯⋯ 081

二　士族们的天下 ⋯⋯⋯⋯⋯⋯⋯⋯⋯ 083

三　老猿哭子（上）⋯⋯⋯⋯⋯⋯⋯⋯ 089

四　老猿哭子（下）⋯⋯⋯⋯⋯⋯⋯⋯ 091

五　国丧风波 ⋯⋯⋯⋯⋯⋯⋯⋯⋯⋯⋯ 094

六　兄弟情深 ⋯⋯⋯⋯⋯⋯⋯⋯⋯⋯⋯ 097

七　白发人送黑发人 ⋯⋯⋯⋯⋯⋯⋯⋯ 100

八　萧赜的最后一战 ⋯⋯⋯⋯⋯⋯⋯⋯ 104

九　逝去的永明时代 ⋯⋯⋯⋯⋯⋯⋯⋯ 108

目录

Contents

第四章 血腥的亲情

一 初出江湖的萧昭业 113

二 一地鸡毛 116

三 还是一地鸡毛 119

四 萧昭业的末日（上） 124

五 萧昭业的末日（下） 126

六 第一轮屠杀 129

七 第二轮屠杀 133

八 萧鸾的天下 135

第五章 独夫皇帝

一 八公山上的口水战 141

二 大打出手 143

三 闹剧 146

四 权力的魔杖 149

五 乱七八糟的战争 152

六 萧鸾疯了 156

七 乱战 159

八 萧鸾的末日 162

目录

Contents

第六章　萧宝卷的另类人生

一　萧宝卷闪亮登场 167

二　权力场上的斗争 173

三　不仅变态，而且无耻！ 177

四　乌云压城 180

五　襄阳有条真龙 187

六　风卷残云 191

七　荒唐皇帝的荒唐事 194

八　长驱直入 197

九　江山易主 201

十　历史的轮回 207

第一章 萧道成的帝王之路

一 废宋建齐

在中国历史上，有两个政权是由萧姓建立的，而且是前后继承的关系，即南北朝的南齐和南梁，虽然南北朝后期江陵（今湖北荆州）还存在一个北周卵翼下的后梁萧氏小朝廷，不过史家一般都不承认。

萧姓是一个非常古老的姓氏，最早可以上溯到商朝。现在普遍的说法是，萧姓的始祖是春秋初期宋国萧君子大心。大心的家世可谓显赫至极。他是商朝子姓王族的直系后代，远祖是子微启，就是著名的"暴君"纣王的异母兄长。后来大心被封在萧地（今安徽萧县），其后人就以萧作为姓氏。

让人感到奇怪的是，萧姓在历史上和国号称"宋"的政权有着非同一般的渊缘。除了萧姓直接出于宋国之外，北宋时北方有个契丹大辽国，辽国皇后全部姓萧，最有名的是萧燕燕。而在南北朝时期，第一个萧姓政权——南齐，就是从刘宋手上夺去的政权，建立南齐的是齐太祖高皇帝萧道成。

萧道成，字绍伯，小名斗将。宋文帝元嘉四年（公元427年）生于南兰陵郡南兰陵县（今江苏武进西北）。据《南齐书》上的记载，萧道成是汉朝开国名相萧何的第二十四代孙，这身份可是够显赫的了。

可这些不过是陈年旧账。萧道成实际上出生在一个庶族地主家庭。自东汉魏晋以后，士族高门集团开始形成并壮大。他们垄断着政治、经济和文化等重要领域，庶族是很难轻易染指这些领域的。

与宋朝开国皇帝刘裕出身草根相比，萧道成的出身算是好的。大宋朝是刘裕赤手空拳打下来的，个中辛苦，自不必说。萧道成的家世比刘裕要好得多，父亲萧承之是刘宋前期军界要员。萧承之的军旅生涯中最漂亮的一次经历就是曾经在济南城下大摆空城计，吓跑了强悍的鲜卑骑兵。

为了给儿子的仕途铺一条金光大道，萧承之动用了自己纵横交错的人脉关系，耗费了许多心血，但这一切都是值得的。宋文帝刘义隆的表叔雍州刺史萧思话和萧承之的私交非常好，萧思话也愿意提拔世侄萧道成。宋元嘉二十三年（公元446年），萧道成跟着萧思话征讨雍州境内的山蛮，立功卓著，得到左军中兵参军的位子，从此稳稳当当地走上了仕途。

虽然一年后萧承之就死了，但路已经给儿子铺好。儿子以后混得怎么样，全靠他自己的本事。只是萧承之无论如何都想不到，这个宝贝儿子最后居然推翻了宋朝，建立起萧姓的第一个帝国。

在宋孝武帝刘骏之前，萧道成虽然偶尔做了几件出风头的事情，但终究是个跑龙套的，只混到了权力金字塔的中下层，一直没有质的突破。

萧道成和刘宋皇族是拐弯抹角的亲戚，和宋武帝刘裕的表弟萧思话同宗，但这又如何，在士族集团呼风唤雨的时代，庶族出身的人想出人头地，能力是一方面，运气也很重要。

萧道成的运气就出奇的好，在他为挤进权力核心而苦苦努力时，人生中的"贵人"从天而降，一不小心砸到他头上。这个"贵人"就是明帝朝右卫将军褚渊。

褚渊出身于河南阳翟褚氏，东晋著名的士族豪门，是宋武帝刘裕的外孙，同时也是宋文帝刘义隆的女婿，父子二代粉侯（粉侯是驸马的雅称），身份非常尊贵。宋明帝刘彧在快要咽气的时候，任命尚书令袁粲、中领军刘勔、荆州刺史蔡兴宗、郢州刺史沈攸之和褚渊为顾命大臣，辅佐皇太子刘昱。

此次任命顾命大臣本来没有萧道成什么事情，但因为他和褚渊的私交甚好，褚渊为了拉个帮手，就在刘彧面前美言了几句。刘彧对萧道成很不放心，因为当时有传言说"萧道成当为天子"，刘彧怎么可能用萧道成？

不过这时萧道成只是未来可能会篡位的嫌疑人，朝中比萧道成地位高的有很多，难道都要怀疑？所以刘彧并没有除掉萧道成，再加上褚渊的面子，萧道成的政治生涯不但没有就此结束，反而飞上了枝头做凤凰，晋升为右卫将军，领卫尉，入阁顾命，挤进了刘宋权力集团的核心。

在上述几位顾命大臣中，萧道成排在最后一位，却是唯一负责京师军事防务的，位轻而权重，这就为他后来成为刘宋军界头牌夯实了基础。元徽二年（公元474年），在平定桂阳王刘休范军事叛乱的过程中，萧道成立下了首功，分到的蛋糕也最大，几乎控制了刘宋王朝的军政大权。在刘休范叛乱时，中领军刘勔战死，他的"顾命大臣"位置就由尚书左仆射刘秉接替。而荆州刺史蔡兴宗在泰豫元年（公元472年）病死，刘宋统治集团人员出现了很大的变化，新的辅政班子由四人组成，即袁粲、褚渊、刘秉、萧道成，官场上称为"四贵"。接替蔡兴宗做荆州刺史的沈攸之虽然也戴着一顶"顾命大臣"的政治帽子，实际上不再过问京中事务。

萧道成依然负责京师防务，他在军界高层的影响越来越大，人脉也越来越广，这引起了小皇帝刘昱的猜疑，甚至差点让萧道成死于非命。有一天，因为天气炎热，萧道成在家里脱了衣服睡觉。刘昱却突然闯进来，让萧道成站起来，并在他的肚皮上画了一个靶子，举箭要射。幸亏卫护队长王天恩和萧道成私交不错，在刘昱面前劝说几句，萧道成这才侥幸逃过一劫。

萧道成知道，以刘昱这种无赖脾性，自己躲得过初一，也躲不过十五，早晚要死在这小疯子手里。他活得挺滋润，可不想到地下见阎王，为了保全萧家百口人的性命，他决定开一场赌局，用萧家百口的人头来赌刘昱的人头。

萧道成通过自己的关系网收买了刘昱身边的狗腿子杨玉夫等人。杨玉夫也真够朋友，二话不说，趁着刘昱玩累了昏睡之际，用刘昱防身用的千牛刀砍下了他的人头，打包送给萧道成。

事情发展到这个地步，萧道成已经不满足于保命了，刘昱死后留下的权力真空让他垂涎三尺。是继续给老刘家做牛做马，还是做历史的主人？萧道成根本不用选择，馅饼砸到他头上，要是不吃，那就是天下第一号傻瓜。

随后萧道成主持了一场他自编自导自演的分赃会，硬生生从袁粲和刘秉

手里抢走了最高权力，成为刘宋实际上的大掌柜。蛋糕本来是自己的，却平白让萧道成给抢了，袁粲和刘秉心里如何能服气？接替蔡兴宗做的荆州刺史沈攸之虽然和萧道成是世交，也是亲家，但眼瞅着萧道成吃香喝辣呼风唤雨，酸劲大发，一狠心，在荆州扯旗造反。京师的袁粲和刘秉为了配合沈攸之，决定在建康城闹一场，干掉萧道成，弟兄们吃大头。

平心而论，袁粲、刘秉和沈攸之，三个人加在一起也不是萧道成的对手。沈攸之虽然手上有荆州兵，却被代理郢州刺史的柳世隆死死拖在夏口，进退不得。袁粲和刘秉则是绣花枕头两包草，袁粲人品不错，但能力严重欠缺，至于刘秉，根本就是烂泥糊不上墙，仗还没打呢，就吓得尿了裤子。指望这等人物和萧道成掰腕子？等着伸头挨刀吧。

萧道成没有费什么力气，就把这两路势力下锅煮了饺子，吃得那叫一个香！

那些人嫌狗憎的夯货都被萧道成扫进了垃圾堆，接下来要做的是打扫干净屋子，换块招牌重新开张，经营他的萧家老店。新开张的店铺通常都要搞一个剪彩仪式，萧道成自然也不能免俗。

当然，他不能直截了当地抢老刘家的店面，他要让刘家的小掌柜"心甘情愿"地把店面传给他，这样传到江湖上，才不怕别人骂他欺负孤儿寡母。萧道成真够累的，一人饰演正反两角，先登场扮个黑脸，然后再换身行头唱红脸。直到觉得戏演得差不多了才篡位，因为再装下去大尾巴就掖不住了，是时候开张营业了。

在魏晋南北朝时期，新皇帝要建立自己的王朝，通常都采取"禅让"的方式。所谓禅让，其实只是做表面文章，全是在演戏，但形式上必须这么做，否则会授人以柄。旧主"禅位"于新主，并不是直接把帝位交出去，而是有一个渐进的过程，先封为公，再封为王，最后才举行"禅让"大典，新王朝建立。

这样的剧本，在萧道成之前，已经有曹操父子、司马昭父子等人写过了，所以他不用再费心劳神地去写新剧本，直接抄现成的就能用。小皇帝刘準的性命捏在他手上，根本不用考虑刘準是否配合的问题，刘準没有反抗的胆量。

宋昇明元年（公元477年）三月初二，在萧道成爪牙的张罗下，刘準以皇帝的名义下诏，晋封太傅萧道成为相国，总百揆，封齐公，加九锡、置齐国百官。前两个官衔都是虚的，后三个才是最重要的，这是萧道成建国登基的最关键一步。

萧道成的封地共有十个郡，分别是：齐郡（今江苏仪征）、梁郡（今河南商丘）、南兰陵（今江苏武进）、琅邪（今江苏南京白下）、南东海（今江苏镇江）、晋陵（今江苏常州）、吴郡（今江苏苏州）、南鲁（今苏州附近）、义兴（今江苏宜兴）、会稽（今浙江绍兴）。

不过，他最先定的国号并不是"齐"，而是二十四年后他的堂侄萧衍建国时用的"梁"。反对萧道成将国号定为梁的是抚军行参军崔祖思，他反对的理由是民间有句谶语，说"金刀利刃齐刘之"。"金刀利刃"，合起来就是一个繁体的"刘"字。按谶书上的解释，应该由齐国来取代刘宋。所以崔祖思建议萧道成易梁为齐，萧道成觉得崔祖思说的有道理，就同意了。

萧道成加快了篡位的速度。四月初一，刘準又下了一道诏书，给齐国再加十个郡，晋封萧道成为齐王。二十天后，即四月二十，刘準下了《逊国诏》，这也是大宋王朝历史上最后一道诏书，刘裕建立的铁血大宋王朝即将成为历史。

不过，刘準的任务却还没有最终完成，他必须在萧道成登基之前离开皇宫，去他该去的地方。

四月二十一日，萧道成的马仔、中领军王敬则率领大批将士，抬着木制板舆闯进宫中，说是"请"小皇帝移居新宫。这年（公元479年）的刘準只有十岁，还是个不谙世事的孩子，见许多大人拿着刀进来，他吓得躲在殿上佛像的后面哆嗦。

皇太后王贞凤知道王敬则的脾气，不敢怠慢，连哄带骗地将刘準叫了出来，让他乖乖听王敬则的指挥。刘準哭哭啼啼地上了板舆，可能有些不祥的

预感，他泪流满面地问王敬则："我的末日是不是就要到了？"

落架的凤凰很可怜，但王敬则不会滥施同情心，权力斗争向来如此，不需要同情谁。他面无表情地回答："出居别宫而已。再说，官家六十年前取司马氏天下时，也是如此。"

王敬则这句话实际上已经点明了刘準的下场。东晋恭帝司马德文逊位于宋，依然被刘裕杀掉。刘準心中一阵悲凉和辛酸，他流着泪对左右人说："愿后身世世勿复生天王家！"听完刘準心酸至极的临终告白，众人泪流满面，有些人哭绝于地，场面异常悲凉凄惨。生在帝王家，得势时还好，可以享尽荣华富贵。一旦失势，欲为匹夫而不可得！南北朝的逊国皇帝全部被杀，就是例证。

刘準临出宫前，宋朝的文武百官最后一次对刘準三跪九叩，行君臣大礼。

刘宋王朝六十年辉煌与耻辱的历史结束了。

宋昇明三年（公元479年）四月二十三，五十二岁的萧道成大摇大摆地坐在了权力金字塔的最顶端，接受天下臣民的舞蹈山呼，建立了萧姓历史上第一个大帝国，国号大齐，改元建元。

宋高祖武皇帝刘裕血雨腥风中打拼出来的大宋帝国在萧道成得意的笑容中轰然倒塌，刘裕的子孙们在惨厉哀号声中人头落地，用鲜血为萧家人铺出了一条通天大道。一个月后，萧道成派人杀掉了宋废帝刘準，刘宋宗室几乎全被萧道成杀掉。历史，在萧道成这里停顿了一下，然后朝着另一个方向走去。

二 励精图治

按照历史上以所谓"禅让"方式改朝换代的惯例，萧道成在南郊建坛称帝的同时，首次以皇帝的身份向天下颁发了一份诏书，开头都是老三篇，什么"臣某某，敢用玄牡，昭告于皇皇后帝"云云。

他的意思无非就是向世人宣告，取代刘宋政权是天意，天下既不是他抢来的，也不是他偷来的，"水德即微，仍世多故，赖道成匡拯之功"。

所谓水德，就是中国历史上五行五德那一套唯心主义学说。按五德相替学说，刘宋属水德，所以刘宋也称为"水宋"。另一个由赵匡胤建立的宋朝属火德，也有称赵宋为"火宋"的。而萧道成的齐朝，据他自己的说法，属木德，服色尚青，与刘宋服色尚黑不同。

和结婚一样，热热闹闹的婚礼结束以后，无论是夫妻还是看客都一哄而散，各自回家过自己精彩或平淡的小日子去了。萧道成折腾完了，也该干点正事，弟兄们都等着老大发米下锅煮饭呢。

萧道成自然知道应该怎么做，开国大典结束后，他大封宗室文武。肥水不流外人田，好饼得自家人先吃，吃不完再给别人。萧道成立长子萧赜为皇太子，先确定皇位继承人，毕竟自己已经五十多岁，不知道哪天就伸腿见阎王去了。其他儿子也都封了王。

跟萧道成闯江湖的弟兄们，以褚渊为首，依次收到大哥发的红包。褚渊晋位司徒，王俭爵南昌郡公，王僧虔进侍中，张敬儿为中军将军，陈显达为中护军，王敬则为南兖州刺史，垣崇祖为豫州刺史，其他弟兄也都有肉吃。

表面上褚渊是群臣之首，但萧道成身边实际上的头号军师是王俭。王俭是琅琊王氏出身，只有二十七岁，毕竟太过年轻，爬得太高的话，怕舆情不服。萧道成特意安慰王俭："卿襄赞之功，今世无二，朕心里是清楚的。现在朕只给你食邑两千户，你不会觉得少吧？朕相信你明白朕的意思。"

王俭当然明白，立刻接过话茬："当初宋武帝开基，佐命功臣也不过二千户，臣才薄寡，得二千户已是觉得惭愧了。"萧道成大笑："卿心明意爽，不逊张良。"

萧道成把自己当成了汉高祖刘邦的盗版，不知道他手下的"萧何"是谁。

萧道成自称是萧何的后人，官场上的滑头们谁也不敢做当今皇帝的祖宗。不过"韩信"已经有人选了，就是豫州刺史垣崇祖，不过这是垣崇祖自封的。萧道成手下有这一帮盗版傍名牌的"张良、韩信"，腰杆子硬了不少，虽

然不是原装，但凑合着用还是可以的。

当然，并不是所有人都愿意趴在地上舔萧道成的臭脚丫子，奉朝请裴颉就不稀罕这个富贵，他上表把萧道成狠狠臭骂了一顿，什么难听骂什么。裴颉骂足了瘾，把大帽子一扔，回家做闲云野鹤去了。萧道成看完后气得七窍生烟：你想当闲人？先问问朕答不答应！随后派出杀手送裴颉上了西天。

和裴颉相比，侍中谢朏算是幸运的。谢朏向来不服萧道成。萧道成举行禅让大典时，时任侍中的谢朏就拒绝将玉玺送给他，让他很没面子。皇太子萧赜早就惦记上了谢朏，这个老家伙连父亲的面子都不给，以后自己未必能控制住他，不如趁早除掉，于是劝萧道成杀掉谢朏，以除后患。

还是萧道成老谋深算，拈着花白的胡须笑道："谢朏巴不得我们杀了他，正好成全他的一世英名，我们不能上当，他活着对我们也不会产生什么威胁。"话是这么说，但萧道成也不敢重用谢朏，将他的官帽子一撸到底，踢回家里遛鸟去了。

萧道成心里明白，像谢朏和裴颉这样的反对派不在少数，自己拼下这份偌大基业的过程也并非光明正大。为了摸清情况，萧道成特意在华林园召见了著名学者刘瓛，他开门见山地问刘瓛："朕初承天命，建立新朝，不知道外面对朕有什么看法？"

刘瓛自然不敢说实话，说陛下您的位子是偷来的，他告诉萧道成："陛下承自天命，谁敢有异议？只要陛下以宋朝失国为前车，宽厚治人，虽危亦可安。如果重蹈宋朝的覆辙，虽安亦足危。"话说得滴水不漏，萧道成布满皱纹的老脸笑成了一朵花。

刘瓛后半句说的没错，但更深层的一点，他并没有点破。只要萧道成能牢牢控制住手上的枪杆子，萧家的天下是塌不下来的，在正常情况下，笔杆子是很难战胜枪杆子的，谢朏这些书生不可能给萧道成带来任何实质上的伤害。

新官上任三把火，新皇帝登基也要放几把火，面子工程其实还是次要的，最主要的是巩固一下自己好不容易抢来的家业。萧道成让文武百官畅所欲言，共议国事。

征虏将军刘善明此时还在淮南、宣城二郡太守的任上，得到消息后，立刻上书朝廷，谈了自己对时政的看法。刘善明的观点归纳起来有十一点，涉及政治、军事、经济、外交、文化等各方面，文字不多，但言简意赅，说得很透彻，萧道成看得连连点头。

给事黄门郎崔祖思也不甘落后，也上了议国事九条，写得比刘善明的详尽，他的观点主要集中在经济、法律和文化上，侧重点和刘善明不同。

其他人也从自己的角度出发，提出了不少有利于巩固统治和发展经济的措施，萧道成基本上都给予采纳并实施。为了向天下人显示萧家人比刘家人更优秀，萧道成下诏"二宫诸王，悉不得营立屯邸，封略山湖"。刚建国，民心比什么都重要，他自己倒能克制，主要是担心家里那帮小少爷到外面欺男霸女，砸了自家的招牌。

当然，最重要的还是要做好应战准备，因为北魏随时都有可能发起武装进攻。北魏皇帝拓跋弘早在三年前（公元476年）被生母冯太后毒死了，而在此之前的五年，即魏皇兴五年（公元471年），拓跋弘在冯太后的威逼之下，将皇位让给了五岁的儿子拓跋宏，即著名的北魏孝文帝，后来改姓为元。

从拓跋弘开始，北魏就开始了有意识的汉化和政治改革，国力不断增强。可是无论汉化与否，鲜卑人的性格都不会改变，他们早就盯上了南朝这块肥肉。十年前因为宋明帝刘彧激起内乱，让北魏平白吞掉了北方四州。这次萧道成易帜，又惹得鲜卑人口水直流，他们不相信萧道成会比刘彧强多少，能抢刘彧的蛋糕，照样可以抢萧道成的。至于打什么旗号根本不是问题，逃到北魏混饭吃的前宋义阳王刘昶就是现成的幌子。

北魏这边正积极准备对齐朝发起大规模的攻击，那边萧道成就嗅出异味来了。他特意召见兖州刺史垣崇祖，命令道："朕应承天意，开建新朝，天下无不顺服，唯独索头虏贪小利、忘大义，必然会打着宋文帝之子刘昶的旗号找我们的麻烦，而且依朕的判断，鲜卑人最有可能集中兵力攻击寿春（今安徽寿县）。朕素知你忠勇无二，所以决定把寿春交给你，相信你能为朕守住江东门户。"而后改任垣崇祖为豫州刺史，并督豫州、司州二州军事，守好北大门。

客观地说，到了萧道成这一代，能称得上偶像级的武将基本没有，但实干型的却有许多，比如垣崇祖、垣荣祖、李安民、刘怀珍、周山图、周盘龙等人。这次萧道成重用垣崇祖，也许是因为垣崇祖曾经自比韩信和白起，萧道成也想看看这个盗版的"韩信"到底有多大能耐。

三　鲜卑骑兵的马蹄声

从权力斗争的角度来说，萧道成取代刘宋只是江东统治集团内部的权力更迭，对底层百姓没有什么太大的影响。但从民族利益的角度来说，萧道成上台的同时就要肩负起保卫江东汉族文明的重任。从东晋衣冠南渡以来，江东已经成为中国汉文明的中心，抵御来自北方鲜卑人的侵略，意义非常重大。

在做好抵御鲜卑人入侵准备的同时，萧道成开始布局，他不能只把眼光盯在鲜卑人身上，方方面面都要照顾到，不然万一后院起火，恐怕会烧到他的屁股。

首先是交州，也就是今天的越南北部地区，这里一直是中央政府统治的薄弱地带，为了减少行政成本和压力，一般都由当地的豪强来管理。

在宋明帝刘彧初年，交州刺史李长仁死了，他的弟弟李叔献实际控制交州。不过李叔献没名分，就向朝廷申请派个刺史过来，实际上李叔献是希望宋朝能给他戴顶红帽子，好名正言顺地统治交州。

没想到刘彧太不识趣，调南海太守沈焕为交州刺史，只给了李叔献宁远司马的职位。李叔献自然非常恼火，发兵拒绝沈焕入境。沈焕巴不得吃闭门羹呢，谁愿意去那个烟瘴之地吃苦受罪？于是干脆待在郁林享福，没几年就死了，交州依然是李叔献的天下。

萧道成建立齐朝后，手上有许多事情要做，没有功夫理睬李叔献这个土鳖，就赏了他两颗甜枣，下诏封他为交州刺史，说了几句好听的话。李叔献要的就是这个，心满意足地玩泥巴去了。

搞定了交州，萧道成下一步就是对付獐头鼠目的梁州刺史范柏年。这位范大人是个骑墙派，而且为人狂妄嚣张，得罪的人太多，左卫率胡谐之就和他有仇。

当初胡谐之看中了老范的一匹好马，派人来要。范柏年是只铁公鸡，没舍得给，还冷鼻子冷脸地对来人说："这年头马多少钱一匹？狗多少钱一条？哪能说给就给，要狗的话，倒可以送你几十条。"

来人怀恨在心，回去见到胡谐之，添油加醋地胡说八道："范柏年不但不给您马匹，反而说：'胡谐之算个什么玩意儿，猪狗不如，也敢来找我要马？'"胡谐之哪知事情的真假，气得暴跳如雷，随后就找到萧道成往范柏年头上栽赃："范柏年准备割据梁州谋反，请陛下早做决断。"

萧道成知道范柏年和他不是一条心，决定解除范柏年的军权。他让长孙、时任雍州刺史的萧长懋用甜言蜜语将范柏年诱到襄阳，准备关起来了事。可胡谐之不想放过范柏年，劝萧道成不要放虎归山，萧道成便将范柏年赐死。

范柏年死了，他的篾片朋友李乌奴闻到血腥味，立刻逃到仇池。李乌奴为了给范柏年报仇，在仇池的统治者杨文弘身边一通煽阴风点鬼火，杨文弘果然坐不住了，调了一千多仇池兵给李乌奴，让他去取梁州。

李乌奴倒还有点本事，带着喽罗们向东挺进，占领了白马戍（今陕西勉县西）。李乌奴占到一点便宜，尾巴便翘到了天上。梁州刺史王玄邈设了一个诈降计，派人诱李乌奴，李乌奴果然上当，大摇大摆地准备接收梁州城。没想到走到半路就被埋伏好的齐军一口给吃掉了。李乌奴命大，狼狈逃回仇池。杨文弘这才知道自己几斤几两，蚂蚁啃大象的游戏最好不要玩，要是把大象惹急了，一脚踩你个粉身碎骨。于是老老实实地窝在仇池，不敢再找萧道成的麻烦。

后院打扫干净，萧道成可以安心地等待鲜卑人上门做客了。

北边的冯太后听说萧道成这么好客，也想会会，见识一下这个老男人的成熟魅力。齐建元元年（公元479年）十一月十五，北魏皇帝拓跋宏大举南下，这次出了血本，动用了近二十万精锐步骑兵。魏军执行的是东线作战计

划，代理梁郡王拓跋嘉率军攻淮阴，陇西公拓跋琛攻广陵，河东公薛虎子攻寿阳。

这次魏军打的旗号是帮助丹阳王刘昶恢复刘宋政权，拓跋宏耍起宝来也是有一套的，在赐刘昶的诏书中，拓跋宏说得天花乱坠："卿宗庙不复血食，朕闻期问，矜怅兼怀。……克荡凶丑，翦除民害，氛秽既清，即胙卿江南之土，以兴蕃业。"

刘昶明白鲜卑人的条件，人家也不是活雷锋，表面上说灭掉萧道成后，刘宋世世代代向魏称臣纳贡。但这恐怕不过是鲜卑人给他的空心大饼，他们真要灭了南齐，会把肉吐出来给他吃？这是不可能的事情。

自从宋明帝刘彧因为耍宝平白被鲜卑人夺去淮北四州（青州，今山东东北部；兖州，今山东中部；徐州，今江苏北部，山东南部、安徽东北部交界；豫州，今河南东南部，安徽西北部交界）后，鲜卑人很少对南朝发动大规模攻击。看样子鲜卑人这次是下了狠心的，他们的原则就是只要动手，就一定要捞点什么，反正不会空手回去。

因为魏军声势很大，南朝的一些软骨头就有了"想法"，比如一个叫谢天盖的义阳（今河南信阳）土豪，就想拜鲜卑人的码头。他纠集了一帮闲汉，自称司州刺史，准备将司州（今河南信阳）作为见面礼打包献给鲜卑人。

而真正的齐朝司州刺史萧景先听说有人盗版他的官衔，非常恼火，立刻向豫章王萧嶷求援，萧嶷不敢大意，调中兵参军萧惠朗带着两千精锐前去收拾这个卖国贼。同时遣南蛮长史崔慧景带着三千弟兄屯于方城（今河南方城）作为后队，随时出手帮助萧景先。

北魏方面为了接应谢天盖，派乐陵镇将韦珍率乐陵镇本部人马过来砸场子。萧道成听说司州方面告急，又调屯骑校尉苟元宾守住淮河要塞，不能放韦珍过淮河。没想到苟元宾太不争气，被韦珍在背后捅了一刀，败得一塌糊涂。不过谢天盖的人马却在此时发生内讧，谢刺史被喽罗们干掉了，喽罗们带着人头投降了崔慧景。

韦珍确实很厉害，刚摆平苟元宾，接着又把方城的崔慧景给修理了，赚了不少便宜。不过韦珍这支魏军不是此次南下的主力，他也不想和齐军玩命，为国尽忠的勾当留给拓跋嘉他们去做吧。韦珍押送抓到的七千多户汉人百姓北上，算是交了差。

司州不是此次魏军进攻的重点，鲜卑人准备强力突破淮河防线，将主要兵力集中在淮河寿阳以东地区。南齐方面承受此次魏军进攻的有豫州、北徐州、南兖州和青冀二州，其中豫州和北徐州是防御重点。

不过还没等魏军打过来，南兖州刺史王敬则就吓得尿了裤子，骑马逃回建康。萧道成气得胡子直翘，但因念王敬则是元勋功臣，就饶了他一命。

建元二年（公元480年）正月初四，魏军前锋、陇西公拓跋琛的部队渡过淮河，对齐朝发动了第一波攻击，很快就拿下了南岸要塞马头戍（今安徽怀远），太守刘从也被鲜卑人给杀了。消息传到建康后，萧道成知道该来的迟早要来，没什么话好说，奉陪就是。

正月十八，萧道成下诏在全国实行紧急戒严，遣右将军周盘龙出兵前往寿阳，跟着垣崇祖陪鲜卑人玩儿。这次魏军的主攻方向是寿阳，豫州刺史垣崇祖经常自我吹捧是韩信第二，现在给他机会了，他到底是韩信还是赵括，萧道成在一旁等着看呢。

此时齐朝的各路人马已经作好了防御鲜卑人的一切准备，既然鲜卑人不请自来，那就让他们见识见识大齐雄师的厉害，不然这帮人尾巴能翘上天去。齐朝北徐州刺史崔文仲就不是个善茬，他在钟离防区热情招待了鲜卑人，劈头盖脸好一顿暴打，魏军死伤惨重。

崔文仲精通兵法，他知道与其被动死守，不如主动出击，扭转不利局面。他派军主崔孝伯渡过淮河，进攻北魏的茌眉戍，同时军主崔延叔奉命进攻北魏淮阳郡（今江苏睢宁）。崔孝伯很快就拔下了茌眉戍，斩杀北魏守将龙得侯、一个太守和两个县令。

远在建康的萧道成得知齐军攻克茌眉后，高兴地告诉左右："索虏抢朕的马头戍，朕就拔掉他们的茌眉戍，朕也不是好欺负的。"崔孝伯中了彩，崔延叔也不甘示弱，攻下淮阳城，杀掉太守梁恶。

四 寿阳之战

魏军没想到齐人这么难对付，但既然来了，就没有退回去的道理。魏镇南将军薛道标领着大批人马扑向寿阳。

对南朝人来说，薛道标并不陌生，他的父亲就是背叛宋朝的名将薛安都。萧道成和薛安都也算是老相识，知道他不是个善茬，就使了一招反间计，让留在南朝的薛安都侄子、将军薛道渊给北朝的堂兄薛道标写了一封热情洋溢的家信。薛道标北逃时，妻儿都留在了建康，薛道渊就拿这个说事，劝薛道标迷途知返。

这封信虽然是写给薛道标的，但收信人却是平城的拓跋宏。拓跋宏看完信后吓了一跳，急忙派人快马追回薛道标，调代理梁郡王拓跋嘉取代薛道标进攻寿阳。

萧道成之所以使反间计，很大程度上不是因为军事上的考虑，而是出于政治原因。薛道标再有能耐，萧道成也不至于怕他，主要还是担心他有可能利用自己的身份诱降某些意志不坚的本朝将领，给自己添乱。

拓跋宏拿掉薛道标后，梁郡王拓跋嘉奉命领着丹阳王刘昶来到了寿阳城下，准备帮助刘昶"复国"。刘昶明白，拓跋嘉若真的灭了萧道成，他和鲜卑人之间短暂的蜜月就会自动结束，翻脸是不可避免的。但现在他还得继续表现对鲜卑人的感激之情，戏还没演完呢。

在寿阳城外的魏军大营里，刘昶转着圈给一干鲜卑贵族下拜，嘴里不住地念叨："家国沦丧，蒙朝廷慈悲为念，出师克贼，昶愿与诸公同心戮力，灭老贼，宁天下！"

刘昶也是动了真感情的，其实他真的很不容易，家业被萧道成抢了，自己孤零零地寄居鲜卑人膝下苟且偷生，他何尝想如此？心中的委屈和酸楚不是三言两语就能说清的，刘昶一时控制不住感情，号啕痛哭，座中鲜卑人也被他的真情所感动，唏嘘不已。

但历史就是这样残酷，刘昶在淮河北岸失声痛哭，但在淮河南岸的寿阳城里，齐朝的将军们想的却是如何粉碎刘昶的幻想。他们现在的主人是萧道成，宋朝已经成为历史，刘昶的眼泪在他们看来只是一个笑柄。

二十万鲜卑大军黑压压地向寿阳扑来。豫州刺史垣崇祖知道证明自己是当朝韩信的机会来了，立刻把州中文武集合起来议事，商量着如何对付鲜卑人。垣崇祖想了个好办法，他告诉弟兄们："敌我双方兵力相差悬殊，不能硬拼，要以智取胜。我们可以在城外修筑工事，然后将淝水屯堰起来，等鲜卑人攻城的时候，我们就放水淹死他们。"

大多数人并不认同垣崇祖的办法，有人当面反驳："将军莫非疯了！自有淝水以来，从来没有过筑堰蓄水的事情，这恐怕是将军一厢情愿吧？三十年前，拓跋焘南犯时，南平王刘铄兵力远强于我，仍然放弃外城，死守内城，将军没读过书么？"

垣崇祖听着这些人的高论，不住地摇头："你们说得不对。如果鲜卑人占领外城，居高临下对我们发动攻击，敌众我寡，一战必为其所擒。你们不用多说了，我决定了的事情，不会改变。"在这里垣崇祖是老大，说一不二，弟兄们只好闭嘴，反正真要吃了败仗，也是垣老大顶着。

齐军在寿阳城西北处筑堰蓄水，将淝水引入坝里，同时在坝的北边修了一座小城，留下几千名士兵把守。垣崇祖告诉长史封延伯："鲜卑人贪图小利，他们见我修筑这个小城，肯定会打过来。都给我放精神点，鲜卑人一攻城，你们就立刻放水。"

垣崇祖的办法虽然狠毒了点儿，但丛林世界向来只看结果，不看过程。丑陋的胜利永远要比华丽的失败更能赢得历史的尊重，正如孙武所说："故兵闻拙速，未睹巧之久也。"

魏军果然中了垣崇祖的圈套，以为天上掉馅饼，一窝蜂似的拥到了淝水堰前，甩开膀子攻城。垣崇祖对封延伯不很放心，命手下用一顶软轿抬着他登上城楼，亲自指挥战斗。

与其说垣崇祖是来指挥战斗的，不如说他是来开闸放水的，这比项羽背水一战的难度小多了。到了傍晚时分，垣崇祖估摸着差不多是时候了，一声令下，弟兄们嬉笑着打开了小史埭的堰闸。

魏军还在愣头愣脑地攻城的时候，突然听到一阵沉闷的声响，还没等他们反应过来，淝河水已经顺势奔腾而下，冲到了眼前。措手不及的魏军被大水一通狂淹，连人带马损失了好几千。

这还不算完。齐右将军周盘龙和辅国将军张倪趁着鲜卑人倒霉的时候，在半路拦截了败退下来的鲜卑人。鲜卑人根本没有还手之力，丢下数不清的牛马辎重拼命向北逃窜，拓跋嘉和刘昶好不容易捡了条小命，灰头土脸地回去向拓跋宏请罪去了。

鲜卑人就这样稀里糊涂地败给了齐军，连个喊冤的时间都没有，真是窝囊透了。建康城中的萧道成可不管这些，他容不得他人染指自己的地盘，刘昶也不行。何况江东本也不是刘家的，他们还不是从司马家手里抢过来的？谁也不比谁高尚多少，萧道成有足够的理由在江东经营他的萧家老店。

寿阳大捷的消息传到了建康，萧道成笑得合不拢嘴，他一方面为打退了强悍的鲜卑人感到兴奋，一方面又为发现了"当代韩信"垣崇祖而欣慰。当初垣崇祖在众人面前自比韩信，几乎所有人都嘲笑他吹牛，韩信也是你当得起的？这次寿阳大捷后，萧道成给足了垣崇祖面子，当着满朝大臣的面，给垣崇祖戴起了高帽："垣敬远曾经答应为朕击退索头虏，朕相信他能做得到，果然就做到了。你们笑他自比韩信，在朕看来，他就是当代的韩信！"远在寿阳的垣崇祖要是知道皇帝这么给他面子，一定高兴得蹦上天去，这奖赏可不是三瓜俩枣的待遇，当代韩信，当代能有几个韩信？

另一路跟着垣崇祖破魏的右将军周盘龙，萧道成也没有亏待。周盘龙的爱姜杜氏收到了以皇帝名义送来的二十支金钗，随金钗送来的还有皇帝的手敕。看来萧道成和周盘龙的私交非常好，手敕写得非常随意："饷周公阿杜。"阿杜看到这些礼物一定非常开心和骄傲，二十支金钗想必她也买得起，但皇帝陛下送的，意义可就不一样了，阿杜也好在姐妹们中间显摆显摆。

对萧道成来说，别说送二十支金钗，就算是送二百支他也不会心疼，和偌大的帝国相比，这点东西又算得了什么？

讨人嫌的鲜卑人终于被打跑了，萧道成长长地出了一口气。江东的天下是他的，不管是鲜卑人还是刘昶，都别想从他手上夺去这块大肥肉。

萧道成的天下说难听些也是偷来的，不如刘裕来得光明正大，为了萧家江山的千秋万代，他不得不强打起精神，替儿孙们披荆斩棘，杀出一条血路出来。

五 萧道成的成绩单

萧道成上台后的第一把火就烧向了黄籍制度。所谓黄籍，就是户籍管理制度。萧道成之所以把户籍作为政治改革的突破口，主要原因是从宋孝武帝刘骏到如今的这二十多年里，江东政局混乱，导致户籍管理名存实亡，漏洞百出。最大的问题就是豪强隐匿人口，大量的税赋外流，无论是从政治角度还是经济角度，朝廷对这种事情都无法容忍。

萧道成在官场上摸爬滚打几十年，知道主权下移对皇帝来说意味着什么，于是决定在黄籍上大做文章。当然他只负责制定大政方针，跑腿打杂的事情自然由手下兄弟去做。他选中黄门郎虞玩之和骁骑将军傅坚二人主管户籍改革，随后下了一道诏书，向群臣们公开自己的改革思想，为什么要改，怎么改，都说得很明白，同时又让群臣开动智慧，为国家出谋划策。

其实这话主要是说给虞玩之听的，虞玩之心领神会，立刻上表，说了自己对户籍改革的看法。在表中，虞玩之先是回顾了宋朝户籍制度的历史，然后指出宋朝户籍制度的主要问题是宋孝武帝大明年间以来，政局动荡，一些官员勾结地方豪强，瞒报大量人口。

虞玩之举了一个例子：扬州辖下九个郡在宋明帝至宋后废帝时期曾经查出七万多户被豪强隐匿的百姓，但到了齐建元二年，这七万多"黑户"入黄籍

的还不到四万。这还仅是扬州的情况，其他各州的情况不见得比扬州好。

虞玩之建议此次核查户籍应该以宋文帝刘义隆元嘉二十七年（公元450年）的户籍为标准，制定新的户籍管理办法，同时严厉打击瞒报户口的行为，如果发现还有人继续拿朝廷当猴耍，一旦查实，州县各级官员全部治罪。

当然也要给这些人改过自新的机会，早点坦白，早点安生，不然朝廷是有办法对付他们的。萧道成对虞玩之的建议非常重视，觉得这是个好办法，决定采纳。还专门设置了板籍官，称作令史，管理户籍。

在萧道成的努力下，齐朝国势呈现出平稳上升的趋势，不过和刘宋相比，齐朝的综合国力还是相对弱一些。以齐建元三年（公元481年）的数据为例，齐朝有二十三个州，三百九十个郡，一千四百八十五个县。从数字上来看，三百九十个郡不算少了，但其中包括了一些边疆地区的羁縻郡，即所谓的"俚郡、獠郡、荒郡、左郡"等，甚至有些郡的下面一个辖县也没有，纯粹是挂块招牌糊弄人的。臣民也不算多，如果参照宋大明八年（公元464年）的人口基数，抛开被北魏夺去的淮北四州，齐朝大约有四百万至四百五十万人。当然这只是官方调查的数目。

和北魏相比，齐朝的人口不多、地盘不大，但也够萧道成和他的子孙吃喝了，做人不能太贪，萧道成不是野心很大的人，能守好这一亩三分地就已经很满足了。

萧道成想过安生日子，可有人却偏偏想给他捣乱。这个人是谁呢？就是前次在梁州被王玄邈打跑的李乌奴。梁州兵败后，李乌奴老实了一阵子，暂时在萧道成的视线里消失了。不过李乌奴天性好动，不甘心窝在仇池，又想劫萧道成一票。魏军刚刚在寿阳被垣崇祖灌了一肚子的水，李乌奴就跳了出来，他不信萧道成这块骨头就这么难啃。

李乌奴带着大批喽啰兵下了山，准备再流窜到梁州打家劫舍。当然，李乌奴也懂一点兵法，知道"先礼后兵"的道理。他派人到荆州来找萧道成的二儿子、豫章王萧嶷，说是准备投降。萧嶷知道李乌奴是什么货色，他这哪儿是在投降，分明就是在探路。这种人萧嶷哪里敢要，冷着脸给拒绝了。

萧嶷可真够狠的，不但不收李乌奴做马仔，反而想斩草除根，绝李乌奴的后路。他派中兵参军王图南带着益州军从剑阁出发，抄到李乌奴的背后，狠狠地扎了李乌奴一刀。李乌奴哪里想得到萧嶷会玩这一手，在毫无防备的情况下被齐军打了个落花流水，带着残部狼狈逃窜到武兴（今陕西略阳）。

萧嶷占了便宜，隔壁的梁、秦二州刺史崔慧景非常眼馋。崔慧景派出探马摸清了李乌奴的行军路线，然后派出一支军队开到了白马戍（今陕西勉县西郊），和萧嶷手下的王图南所部协同作战，前后夹击，差点把李乌奴打成了夹心饼干。李乌奴两次偷嘴都被人家捉了个现行，一文钱没捞到不说，还把老本全赔了进去，只好逃回武兴保命。

崔慧景想"借"李乌奴的人头去皇帝那里领赏钱，于是派长史裴叔保带着弟兄们强攻武兴。不料杨文弘不乐意了，武兴是仇池的门户，武兴要是丢了，估计自己没几天就得去建康喝茶。思虑一番后，他出兵狠狠地教训了裴叔保一通，崔慧景大败，没办法，只好又跑回来。

好不容易摆平了李乌奴，萧道成以为自此天下大平，哪知道拓跋宏不甘心寿阳惨败，又来找他的麻烦。这次齐魏之战的起因是齐边境上的角城（今江苏淮安北郊）戍主突然投降北魏，拓跋宏得到消息后，觉得机会来了，立命徐州刺史拓跋嘉迎接这位不知名的好汉。同时制定了攻齐的军事计划，和上次以寿阳为进攻重点不同，这次拓跋宏选择了齐朝的冀州（今江苏连云港一带）做主攻方向。

根据拓跋宏的指令，北魏平南将军郎大檀进攻朐城（今江苏连云港），将军白吐头进攻海西（今江苏赣榆附近），将军元泰进攻连口（今江苏涟水），将军封延进攻角城，四路并进。为了牵制齐寿阳一带的兵力，拓跋宏又派镇南将军贺罗进攻下蔡（今安徽凤台），去找"当代韩信"垣崇祖切磋兵法，这时已是建元二年（公元480年）的八月了。

萧道成派出领军将军李安民率军北上屯驻于泗口（今江苏淮安市郊），根据战场形势变化，对付讨厌的鲜卑人。

其实以上这四路魏军不过是拓跋宏使出的障眼法，魏军真正的主力还是已经担任徐州刺史的拓跋嘉所部十万大军。拓跋嘉上次在寿阳差点被垣崇祖整成了淡水鱼类，在皇帝面前很没面子，一直憋着劲要报仇呢。这次得了机会，自然不会错过。拓跋嘉领着十万鲜卑步骑兵浩浩荡荡杀向了朐山，他以为齐朝的将军们会像那位不知名的角城戍主一样谄媚地跪倒在他的脚下，摇头摆尾地高呼大魏皇帝万岁。

但拓跋嘉幻想的场面并没有出现，齐朐山戍主玄元度不给他半点面子，据城死守，还时不时放冷箭招呼鲜卑人。这次魏军攻击的苏东北地区是齐朝青、冀二州刺史卢绍之的地盘，卢绍之一边痛骂拓跋宏，一边派儿子卢奂带着精锐官兵帮助玄元度守城。

卢绍之也不闲着，和弟兄们来到朐山城南的石头亭，全力抵抗鲜卑人的进攻。

由于陆路已经被鲜卑人切断，为了保障朐山城中齐军的物资供应，卢绍之只能将粮食和木柴装在船上，走海路运抵朐山，供守城的弟兄们吃喝。拓跋嘉见朐山城源源不断地接收守城物资，非常不高兴，觉得该给齐朝人一点儿颜色看，不然他们能蹦上天去。他把魏军拉到海岸边，一方面堵死了卢绍之的物资供应，一方面沿着陡峭的海岸攻城。

让人同情的是，拓跋嘉的命实在是太苦了，上次差点做了淡水鱼，这次又差点做了咸水鱼。正当鲜卑人拼命攻城的时候，海面上突然暴涨起大潮，铺天盖地的大浪朝着鲜卑人冲了过来，鲜卑人猝不及防，被淹死大半部分。城上的玄元度见状大喜，知道立功的机会来了，立刻招呼弟兄们冲出朐山城，痛宰鲜卑人。

六 老将周盘龙的传奇搏杀

拓跋嘉越想越窝火，还想继续和齐军玩命，于是在城下死撑不退。这个时候，突然从海上冒出一支打着齐朝旗帜的舰队，在不远的海上举着火把，向海边的鲜卑客人展示风采。

这支军队是萧道成派来的，由齐军将领崔灵建、杨法特和房灵民等人率领，大约有一万人。拓跋嘉吓了一大跳，因为是夜晚，对方又举着火把，声势浩大，根本看不清有多少人。拓跋嘉不知齐军底细，怕被齐军一锅端，于是干脆领着残兵败将，仓皇向北撤退。

这一路的魏军就这样稀里糊涂地败退了，拓跋嘉灰头土脸地逃了回去，另一路魏军却没觉得齐朝的将军们有什么了不起，建元三年（公元481年）正月刚过，就趾高气扬地来攻角城（今江苏淮安北郊）。

为齐朝守城的角城成主成买可不像那个不知名的前任那么油头滑脑，成买很有民族气节，上任之前，他就告诉左仆射王俭："我今一去，如果不干掉鲜卑人，就是被鲜卑人干掉。我要是立了功，而且还活着，我的儿子就是世子；如果战死了，我的儿子就要做孝子！"

成买上任不久，鲜卑人就杀了过来，成买死守拒战。萧道成听说鲜卑人又来砸场子，急派李安民和周盘龙火速救援。角城是江南门户，绝对不能落到鲜卑人手上。

周盘龙这边火急火燎地北上，角城那边的战争已经进入了白热化阶段。成买真是个铁打钢铸的汉子，带着弟兄们出城和鲜卑人决战，仅死在他刀下的魏军就有上百。但和上万魏军相比，齐军人数还不够人家一个零头，成买终因寡不敌众，悲壮战死。

成买的人头被魏军一个飞刀砍掉，可尸体却僵坐在马上，直到战马狂奔还营，他的尸体才轰然倒下，齐军将士见状，无不泪下如雨。真是为成买可惜，这样的良将，关于他的史料却只有零散不成篇章的几句话。

成买战死了，但角城之战却没有结束，后援的齐朝军队已经赶到了角城，和强悍的鲜卑人展开决斗。齐军打头阵的是周盘龙的儿子周奉叔，不过他带的兵太少，只有区区两百人，丢在一万多鲜卑骑兵里头跟撒胡椒面似的，魏军渐渐缩小了包围圈，眼看着就要吃掉这顿美餐。

幸运的是，在这被围的两百多齐朝骑兵中，有一位军爷逃了出来，飞马

回营，气喘吁吁地告诉周盘龙："少将军危矣！"周盘龙正在帐中悠闲地喝着小酒，吃着佳肴，顺带想念建康城里娇滴滴的阿杜，听说儿子有难，急了，立刻扔下筷子披甲横槊上马，也不带卫兵，一个人就冲上阵了。六十七岁的周盘龙摸清了儿子被围的方向，大吼一声："鲜卑小虏何欺我儿太甚！你家周爷爷来了！"

周盘龙舞着大槊冲进阵中寻找儿子。周盘龙以六十七岁的高龄，居然在千军万马阵中杀出了一条血路，不时有倒霉的鲜卑人被醉龙狂舞一般的大槊砸死马下。

周奉叔起初并不知道父亲来救他，和弟兄们冲出包围圈后才得知父亲一个人杀入鲜卑阵中，顿时吓出了一身冷汗，这老爷子逞什么能？周奉叔撇下弟兄们，单枪匹马又杀回去。

俗话说"老子英雄儿好汉"，这话放在周家父子身上是再合适不过了，这爷俩都是有名的练家子，浑身上下都是好功夫。父子两个人，两匹马，两条大槊，在一万多鲜卑骑兵中撒起欢儿来，斩杀无数敌人。鲜卑人的心理防线在周盘龙父子的非人折磨下彻底崩溃，狂呼乱叫着惨败而逃。这场莫名其妙的战争失败者是一万多鲜卑骑兵，胜利者是周盘龙和周奉叔。

战争史上的奇迹！我们都知道赵云单枪匹马在八十三万曹军中杀了个七进七出，不过那是《三国演义》，虚构成分居多。周盘龙和周奉叔这爷俩向历史展示了人类体能上的极限，两人对决上万重甲骑兵，这比后来陈庆之以三千骑兵对决二十万鲜卑铁骑还要恐怖。面对周家父子追着上万鲜卑骑兵到处打的旷世奇观，我们还能说什么，只能恭维一句：这爷俩不是人，是神！

经过这场战役，周盘龙和周奉叔的名字叫响了北国大地，鲜卑人一听周家父子的名字无不敬畏。他们最讲丛林法则的，不管你是谁，只要能把他们打服气，就敬重你是条好汉。否则，窝窝囊囊地装孙子，他们根本不把你当人看，从骨子里鄙夷你。

鲜卑人想来就来，想走就走，太不拿齐朝的领军将军李安民当回事了。李安民自然不想放掉这条大鱼，功劳总不能让周盘龙一人独吞吧。都说南北朝

牛人多，这话半点不假，单说南朝，我们不能把眼光盯在刘裕、陈庆之这些著名的牛人身上，还有一些牛人虽然名气不响，但他们的故事同样精彩。

周盘龙够有个性，李安民同样也不示弱，他最牛的事迹发生在刘宋王朝。时任武卫将军的李安民跟着大军平定了晋安王刘子勋在江州的叛乱，事后刘宋明帝刘彧把立功的将军们请到新亭楼吃喝玩乐，刘彧觉得这样玩没意思，就和将军们一起玩赌博，君臣同乐。

在古代，赌博是老少咸宜的游戏，富人和穷人都对此乐此不疲。要说南北朝头号赌神，可能是刘裕。刘裕在称帝前，曾经和晋卫将军刘毅赌博，刘毅掷出了"雉"，即四个黑子一个白子，而刘裕出手的时候也是四个黑子，只有一个骰子还在转，他急得指着这个骰子大骂："给老子一个'卢'！"果然得了"卢"。

刘裕赌技算可以了，但和李安民比起来好像还差了一点儿。酒席上李安民的朋友们开始掷骰子，他们当中手气最好也不过中了"雉"，轮到李安民的时候，他看都不看，拿起骰子随手一扔，就中了"卢"，五个全是黑子。刘彧只知道李安民打仗是把好手，没想到还是个赌神，当面恭维李安民："李将军面方如田，将来一定能封侯拜相。"

原来在刘彧看来，封侯拜相的标准是会玩一手好骰子。幸亏五代后梁太祖朱温生得晚，如果早生几百年，凭朱温这臭手气，别说节度使了，恐怕连个小队长都混不上。

七 齐朝的将军们

当然这些都是闲篇，对于武将来说，想在朝廷上混出个脸面，首先要会打仗，其他的都不重要。

李安民先派堂弟、马军主李长文带着二百骑兵前去打探魏军的动静，自己和周盘龙在后面跟着。李长文在宿豫（今江苏宿迁南）发现了至少好几千鲜卑骑兵，没想到魏军看到李长文的兵少，渐渐围了上来，想吃掉他。

李长文又不是傻子，哪敢和鲜卑人玩骑兵决战，还不够人家塞牙缝呢，干脆把他们介绍给堂兄认识吧。于是急速向南撤退，鲜卑人傻头傻脑地追了过来，李长文把他们引到孙溪渚附近的战父湾。正好李安民的大队齐军赶了上来，魏军措不及防，被士气正盛的齐军揪住就是一顿狠打，死伤极为惨重，被挤到水里淹死的数不胜数，李安民狠狠地捞了一票，吃得满嘴流油。

齐朝的将军一夜之间仿佛都打了鸡血似的，个个兴奋得要命，倒霉的鲜卑人都成了他们盘中可口的美味。齐将桓康也跟着凑了一回热闹，带着本部兄弟在淮阳追上魏军，将鲜卑人打得找不着北。这还不算完，桓康吃饱喝足之后，又跑到魏军把守的樊谐城（今江苏宿迁西），三拳两脚打跑了鲜卑人，霸占了城池。

桓康发完飚后，下一个闪亮登场的是"当代韩信"——垣崇祖将军。桓康都能赢得满堂喝彩，垣崇祖自然不能落在人后，否则"当代韩信"的帽子岂不是白戴了？垣崇祖确实有本事，用水灌跑了拓跋嘉后，知道鲜卑人不会善罢甘休，早晚还要来捣乱，他时刻准备着。

该来的总会来。时隔不久，魏镇南将军贺罗就领着大队兵马气势汹汹地杀到了下蔡。在此之前，垣崇祖已经将下蔡城从淮河北岸迁到了淮河南岸，贺罗率军杀过来后，看到下蔡整体被搬迁了，就放出风声说准备夷平旧城，然后渡河。

齐军大部分将领都认为魏军会在下蔡旧城安营扎寨，垣崇祖却摇摇头，笑道："你们算错了，我料鲜卑人没胆量在我眼皮底下扎营，他们只不过是想借着旧城过河罢了。"

垣崇祖果然算准了贺罗的心思，魏军果真开始夷城，垣崇祖瞅准时机，率领大队人马坐船渡过淮河，大刀朝鲜卑人的头上砍去。这场战争是怎么打的，史书说得不具体，但我们知道了结果，魏军大败。垣崇祖越杀越上瘾，直杀得血流成河，一直追出几十里开外，将鬼哭狼嚎的鲜卑人礼送出境，这才回城。

一个又一个捷报传到建康宫中，萧道成喜笑颜开，弟兄们太给他这个老大争面子了。在这场拓跋宏强加给他的战争中，萧道成是打算采取守势的，能把讨厌的鲜卑人请出去就满足了。不过经过这几次胜利，他觉得鲜卑人并没有传说中那么可怕，既然你们三番两次来找朕的麻烦，朕也要让你们难受一回。

萧道成想到了十几年前因刘宋内乱被鲜卑人偷去的淮北四州。这四州地广人多，经济发达，对南朝来说，是重要的战略缓冲地带，他不知流了多少口水。

萧道成决定反击。

而此时，因为魏军屡战屡败，淮北四州的汉人们也动了背魏归齐的心思，何况这四州本就是南朝汉人的，物归原主是天经地义。萧道成向来比较重视对北四州汉人精英的策反工作，经常派出大批间谍进行策反。

《魏书·尉元传》关于这件事的记载非常有意思："萧道成既自立，多遣间谍，煽动新民，不逞之徒，所在蜂起。"还别说，萧道成策反的效果还是不错的。淮北四州的汉人精英们以司马朗之、桓标之、徐猛子、张和颜等人为首，聚众于五固山（今山东滕县东北），举起反魏大旗。

看到淮北义民如此识时务，萧道成大喜，立刻派李安率军北上，支援这些义民。同时兖州刺史周山图也奉命从淮河北上，行前周山图接到萧道成的手敕，他的口气很大，告诉周山图："天下事，唯同心力，山岳可摧……若不藉此平四州，非丈夫也。"萧道成还是很偏爱周山图的，在手敕的最后他提醒周山图，做事最好快一点，不要让别人把首功给抢了。萧道成说的这个"别人"，十有八九就是李安民。

周山图"倍道应赴"，想捞到头功，可惜还是晚了一步。平城的拓跋宏看到萧道成在山东地面穷折腾，有些坐不住了，已经吃到嘴里的，怎么能再吐出来？他派出镇西大将军、淮阳王尉元和平南将军薛虎子，让他们率军抢在李安民、周山图之前消灭司马朗之这些土霸王。

鲜卑人虽然打齐朝的正规军比较吃力，但对付这些乌合之众还是绰绰有余，没练上几招，司马朗之这些人都被尉元给灭了，被尉元拎着人头回平城

交差。

从地理位置上来说，齐军本该先于魏军赶到山东，结果却是魏军先到达，问题出在李安民的身上。李安民本是这次北上救援的主帅，可这位李将军倒好，行军跟蜗牛似的，慢慢腾腾地往前爬，等爬到山东，司马朗之们的人头早就飞走了。

难道李安民不知道如果能夺回淮北四州就能拿到首功，为什么还要放弃？最大的可能就是李安民知道了萧道成写给周山图那道敕令的内容。都是在老大手下混饭吃的，你做老大的却偏心眼，大鱼大肉都拨到周山图的盘子里了，还要我这个电灯泡做什么。

萧道成精心策划的策反淮北四州的计划就这么稀里糊涂地失败了，一怒之下将李安民骂了个狗血喷头。

其实这也不能全怪李安民，萧道成也要好好反思一下自己的用人方式，手心手背都是肉，要公平对待手下弟兄，何况周山图的能力并不比李安民强多少。在权力场上，最忌讳的就是把私情掺进政治中，萧道成也是个久经江湖的，怎么会犯下这种低级错误？令人费解。

八 一场热闹的国宴

齐魏两国处在战争状态，两个彪形大汉抱在一起连掐带咬，鸡毛乱飞，大呼小叫的，好不热闹，不过这并不影响两国的高层领导交流。用现代话说，就是两个国家一边发动战争，一边保持着外交关系，这种事情放在现代并不少见。

具体到这次齐魏战争，其实这并不是萧道成的本意，根本就是拓跋宏强加给他的。萧道成手上一大摊子破事还没解决呢，实在腾不出多少精力来对付鲜卑人，在垣崇祖大败刘昶后，他就派出一队使节前往平城（今山西大同），来找拓跋宏讲理。这次出使领头的是后军参军车僧朗。

车僧朗奉命北上，一路风尘仆仆。齐建元三年（公元481年）七月初六，车僧朗一行进入平城，拓跋宏热情地接见了他。拓跋宏本指望趁着萧道成刚当皇帝，内部局势不稳，狠宰他一顿。哪知道老萧也不是吃素的，几顿拳脚下来，拓跋宏鼻青脸肿，好不难堪。

平城和建康远隔千山万水，拓跋宏正愁没有办法当面骂萧道成一顿呢，车僧朗就送上门了，拓跋宏大喜，当着萧道成奴才们的面骂萧道成也是件非常爽的事情。

骂什么好呢？拓跋宏到底是个聪明的孩子，他知道萧道成的位子是怎么来的，这正是萧道成最忌讳的地方。这就好办了，萧道成哪儿疼，他就专往哪儿戳。

拓跋宏非常礼貌地问车大使："朕听说贵主做前宋的宰相没几年，怎么突然就把宋主给废掉了，自己爬上去做老大？是不是太不讲江湖道义了？"拓跋宏这一刀实在够狠，一下就戳到了萧道成的命门。

车僧朗可能没想到拓跋宏会突然给他来这一刀，有点儿手足无措，回答得也含含糊糊："这个嘛——当初舜禹登基，本身就是天子，而后来的魏晋匡弼前朝，是将天下交付子孙，不过是各自形势不同而已。"

拓跋宏见车僧朗似乎有些理屈词穷，知道他有些撑不住了，决定趁热打铁，驳倒车僧朗，替当初被萧道成打败的弟兄们出口恶气。不过拓跋宏到底年轻，问了一个等于是自动给车僧朗解围的愚蠢问题。拓跋宏问车大使："你给朕唠唠，你们萧皇帝都有些什么功德？"

车僧朗正暗自抹汗呢，一听拓跋宏问这个，心中暗喜，顺着他的杆就往上爬："我主陛下圣武英明，睿智弘远，宋太祖曾深器之。及明帝时四方反乱，我主陛下东征西战，南讨北伐，立功最著，江东士民无不心服。后又废昏暴败德之苍梧（刘昱），殄袁刘沈同恶之逆谋，扫靖江左，致治太平。"

听完车僧朗对萧道成的吹捧，拓跋宏立马就后悔了，真想抽自己几个大嘴巴子，这不是没事找抽吗？他有些不甘心，继续发难："苍梧王在时，也是一国主上，贵主作为大臣，怎么能以臣弑主，不怕春秋笔法么？"

车僧朗已经缓过气来了，何况拓跋宏这个问题比刚才那个还愚蠢，车大使继续拍自己主子的马屁："苍梧凶残暴虐，有史以来，闻所未闻，恶比桀纣，人神共愤。我主陛下顺天应人，诛此逆顽，天经地义之事。"

话都说到这个地步，再问下去也问不出什么来，拓跋宏只好作罢，不能再给车僧朗吹捧萧道成的机会。随后设国宴，款待车僧朗一行，不过拓跋宏又耍了一个小小的阴谋，他把宋朝昇明年间出使鲜卑的前宋使节殷灵诞请来入宴，居然坐在了车僧朗的前面。其用意再明显不过，就是说萧道成的齐朝根本就是个伪政权，魏朝承认的还是刘宋。

这下可捅了马蜂窝，车僧朗当场指责拓跋宏这是设外交陷阱，站起来指着殷灵诞问拓跋宏："殷灵诞过去是宋使，但大齐已经承天受命，殷灵诞现在的身份是大齐官员，今日之事，僧朗为使，贵主让殷某人坐在僧朗的前面，是什么意思！"

拓跋宏当然知道自己这么做是什么意思，他就是想让车僧朗难堪。不过还没等他为自己辩解，坐在车僧朗前面的前宋使节殷灵诞就跳了出来，指着车僧朗的鼻子好一顿臭骂，无非是骂车僧朗甘心助逆，丧尽天良云云。

车僧朗也不甘示弱，回嘴也是一通好骂，前任访魏大使和现任访魏大使就这样当着魏朝皇帝的面干上了。二人越说越不对路，争得面红耳赤，就差抄家伙光着膀子单挑了。

好戏就这样结束了吗？不，精彩的还在后边呢。

自从萧道成废宋建齐以后，在北魏滞留了许多从刘宋逃过来的官员，包括像殷灵诞这样的使节。殷灵诞是个坚决的挺宋派，他非常不满萧道成篡位，曾经劝说拓跋宏出兵伐齐，为宋报仇。

随后拓跋宏大举攻齐，这其中也有殷灵诞的一份嘴功。看样子殷灵诞和萧道成有深仇大恨，北魏出兵后，殷灵诞就想做前宋降王刘昶的司马，跟着魏军伐齐，不过拓跋宏没有同意，他便一直留在平城。

刘昶很重视对北逃宋人的拉拢工作，许多逃过来的宋人都自觉地站在他的旗下，这些人中，有一个刘宋的降将叫解奉君，刘昶和他的关系不错。这次拓跋宏在平城南郊设国宴款待车僧朗一行，刘昶不方便在场，解奉君却参加了这场国宴。

刘昶应该就在平城，或者就在宴会场地的隔壁，自然听到了车僧朗吹捧萧道成的那些话。车僧朗公然诋毁他们老刘家，作为刘宋皇族的刘昶自然异常恼火，一怒之下，暗中和正在享受国宴的解奉君搭上了手，指示他想办法让车僧朗从平城消失。

解奉君是个愣头青，平时没少从刘昶这里揣走真金白银，吃人的嘴软，拿人的手短，既然王爷发话，照吩咐做就是，至于后果，他根本就没多想。

这时车僧朗和殷灵诞依然在没完没了地对骂，骂累了就吃点肉喝点酒，然后继续开战。在座的鲜卑人都被这两个活宝给迷住了，津津有味地欣赏这场精彩的辩论会，确切地说，是一场对骂会，拓跋宏也笑眯眯地看着。

就在众人聚精会神地看殷车大战的时候，现场却发生了任何人都没有想到的戏剧性变化。坐在下面一声不吭吃东西的降人解奉君突然大喝一声，挺身而起，还没等众人看明白这是哪一出呢，解奉君就已经窜到了车僧朗面前，一把揪住他。解奉君胆够大的，握着不知道从哪儿抄来的一把刀，当着北魏皇帝拓跋宏的面，刺杀了南齐大使车僧朗。

一出闹剧、喜剧，被解奉君这样一搅和，就成了一场悲剧。

现场顿时大乱，哭声、骂声、大叫声不绝于耳。拓跋宏万万没有想到，平时不声不响的解奉君居然敢当庭刺杀南朝大使，这还了得。这是一起严重的外交事故，萧道成岂能放过他，现在两国关系正处在敌对状态，弄不好会给自己惹大麻烦的。

最让拓跋宏感到恐怖的是，解奉君身上居然有刀，如果解奉君刺杀的是自己呢，那还有活路吗？拓跋宏也是读过书的，三国蜀汉丞相费祎就是被魏国降将郭循在宴会上刺死的。他越想越害怕，喝令武士拿住解奉君，当场扑杀。

车僧朗已经死了，拓跋宏也无回天之力，只好用最隆重的规格将遇害的车大使发丧送葬，以示他作为北魏皇帝对友邦的尊重。所谓发丧送葬，其实都是做给活人看的，人一死，万事皆休，知道什么？

拓跋宏这么兴师动众，无非是想用实际行动告诉建康城中的萧道成：萧大爷，您可瞅准了，这事不是我干的，您老的口水不要吐在我的脸上，要骂您就骂刘昶吧。这时拓跋宏可能已经知道解奉君行刺是受刘昶的指使，但现在显然还不能动刘昶，拓跋宏还指望留着他给萧道成添恶心呢。

车僧朗的遗柩由谁护送回江东呢？拓跋宏已经有了中意的人选，这位护"灵"使者居然是殷灵诞。殷灵诞本就是南朝人，这次能够有机会回祖国也是好事，关键是不知道他愿不愿意回去。不过拓跋宏已经无意再留他们在北朝了，这些人如果都像解奉君那样，自己不知道还能活到哪天呢，干脆都打发回去。

殷灵诞无奈之下硬着头皮以滞留使节的身份护送车僧朗的灵车，忐忑不安地回到了南朝，同行的还有当初和他一起出使北朝留在平城的使节苟昭先。

也许是萧道成不知道在这次平城宴会的骂战中殷灵诞都骂了自己什么，或者是殷灵诞花言巧语避了过去，总之萧道成没有拿他问罪，殷大使侥幸多活了几年。

可惜殷灵诞好日子没过多久，萧道成刚刚驾崩，他骂萧道成的那些脏话就被同行的苟昭先捅给了继位的齐武帝萧赜。萧赜听说殷灵诞在平城大骂自己的父亲，大怒，立刻捕拿殷灵诞，下狱论罪。不久之后，殷灵诞便死于狱中。

九　皇家父子情

随着访魏大使车僧朗的柩车缓缓驶进建康城，新兴的大齐帝国和大鲜卑帝国的第一场有头无尾的战争就这样以莫名其妙的方式结束了。当然萧道成和拓跋宏也知道，虽然现在都无法吃掉对方，但如果还有机会，这爷俩随时都会光着膀子上阵玩命。这一切，和人品无关，和道德无关，只和利益有关。

建元四年（公元482年）的春天来了，大地回春，万物苏醒，寒冷即将回到遥远的西伯利亚。萧道成有些伤感地意识到，自己真的老了，今年已经五十六岁,长孙萧长懋已经二十五岁,甚至嫡曾孙萧昭业都九岁了。

萧道成总共有十九个儿子,四个早夭,其他十几个都活蹦乱跳的。他结婚非常早,十三岁就生下了皇长子萧赜,十九个儿子的年龄跨度非常大,其中有八个是他在五十岁以后生的,最小的十九皇子河东王萧铉只有四岁,甚至比侄孙萧昭业小了六岁。

虽然帝王家的权力斗争极其残酷,但对于四十三岁的皇太子萧赜来说,萧铉这样的小娃娃显然不能对他的储君位子造成任何威胁,安心做他的皇太子就是。

如果说一定要找出一个有威胁的弟弟,无疑是比自己小三岁的二弟豫章王萧嶷,但实际上萧赜和萧嶷兄弟二人的感情非常好。于是萧赜相信在弟弟中没有人可以威胁到自己,只等着老爹伸腿咽气,自己就可以做大齐朝的皇帝了。

排除了萧嶷对自己的威胁,萧赜长长出了口气,可他的还没笑容褪去,就发现自己突然掉进一个可怕的政治漩涡,差点没毁掉他的锦绣前程。如果追究起这场灾难的始作俑者,萧赜会沮丧地发现,这恶魔不是别人,正是他自己,确切地说,是他膨胀的私欲。

和刘裕、萧衍这样要名气有名气,要能力有能力的偶像型皇帝不同的是,萧赜是属于那种实力派的,名气不大,但实力很强。他后来能当上皇帝,首先第一个原因是他占了出身的便宜,他是老萧家的嫡长子,根红苗正;第二个原因是他在官场上出道非常早,从小就跟着比他大十三岁的小爹萧道成闯江湖,为萧道成打天下立功无数,史称萧赜与"太祖(萧道成)同创大业"。

萧道成开国后,皇太子的位置自然而然地落到萧赜的头上,这在当时没有任何异议,萧赜自己对此也是心安理得,这本来就是他应该得到的。不过他并没有摆正自己的位置,他的身份是皇太子,朝中事务最有决定权的是皇帝萧道成,而不是皇太子萧赜。他却不管这些,只图自己快活,有些不该他管的事情也伸手摸上一把,而且态度专横跋扈,丝毫不把父亲放在眼里。

萧道成对此当然是知道的,他很了解儿子的性格,有时甚至很欣慰地

想，儿子这种强悍的性格恰恰正是大齐帝国千秋万代的保证。但很快他就泄气了，因为在没有任何心理准备的情况下，他突然接到豫章王司空谘议荀伯玉的绝密奏章。

荀伯玉在奏章中揭发皇太子萧赜私下僭越朝廷礼仪制度，有违国体。不仅他自己趾高气扬，甚至他的奴才张景真也跟着主子耍威风，让萧道成不能容忍的是，这个奴才做得比萧赜还过分，萧赜在太子宫中过把皇帝瘾也就算了，毕竟天下早晚是他的，张景真算干什么的，居然也"被服什物，僭拟乘舆"，跟着萧赜在府中扮皇帝！

最可怕的是，张景真这么做是得到萧赜默许的，东宫人等知道张景真是萧赜的贴身奴才，谁也不敢公开指责。倒是荀伯玉还有些胆量，拼了一条命，把这事捅给皇帝。

萧道成看完奏章后，快气疯了。反了！反了！这是他器重的儿子做的事么？萧道成无论如何都想不通萧赜为什么要这么做？自己还没死呢，这个不孝子就敢当自己不存在，他真要当了皇帝，还不一定怎么样呢。盛怒之下的萧道成立刻指示有关部门火速前往东宫，调查这起严重的僭越事件。

萧赜这时并不在京师，他奉萧道成之命去兰陵祭扫祖陵，正在回来的路上。萧道成这次的行动是比较机密的，闲杂人等都不知道，但萧嶷却通过各种渠道知道了这事。

要说萧嶷人品就是好，如果换成杨广那号人物，早就落井下石，背地里捅大哥一刀了。要是能扳倒萧赜，那太子的位子肯定就是他的。可萧嶷不但没有这么做，反而骑上心爱的宝马飞鸢，连夜出城，在方山（今南京江宁区方山镇）截下了毫不知情的萧赜。

萧嶷火急火燎地把事情的经过告诉了大哥，萧赜一听就懵了。萧赜不清楚萧嶷赶来通知他这些事情的动机是什么，也顾不上去猜，他最关心的是父亲对他的态度，担心因为这事在父亲的心中失分，自己好容易搏来的皇位继承人身份，岂能拱手让人？

萧赜担心的事情最终还是发生了。见过二弟之后，他在第一时间赶回了京师，萧道成并没有对他说什么。第二天一早，萧道成派两个孙子南郡王萧长懋和闻喜公萧子良带着他的诏书来到东宫，严厉谴责萧赜置国法于不顾，宠信张景真，僭越制度，作乱朝纲。萧赜跪在自己儿子面前，羞愧得无地自容，他还能说什么？萧赜也是久经官场的，自然能从中嗅出异味来，暴风雨就要来临了。

萧赜按父皇的旨意杀掉了张景真，然后让两个儿子回去报信，自己则躲在宫里装病，想暂时避避风头。不过萧道成并没有就此收手的打算，通过这次僭越制度事件，他对萧赜已经失去了信心，易储的念头越来越强烈。

拿下萧赜，从各方面来说条件最符合的肯定是老二豫章王萧嶷，萧嶷史称"宽仁弘雅，有大成之量"，萧道成对二儿子的印象自然非常好。虽然《南齐书》是萧嶷的儿子萧子显写的，难免有吹捧之嫌，但从萧嶷的为人处世上来看，这个评价大体是准确的。

面对这个从天而降的馅饼，萧嶷却温柔地拒绝了，具体是怎么拒绝的？很简单，他对太子大哥萧赜的态度越来越恭谨，这么做等于是给萧赜吃了一颗定心丸：大哥，你不要多心，我不会落井下石的。同时也在做给萧道成看，自己对东宫没兴趣。

当然不排除还有一种可能，就是萧嶷在玩反向苦肉计，有意在萧道成面前展示自己的"宽仁弘雅"。就像杨广在杨坚和独孤伽罗面前装孝子一样，以此博取萧道成的好感，夺过储位，同时还向世人证明，他和大哥的感情"好"着呢，夺储不是他的本意云云。这种可能性不能说没有，但存在的概率非常低，相信萧嶷不是喜欢搞阴谋诡计的人。

即使这样，萧道成依然没有恢复对萧赜的好感，还在生气呢。虽然没有立刻易储，但明白人都知道，萧赜的太子位置摇摇欲坠，只要萧道成愿意，萧嶷取代萧赜只是个时间问题。

萧赜这回真急了，他无法想像自己被废掉之后，将如何面对天下人好奇的目光。自己辛辛苦苦打拼半辈子，血雨腥风历经无数，眼看着离帝位就差最后一步了，他不允许煮熟的鸭子从自己嘴边飞了，绝对不允许。

为了挽回败局，萧赜决定对萧道成发动感情攻势，虽然他不敢确定父亲一定会给自己这个面子，但显然已经没有其他更好的办法，只能冒险一试，再赌这最后一局。

萧赜在官场中的人缘很好，许多大佬都愿意在危难时刻拉他一把，在皇帝面前给他美言几句，虽然直接效果不明显，但总比在萧道成面前说他的坏话好。

一个月后的某一天，抚军将军王敬则屁颠屁颠地来到宫里，摇醒正在太阳殿午睡的萧道成。萧道成不住地打哈欠，看来还没睡醒，自然不太高兴：怎么跟土匪似的，一点规矩也不讲？没看朕正在睡觉吗？

王敬则是个直筒子脾气，开门见山，把来意告诉了萧道成："大齐隆兴，陛下即真不过数载，人心未必尽服，而陛下却因小节苛责太子，动摇国本，舆情哗然。为我大齐社稷计，臣敢请陛下赴东宫，与太子言好，以宁天下物议。"

萧道成无语。

王敬则说的这些萧道成听不懂么？怎么可能？只是现在他还没有废掉萧赜改立萧嶷的决心。在家天下的时代，易储可不是小事，牵扯到方方面面的利益，萧道成自然慎重。

不管是维持现状，还是废赜立嶷，都是萧道成自己的事情，没来由让外人操这份闲心，王敬则出来捣什么乱？萧道成正想呵斥他，没想到他却先开口了。

王敬则说的什么？就一句话："主上有诏，起驾幸东宫！"王敬则当着皇帝的面矫诏啊，胆子够大的，萧道成根本就不想去。王敬则豁出去了，把目瞪口呆的萧道成晾在一边，指挥左右人马抬来轿子，强行把萧道成塞进了轿子前往东宫，萧道成叫骂声不断："王敬则，你要造反吗！"

这顶小轿很快被强壮武士抬到了东宫玄圃，萧道成骂骂咧咧地从轿上走下来，知道这回躲不过去了，心说王敬则这狗才，看回去朕怎么收拾他。萧道成遵照王敬则将军的"指示"，将散居京师各处的皇子们都叫到玄圃，说是要开一场家宴。

"演员"们很快都到齐了。随着王敬则导演一声令下，萧氏皇族开始进入角色。按照剧本安排，老四长沙王萧晃站在父皇身后撑起了遮阳伞，别把老爹晒黑了；老三临川王萧映用鸡毛扇子给老爹扇风驱苍蝇；皇次长孙闻喜公萧子良端着酒盘；皇长孙南郡王萧长懋微笑着劝酒。

当然这几位都是跑龙套的，真正主演的是萧赜和二弟萧嶷——这次易储丑闻的男主角，还有胆大包天的王敬则。以萧赜为首，三人捧着酒食，膝行数步，爬到萧道成面前，叩头山呼，祝皇帝陛下福如东海长流水，寿比南山不老松。

萧道成平时比较忙，没有多少时间把家人都召到一起畅叙亲情，这次被王敬则一搅和，反倒给了他一次和家人增进感情的机会。这时的萧道成已经打定主意，念在萧赜为自己出生入死多年的份上，暂时不动他了。当然，主要原因还是他最钟爱的萧嶷没有当太子的意思，如果拿掉萧赜，萧嶷不答应，萧道成就要出大洋相了，所以老萧干脆就坡下驴，不失为明智之举。

这场家宴一直持续到傍晚，众人吃饱喝足，也玩够了，拍拍屁股，各回各家。萧赜在众人的帮助下，勉强从老爹的刀口上捡了一条小命，不由得长长出了一口气。

在这场易储风波中，萧赜无疑是最大的输家，差点连底裤都输掉。有输家自然有赢家，赢家是谁呢？有三个人，第一个是萧嶷，萧嶷坚决辞让储君，为他赢得了大量的印象分，同时最重要的是让萧赜欠了他一笔天大的人情，以后就等着收高额利息吧。第二个赢家是王敬则，史称"是日无敬则，是东宫（萧赜）殆废"。和萧赜一样，王敬则也做了一笔人生最大的投资，最后赚了个盆满钵溢。

第三个赢家萧赜这辈子都忘不了：荀伯玉！荀伯玉趁萧赜去兰陵祭祖时狠狠告了一个刁状，差点毁掉了自己的政治生涯，萧赜能不恨他吗？

荀伯玉因揭发张景真僭越有功，被萧道成特别提拔，从此一跃成为齐朝政坛的头号红人。荀伯玉当时能红到什么程度？他的母亲病故，他给亡母大办丧事，建康官场上的好汉们得到这个消息，个个兴奋得跟吃了药似的，就差燃放一万响的大花炮了。

能有机会给当今官场第一权臣溜须拍马屁装孙子，那是他们无上的光荣。至于皇太子，他们认定萧道成如此宠信荀伯玉本身就是一个政治信号，萧赜的位子坐不了几天了，天下早晚是萧嶷的。

这伙人在荀伯玉亡母发丧的那天成群结队地来到荀府吊唁，所过之处，遮云蔽日，寸草不留。当时来了有多少高官？据不完全统计，仅荀府门外二里地就都挤满了当朝头号人物们的小车轿子，估计除了萧氏嫡亲皇族，江东能挂得上号的人物，能动的都爬了过来。

当然，并不是所有的好汉们都能吃到荀伯玉施赏的那块若有若无的大饼，其中有两位的遭遇非常值得同情。司州刺史萧景先和前太子中庶子王晏也跟着大队人马跑到荀府觅食，五更天的时候，也就是现在的凌晨三点到五点，天还没亮呢，二位大爷坐着一辆车就来了。

他们以为自己睡得比狗晚，起得比鸡早，一定能赶在最前面，可是到了荀府门面一看，全都泄了气。门前已经挤满了当道大佬们，司徒褚渊和卫军将军王俭都到了，正在为排队加塞儿打架呢，现场鸡毛乱飞。

萧大人和王大人只好耐心地在后面等，哪知道一直等到太阳落山，才轮到他们进去吊唁。二人正准备进门，中书舍人徐希秀却奉命出来告诉他们，这天的吊唁活动到此结束，诸位的好意荀公心领了，都请回吧。二人当然不愿意，指天画地地和徐希秀吵骂，吵了半天也没效果。二人急了，干脆直接闯进灵棚，冲着荀老太太的灵柩就是张牙舞爪一通鬼哭狼嚎，丑态百出。

这都不是最让人沮丧的，最伤他们自尊心的是，哭完了，荀府连顿晚饭都不招待。他们饿了一天的肚子，眼冒金星，原以为吊唁之后，能在荀府填填肚子，哪知等了半天也没见有人招待他们吃饭，气得大袖子一甩，骂骂咧咧出了荀府。

萧景先和王晏越想越窝囊，荀伯玉也太不是东西了，不就是个临时宰相么？也不打听打听爷们是什么出身？他们的出身确实非常显赫，萧景先是萧道成的族子，王晏则出身于江东第一豪门琅琊王氏。

二人一怒之下，跑到宫里，在萧道成面前给荀伯玉脚下使绊子："陛下，臣昨天去荀大人府里吊丧去了。"萧道成当然知道，只是随意"哦"了一声，这事也要告诉朕，没话说了是吧？

他们当然有话要说，不然来干什么的？二人开始在荀伯玉头上倒屎泼尿："臣等现在才知道，荀大人在京师的人气是如此之高，两宫及省台和荀府相比，估计可以张网捕麻雀了。"萧道成又"哦"了一声，二人见皇帝不上钩，继续发飙："臣等听外边人说，陛下千敕万令，不如荀大人一命。"

他们说的这些萧道成怎么会不知道，荀伯玉再怎么飞扬跋扈，说到底只是一个高级奴才，想拿掉他，一句话而已，所以他对萧景先二人告恶状没什么兴趣。

萧景先和王晏的这番话没在萧道成这里起作用，却意外的在皇太子萧赜那里开花结果，萧赜本来就恨透了荀伯玉，现在又听说"千敕万令，不如荀公一命"。那还了得，以后自己当了皇帝，大佬们是听他的，还是听荀伯玉的？须知天下姓萧不姓荀！萧赜又加深了对荀伯玉的仇恨。

在萧赜私下记的黑名单上，还有一个非常令人意外的名字：豫州刺史、"当代韩信"垣崇祖！其实上了黑名单，那也是垣战神强行把自己的名字塞进去的，萧赜并不希望这份黑名单上有垣崇祖的名字，毕竟南朝名将不算多，萧赜还指望垣崇祖以后能给自己看好北大门呢。

垣崇祖在军事上确实有一套，但在政治上还是嫩了一些。在易储事件中，大多数朝廷重臣都选择了萧赜，偏偏只有垣崇祖，把自己的身家性命都压给了萧嶷。垣崇祖认定萧道成早晚要拿掉萧赜，换上萧嶷，所以对萧赜就有些

不干不净，萧赜自然就记住了他。

垣崇祖在寿春大败魏军后，被萧道成召回建康议事。按理说，萧赜有资格参加这次会议，但萧道成却甩掉了大儿子，秘密接见垣崇祖。萧赜知道垣崇祖是二弟萧嶷的人马，他怀疑垣崇祖这次入宫恐怕不单是说军事上的事情，不一定在背后怎么咬自己呢。

不过萧赜历练官场二十多年，早就练成了金钟罩铁布衫，知道话该怎么说，事该怎么做。萧赜随后以太子身份设宴招待垣崇祖，想和老垣"了结"一些个人恩怨，在席间萧赜满面含笑地告诉垣崇祖："老垣，我知道坊间传了一些伤你我和气的流言碎语，咱都是爷们，拿得起放得下，不和小人计较。你是咱大齐朝的擎天柱，别人想动你，我还舍不得呢。你安心守边，以后有什么事，我都给你撑着。"

萧赜不愧是见过大场面的，话说得滴水不漏，温馨感人，垣崇祖到底是心机不密，哪有萧赜想的那么多，见太子都纡尊降贵了，那自己还好意思上竿子装大爷么，不住地拜谢，说些尽忠效死的话，二人尽欢而散。

目送垣崇祖离开后，萧赜脸上的笑容凝固了，得罪了本太子，你拍拍屁股，就以为没事了？还有那个荀伯玉，一副小人得志的丑恶嘴脸，等着吧，我的时代很快就要到来了。

十一　萧道成的太阳落山了

不知不觉间，萧道成已经在江东做了四年皇帝了。在这四年里，他并没有享受到多少做皇帝的快乐。一般来说，开国皇帝要担起为儿孙谋万世的历史重任，战战兢兢、如履薄冰。萧道成也不例外，不管他是否喜欢皇太子萧赜，萧家这份家业总是要传下去的。

作为刘宋的前臣，萧道成对刘宋皇族下手非常狠毒，能杀的基本上都杀光了，刘裕也只不过是毒死了司马德宗，而且还是偷偷摸摸干掉的，这点萧道成似乎不如刘裕宽宏。当然龙生九子，人各有别，除了在品德上有差异，在能力上萧道成并不比刘裕差多少。都是吃皇帝这碗饭，没几手绝活那是混不出来的。

萧道成虽然出身于庶族地主家庭，家境也算殷实，但他从小就养成了节俭的好习惯，这可能和少年时代跟着大儒雷次宗受学有一定关系。萧道成的节俭是出了名的，有一次他在主衣库中发现了一枚漂亮的玉导，估计是从宋朝传下来的。他指着玉导告诉大臣们："知道宋朝为什么会失天命吗？这枚玉导便是祸因！"说罢，命人把玉导摔碎，以后再发现有这样的东西，概从此例。同时，下令将宫中用来装饰的铜制品全部换成铁制品，省下铜器用来充实国库，他不允许在自己的帝国内部出现奢靡之风。

萧道成为此非常感慨，留下了在历史上非常著名的一句话："使我治天下十年，当使黄金与土同价。"当然这话太夸张了，他只是借此表达自己抑制奢侈风气的决心而已。

虽然天下来得有些缺乏说服力，但客观来说，让萧道成做皇帝，总比刘子业和刘昱这帮昏君好多了。刘宋的统治基础已经彻底腐烂了，必须推倒重来，历史选择了萧道成，确实是江东百姓的福气，或者说，是江东汉文明的福气。

如果给南朝二十四个皇帝排队论座，刘裕肯定是老大，不仅因为他是南朝开国第一帝，更重要的是因为他的绝世武功，南朝皇帝中没一个强过他的，刘裕是当之无愧的南朝头号牛人。第二梯队有宋文帝刘义隆、齐武帝萧赜、梁武帝萧衍、陈武帝陈霸先、陈文帝陈蒨，自然也包括萧道成。

第二梯队的皇帝有个共同的特点，就是文化素质都非常高，刘义隆和萧衍就不必说了，著名的文治皇帝，没点文化底子是不行的。陈霸先给后人的印象是个武夫，但他居然可以效仿梁武帝，开坛讲佛。陈蒨给他的小男宠韩子高写情诗，水平据说可以超过李白。萧道成更不用说了，十三岁就被父亲萧承之送到大儒雷次宗门下受学，正宗的科班出身，在南朝皇帝中学历可以说是最高的。

萧道成的文雅风骚在南朝皇帝中也是能挂上号的，全面发展的典型，不

仅有学问，更牛的是会写文章，会书法，会下棋，标准的风流老生。在萧道成不多的有关文化的轶事中，他和侍中王僧虔关于书法水平的辩论最为著名，在南朝书法界，王僧虔是一个再响亮不过的名字，一代名家宋文帝刘义隆看到王僧虔的帖子，都禁不住大叹。

萧道成的书法水平虽然还够不到王僧虔这样的级别，但在票友中也是一流的，不过他心高气傲，对这个评价非常不服气，总想找个机会爬到王僧虔的头上。有一次萧道成特意把王僧虔召进宫，说是要和王侍中切磋一下书法。王僧虔一看萧道成这皮笑肉不笑的嘴脸，就知道他没安好心，自己的书法在江东的地位无人能撼动，皇帝当然是知道的，这次叫自己来比书法，恐怕是想设套下陷阱。

王僧虔表面上一往如常，规规矩矩地按指示写了一幅书法作品，萧道成也写了几个字，不动声色地看完了王僧虔的字，笑眯眯地问："老王，你说实话，朕和你的字，你看到底谁是第一？"王僧虔就知道萧道成会这么问，微笑着回答："臣认为，臣的书法和陛下的可以并称第一。"

萧道成满以为王僧虔会谄媚地恭维他的书法第一，见王僧虔大言不惭，强忍着不悦问："以卿慧识，朕的书法水平到底怎么样，卿说实话。"王僧虔确实说了实话："臣认为臣的正书在江东为第一品，草书第二品，而陛下的草书第二品，正书第三品。如果陛下一定要问臣与陛下谁是第一的话，臣冒死犯上，臣书第一。"

要说王僧虔胆量够大，似乎还不及萧道成的度量大，萧道成可不是刘彧这帮混蛋，只会嫉贤妒能，专害好人。虽然王僧虔的话让他非常没面子，但老萧肚子大，容个把宰相还是没问题的，他故作大笑状："卿言可谓戆直，敢说实话，不愧是直臣。"王僧虔不住地拜谢。

萧道成再不喜欢王僧虔，也不会拿他怎么样。王僧虔出身琅琊王氏，宋元嘉朝头号勋臣王昙首的儿子，岂是说杀就杀？虽然说到了宋齐之际，江东士族集团已经没有东晋时指天画地的威风，但士族的政治经济和文化力量还是非常强大的，萧道成不会愚蠢到拆自己的后院，在保证了高门士族集团利益不受侵犯的前提下，士族们自然愿意和萧道成合作，齐朝的统治基础也非常稳固。

萧道成天生不是享福的命，等到把萧家老店的门面打扫干净后，他也累倒了。齐建元四年（公元482年）二月初一，萧道成病危，倔强的老萧知道自己不可能迈过这个坎儿，也就只好认命了。在生命的最后一刻，他急召司徒褚渊、左仆射王俭等人入宫接受顾命。该来的都来了，萧道成有气无力地望着这些年跟着自己闯荡江湖的弟兄，老泪纵横。他叹了一口气，让左右将拟定的遗诏拿过来，交给褚渊和王俭。诏书是这样写的："吾本布衣素族，念不到此，因藉时来，遂隆大业。风道沾被，升平可期。遘疾弥留，至于大渐。公等奉太子如事吾，柔远能迩，缉和内外，当令太子敦穆亲戚，委任贤才，崇尚节俭，弘宣简惠，则天下之理尽矣。死生有命，夫复何言！"

萧道成为人还是很有自知之明的，知道自己的天下说难听些就是偷来的，这点他并不否认，王夫之也说过："齐无寸功于天下，乘昏虐而窃其国、弑其君、尽灭其族，神人之所不容。"萧道成还算是个明白人，不像后世有些帝王，明明是欺人寡母孤儿偷来的江山，还铁嘴铜牙地死不承认，和萧道成相比，气度未免小了些。

萧道成在临死前还没忘记他最亲爱的小兄弟荀伯玉，从他的安排来看，荀伯玉才是真正的托孤大臣，褚渊和王俭不过是两个跑龙套的绿叶。

萧道成指着荀伯玉，吃力地告诉旁边脸色已经发青的萧赜："荀伯玉对我忠贞不二，等我故后，你要善待他，不要听外头那些人胡说八道。如果你要觉得有什么不妥，可以让他去东宫伺候白泽（萧长懋的小字），或者去南兖州做刺史，这你总没话说了吧？"

萧赜虽然侥幸保住了太子的位置，但萧道成这个安排，显然是对他不信任。萧赜知道现在还不是发作的时候，等老爹死了再说，他知道该怎么做。

身后事能料理的都料理完了，萧道成也放心了，他知道自己该上路了。齐建元四年（公元482年）三月初八，萧道成病逝于建康临光殿，时年五十六岁。同日，皇太子萧赜在王公亲贵的簇拥下，面容哀戚地在大行皇帝灵前即皇帝位，大赦天下，并改次年为永明元年。

四月初六，萧赜给自己的老爹上了一个美谥：高皇帝，庙号太祖。虽然古代谥法里并没有"高"这个谥，但从刘邦以来，"高"字是皇帝谥号中规格最高的。

在刘宋之前，开国皇帝多数谥为高祖武皇帝，南朝四代，除了萧道成是"太祖高皇帝"，其他三个全是"高祖武皇帝"。宋朝之后，开国皇帝无一例外谥为太祖，通常都是"太祖高皇帝"。

不过无论萧赜如何折腾，躺在棺材里的萧道成是管不着了，能做的他都做了，子孙后代如何，全看他们自己的造化。四月二十二，萧赜把父亲的遗体葬在兰陵（今江苏丹阳）郡望的泰安陵。

随着墓穴石门的缓缓关闭，萧道成的时代结束了。

在《南齐书》里，萧道成得到非常高的评价，《南齐书》的作者萧子显是萧道成的嫡孙（萧嶷的第八子），对祖父肉麻的吹捧自然是难免的，不过从萧道成的一生来看，萧子显的评价大抵上还是公允的。

要论个人魅力，萧道成没有刘裕的雄、萧衍的雅，甚至不如陈霸先的狠，魅力值可以说是南朝四个开国皇帝中最少的。当然，魅力是一方面，论能力，萧道成不比任何开国皇帝差，大浪淘沙，剩下的都是金子，萧道成和沈攸之、刘秉这些破铜烂铁相比，就是一块大金子。

南朝自刘骏开始，陷入历史的低潮期，内乱汹然，北方又有鲜卑人趁乱骚扰，形势日益窘迫。刘子业、刘彧、刘昱这几位又没有危机意识，花天酒地，无恶不作，显然不具备带领江东汉人复兴的能力。

王夫之对这帮昏君极为失望，不承认他们是真命天子，讽刺他们是"扬州刺史"，他们的宰相大臣都是"胥吏"。虽然王夫之从道德角度否定了萧道成的开国之路，但并没有否定他称帝后对江东的贡献，事实上，如果让刘彧这些人继续胡搞，江东弄不好就要沦陷于鲜卑人之手。

所以不管由谁接手南朝，只要能在鲜卑人强大的军事压力下保存下来并渐渐恢复，对历史做出的贡献都是非常伟大的。萧道成保住了江东汉文明，仅凭这一点，王夫之就有足够的理由赞美他。

第二章 永明时代（上）

一 新旧交替的时代

萧道成已经成为历史，而他的继承人萧赜正在创造历史。

萧赜登基后，除了将老爹下葬，还大设宴席，招待老爹手下的弟兄们，大鱼大肉好好招待，不怕撑着他们。这帮人无论给多少肉，都能一口吞下去，脸不红心不跳，心理素质好着呢。

萧赜陛下有旨：晋褚渊为录尚书事，是实际上的真宰相，王俭晋侍中尚书令，王奂晋尚书左仆射，二皇弟萧嶷也捞到了一顶太尉的大帽子，美滋滋地戴在头上，好不威风。

以上的安排有些是萧道成死前内定的，但萧赜也不全是按老爹的遗诏办事，如萧道成本来是让王敬则任丹阳尹的，萧赜却把丹阳尹的位子留给了李安民。当然这并不能说明王敬则在萧赜心中的地位不如李安民，这不过是普通的人事调动而已。至于仇家垣崇祖和荀伯玉，萧赜现在还没打算动他们，他刚即位，需要一个缓冲的时间，等自己喘过气了，再腾出手来收拾他们。

萧赜安抚好了外人，开始招呼本家人入席吃肉。他的原配穆夫人早在两年前就去世了，没当上皇后。他和穆氏的感情很好，所以即位后，立刻追封穆氏为皇后，而且终其一生，不再立皇后，虽然他喜欢的女人有许多，但这不能改变他对穆夫人的感情。

穆夫人给萧赜生了两个儿子，大儿子南郡王萧长懋和二儿子闻喜公萧子良，萧赜即位后，册封萧长懋为皇太子，萧子良封竟陵王，其他十几个儿子照例封王，萧赜的长孙萧昭业也跟着上位，接替父亲萧长懋做了南郡王。

齐朝的政治格局并没有发生什么显著的变化，只是具体的演员换了而已，萧赜接替萧道成坐庄，萧长懋接替萧赜，萧子良则有意无意地接替了萧嶷的位置。

从性格上来说，萧长懋像极父亲，雄悍、工于心计，而萧子显简直就是萧嶷的盗版，性格温和圆润、爱好文学，同样深得父亲的宠爱。好在萧嶷和萧子显都没有什么野心，安心做自己的闲散风流王爷，所以这个时期的萧齐皇族内部还是比较团结的，没有发生手足残杀的惨剧。

萧赜摆平了内部错综复杂的人事关系，以为可以安安心心地享福了。不过他想安生吃饭，有人却闲不住，跳出来闹事。这位爷是谁？吏部尚书江谧。

江谧这个人有点小才，史称"才长刀笔，所在事办"。但他最大的毛病是过于自负，属于眼睛长在脑门上的主儿。江谧能狂妄到什么程度？萧道成临终的时候，因为没有遗诏让江谧顾命，江谧就恨透了他。眼瞅着快要西去了，萧道成下诏召江谧入宫见最后一面，没想到他却来了大爷脾气，装病不去。老棺材瓢子，让你不给我面子，去死吧你。

萧赜即位后，一直没有升江谧的官。江谧还眼巴巴地等着入阁拜相呢，一看萧赜和他的死鬼老爹是一个德性，就恼了，把对萧道成的怒气全都撒到了萧赜的头上。江谧耍起了嘴皮子功夫，到处说萧赜的坏话。

如果江谧只是说些不咸不谈的闲话，不触犯忌讳，萧赜没来由和这号蹬鼻子上脸的二百五较劲。他给足了江谧面子，可江谧真有本事，萧赜哪地方疼，他就专往哪地方戳。

萧赜有一次小染风寒，卧床养病，江谧觉得自己出头的机会来了，美颠颠地跑到豫章王萧嶷的府上，装傻充愣地问萧嶷："现在主上圣体有恙，而东宫（萧长懋）又非治国干才，万一山崩事发，咱大齐朝就危险了，不知道殿下对此有什么看法？"萧嶷能有什么看法？他要是对那个位置有意思，几年前就有机会下手，犯不着到现在才眼红，所以他对江谧的挑唆装聋作哑。

萧赜在官场上的耳报神很多，很快就有人把江谧的原话一字不差地吹到他的耳朵里，这事是不是萧嶷故意捅出来的？史无明载，但非常有可能是他干的。

萧赜知道江谧嘴上没个把门的，经常跑马放炮，但没想到这厮居然敢砸自己的摊子。不过萧赜做事沉稳，他不想在吏部尚书的位子上拿掉江谧，这样的牵扯面太大，萧赜有的是办法。他先是改任江谧为征虏将军、南东海太守，还没等江谧琢磨过来他想干什么呢，他就动手了，拿下江太守踢进大牢喝粥。

萧赜指使御史中丞沈冲参了江谧一本，在这道奏疏中，沈冲按萧赜的意思，将江谧的罪状写得骇人听闻，连江谧装病不去见萧道成的丑事也拎了出来，沈冲指责江谧"崇饰恶言，肆丑纵悖，讥诽朝政，讪毁皇猷，遍蛊忠贤，历诋台相"。说到这个份上，江谧的下场也就不言自明，随后，在狱中被赐死。

在齐朝官场上，江谧并不属于一线演员，不过是个二线角色，所以萧赜干掉他并没有对齐朝官场产生太大的震动，一切如旧，跑马的跑马，玩骰子的玩骰子，天下依然太平。

在萧道成留下的这套统治机构中，真正能为萧赜看重的，还是那些江湖老将，比如褚渊、王俭、柳世隆、王敬则这些人，而不是像江谧这类要活宝出丑的。在这些权力精英中，虽然真正的宰相是王俭，但如果说能给齐朝官场撑脸面扛大旗的，非褚渊莫属。

萧赜和萧道成一样，只是把褚渊看成装点门面的头号政治花瓶，但政治花瓶自有其不可取代的价值，萧赜深谙用人权术，他知道把褚渊推到前台跳大神对他百利而无一害。

可惜褚渊和萧道成一样，天生不是享福的命，经历无数腥风血雨之后，还没来得及多享受几天快活日子，就伸腿闭眼去了。萧道成驾崩半年后，齐建元四年（公元482年）八月二十二，录尚书事、骠骑将军、司徒褚渊病逝，时年四十八岁。

作为萧齐王朝最忠实的合作者，褚渊在齐朝皇族萧子显撰写的《南齐书》中得到了极高的评价，萧子显甚至在书中公开给他做无罪辩护。其实萧子

显不用那么激动，褚渊失节是客观存在的，不是他说几句好话就能改变。事实上，在当时的齐朝官场，褚渊失节也是公认的，许多人都以讽刺他失节为乐。

有一次上朝，因为天热，褚渊拿了把腰扇遮阳，路旁同行的正员外刘祥挖苦褚渊："怪不得要拿扇子遮面呢，原来是没脸见人！"这都不算狠的，萧赜还是太子的时候，有一次宴请群臣，席间褚渊想拍太子右卫率沈文季的马屁，说沈文季是当世名将，足可御边。没想到沈文季最忌讳别人说他是武夫出身，以为褚渊有意挖苦他。沈文季是个粗人，一怒之下，当着众人的面骂道："褚渊经常吹嘘自己是忠臣，不知道等他伸腿瞪眼的时候，有什么脸面去见宋明帝？当初他可是信誓旦旦要效忠苍梧（刘昱）的。"

从对一家一姓的忠诚来说，褚渊确实对不起刘宋对他的恩宠，更何况他还是刘宋皇室的至亲。当然我们还可以从另外一个角度来看这个问题，以当时江东摇摇欲坠的危局，与其让那几个无德无能的昏君误国误民，还不如让萧道成出山。

历史也证明了萧道成有足够的能力带领江东汉文明和江东百姓走出历史的泥沼。所以从这个角度看，褚渊对历史还是做出了一定贡献的。

还有一点，褚渊的私德其实很好，当初南朝刘宋山阴公主刘楚玉强迫他做面首，被他严词拒绝。褚渊的父亲宋朝骠骑将军褚湛之临终的时候，作为嫡长子，褚渊在分家的时候，只抱走了父亲留下的几千卷书，金银财宝都分给了弟弟们。他不是一个贪恋富贵权力的人，之所以选择萧道成做自己的合作者，未必就不是从江东大局来考虑的。

褚渊和唐末五代的"骑墙孔子"冯道很相似，一样的刀枪不入，一样的好修行，一样的参透世事，甚至一样的"人尽可夫"，但不能否认的是，他们都是自己所处时代的顶尖人物。现在对冯道的评价已经非常宽容了，所以对褚渊也不要一棍子打死，历史都是非常复杂的，简单的非黑即白论是不客观的。

二 大清洗（上）

褚渊的死，为一个时代的结束和另一个时代的开始做了最完美的注脚。历史，即将真正进入属于萧赜的时代。残年过后，永明元年（公元483年）正月初二，萧赜来到南郊祭祖，改元永明，大赦天下。

从这一天开始，雄心勃勃的萧赜正式站在了历史的前台，这一年他四十三岁，有足够的时间来证明自己有资格做历史的创造者。

在这个大喜的日子里，萧赜还算有良心，第一个想到的就是他的同母胞弟萧嶷。他知道当初如果不是萧嶷坚辞储君之位，自己早就卷铺盖滚蛋了，弟弟送的这个天大人情，他一辈子都不会忘。

按萧嶷的级别，萧赜有足够的理由让他出山做大齐朝的二掌柜，就如三十多年前的宋彭城王刘义康一样。只要萧嶷开这个口，萧赜肯定会满足他的要求。不过萧嶷并没有这么做，他是个参透世事的精明人，当然知道刘义康当年是怎么倒台的。宋文帝刘义隆让弟弟刘义康主持朝政，刘义康没有摆正自己的位置，野心越来越大，结果被刘义隆给拿下了。这段历史萧嶷是知道的，再说自己的大哥萧赜的为人，他再清楚不过。与其自己坐在火山口受煎熬，不如退避三舍，倒落得清闲自在。

萧嶷自哥哥即位以来，从不参与朝中政务，安心在家遛鸟。如果遇上什么重大事件，他会私下和哥哥讨论对策，不在前台抛头露面，一切功劳都是哥哥的。

萧赜遇上这个在人格上近乎完美的弟弟，激动得都快哭了，老爹萧道成真是太伟大了，生下这么个极品国宝。蔡东藩先生也笑谈："萧道成生此佳儿，实在难得。"

将宋文帝刘义隆那帮不成器的儿子们和萧道成这几个儿子一比较，就很容易发现萧家这几位大爷比刘家的那几位更有资格站在历史的前台。萧嶷自不必说，人品接近完美，当时公认的头号贤王，比起《杨家将》中那位完美化身的八贤王有过之而无不及。

可能是刘裕、刘义隆、萧衍、陈霸先、陈蒨这样的明星皇帝太多了，所以萧赜扎在南朝皇帝堆里头并不太显眼，实际上他是南朝皇帝中最被低估的一个。他不是偶像派，名头响、花样多，他就是实实在在做事。像这类处事低调的人，往往更让人难以琢磨，隐藏得越深，越不能被低估。

萧赜天生就是做皇帝的，他做事虽然低调，但性格雄悍。历史已经证明，像他这种性格雄悍的，在政治斗争中成为胜利者的概率非常大，如曹丕、杨广、赵光义、朱棣、雍正等人。因为历史是冰冷无情的，所以要想成为历史的胜利者，就必须按照历史的既定规则去做。做皇帝千万不能像苻坚那样，滥施仁政，结果身死国亡，成为历史的笑柄。

萧赜深谙此道，他本就是玩政治斗争的高手，也许这正是萧嶷不愿和他为敌的原因，真要玩起狠的，他未必是萧赜的对手。因为萧嶷主动选择退让，萧赜肯定不会动二弟的，在刚登基的时候，他的手上就已经出现了一份死亡黑名单，入选的都是他认为必须除掉的敌人，有三个名字异常显眼：散骑常侍荀伯玉、豫州刺史垣崇祖、车骑将军张敬儿。

因为荀伯玉和垣崇祖私交极好，所以萧赜决定将二人并案处理，张敬儿另作一案。荀伯玉的政治嗅觉非常灵敏，他闻到一股异味，但说不清到底是哪里出了危险。

萧赜更是聪明过人，为了稳住荀伯玉，他笑脸相迎，好言劝慰荀伯玉。无非就是先帝将朕托付给你，你就是咱大齐朝的擎天柱、定海神针云云。荀伯玉也够白痴的，居然相信萧赜，放心地吃萧赜抹在刀口上的蜂蜜。

萧赜不是个做事婆婆妈妈的人。如果拖得久了，恐怕夜长梦多，他决定动手。齐永明元年（公元483年）四月初九，萧赜突然下诏逮捕豫州刺史垣崇祖，罪名是垣崇祖镇守寿阳期间，和鲜卑人里通外合，谋叛祖国。当然这是诬告，垣崇祖真要想反，何必等到现在。

同时落网的还有正在做黄粱梦的荀伯玉，罪名是和垣崇祖一起勾结边荒亡命，图谋不轨。

萧赜强加给他们的罪名可都是十恶不赦的死罪，不管冤不冤，只要皇帝定了性，那只有死路一条。垣崇祖和荀伯玉终于为他们的政治选择付出了惨重的代价，"垣崇祖诛，伯玉并伏法"。

不知道垣崇祖在死前是否会想起不久前萧赜对他的那番甜言蜜语，荀伯玉是否想起他的母亲亡故时，满朝文武争破头地跑来吊丧。也许会，只不过这种回忆非常苦涩，非常残忍。

说来可惜，南朝武力本来就弱于北朝，而南朝中有三朝开国名将头牌都死于非命。宋文帝刘义隆杀檀道济，齐武帝萧赜杀垣崇祖，后来的陈文帝陈蒨杀侯安都，除了侯安都之死是自找的，檀道济和垣崇祖都是典型的冤案。只有梁朝的两位头牌韦睿和陈庆之得以善终。

垣崇祖因为站错队被萧赜冤杀，萧子显在撰写《南齐书》的时候，毫不避讳，指责萧赜"兔死烹狗，鸟尽藏弓"。萧赜之所以要杀掉垣崇祖，也许还有一个原因，因为垣崇祖是萧嶷的人马。如果让他天天在眼前晃悠，万一萧嶷和他联手夺位，自己会非常危险，毕竟垣崇祖在军界的地位萧赜是知道的。虽然萧嶷现在对自己唯诺恭顺，但人心隔肚皮，而且人都是会变的，褚渊不就是个活生生的例子么？

萧赜这次杀垣崇祖和荀伯玉绝不是心血来潮，而是有预谋的，他要对官场进行一次大清洗，留下听话的，做掉碍事的。萧赜必须保证自己权力的绝对安全，即使是萧嶷威胁到他，他也绝不客气。权力场上是不讲亲情的，萧赜懂得这个道理。

萧赜在黑名单上勾掉了垣崇祖和荀伯玉的名字，下一个要勾掉的是车骑将军张敬儿。其实不只是萧赜，换成萧氏宗室任何一个人上台当皇帝，都不可能放过张敬儿。原因很简单，张敬儿有不臣之心，他居然想做皇帝！

张敬儿在官场上翻船，除了因自己贪婪无度外，他那位多嘴饶舌的老婆尚氏也是"功不可没"。张敬儿的原配本不是尚氏，他的正妻是毛氏。张敬儿后来不知道怎么着就和尚氏勾搭上了，于是踢开毛氏，娶了尚氏。垣崇祖被杀的时候，张敬儿在旁边看得胆战心惊，不知道萧赜会不会拿他开刀。

按理说，尚氏作为贤内助，应该劝解老公，叫他不必过分担心，平时手

脚放干净些就行了。但尚氏倒有本事，直接煽阴风点鬼火："相公何必气短如此，垣崇祖是笨死的，扯不到咱们头上。相公自承天命，怕什么猫三狗四。我记得当初我梦到手热如火，相公就做了南阳太守；后来我梦到大腿发热，相公就领了雍州；再后来我梦到半个身子炽热，相公就做了开府仪同；前不久我又梦到全身发热，估计用不了多久，我们就要飞上枝头了。"

张敬儿也是个二百五，一听老婆胡吹，立刻来了精神，当着七打姑八姨的面，附和老婆："你不说我倒忘记了，我前两天也做了一个梦，梦到家乡村头有棵大树，高可通天，说不定是个好兆头。"众人以为这对狗男女都疯了，只是大笑吹捧。

三　大清洗（下）

张敬儿没想到自己的府第上居然有萧赜安插的内线，自己与尚氏那番疯话很快就传到了内宫。萧赜还得到绝密情报，张敬儿派人到荆雍蛮购办军货，意图不明。萧赜脸都气绿了，他狞笑着想：既然想做皇帝，那朕就成全你吧。

萧赜不动声色地在华林园设了八关斋，朝中的高级官员都要出席，张敬儿自然有资格参加。所谓八关，说得通俗一点，就是我们非常熟悉的佛门八戒："一不杀生，二不偷盗，三不邪淫，四不妄语，五不饮酒食肉，六不香油涂身、歌舞视听，七不得坐高广大床，八不食非时食。"

当时南朝佛教盛行，所以萧赜利用设八关斋做掩护，不会引起张敬儿的怀疑。果然，张敬儿大摇大摆地来了，给萧赜行了礼，正准备坐下吃斋。萧赜轻咳数声，就有十几个铁甲武士从幕后扑了出来，将目瞪口呆的张敬儿团团围住。

张敬儿这才知道上了萧赜的当，后悔得直想撞南墙，不过他也算是条汉子，取下头上的貂冠，狠狠地摔在地上，痛呼："都是此物误我！"张敬儿终于明白了，可惜萧赜不可能再给他忏悔的时间了。闰五月二十，萧赜杀张敬儿和他三个已经成年的儿子，小儿子张道庆因为年幼而幸免于难，尚氏下落不明。

张敬儿是南朝不可多得的滑稽派人物，做事有时很二百五，让人笑倒。他做雍州刺史的时候，看中了西晋名将羊祜的堕泪碑，想迁走。有人劝他："大人莫不是疯了，这可是羊太傅的巍巍遗德，动不得。"张敬儿很不高兴，白眼一翻："什么羊太傅马太傅，我不认识，老子只认识真金白银，时令干货。"

还有一件更好笑的事情，宋昇明三年（公元479年），张敬儿由雍州刺史改任护军将军，入京当差。张敬儿是个粗人，不懂朝议，怕进京之后出丑。在临行前，老张自己独自在房间内练习朝议，对着空中跪拜作揖，嘴里还念念有词。他的大小老婆们就趴在门外，透着门缝朝里看老张的健身操表演，个个笑得死去活来。

垣崇祖出事是因为他站错了队，说到底他还是个正人君子，但张敬儿就有些心术不正了，也不拿块镜子照照自己的德性，是做皇帝的那块料子么？萧赜可不是刘彧，连萧嶷这样的人都不是萧赜的对手，更不用说张敬儿这类不三不四的人物了。

张敬儿倒了台，可萧赜的清洗计划并没有停止。在他看来，还有些讨厌的人物必须从眼前消失。萧赜拿起黑名单看了一看，下一个准备勾掉的名字是时任征北谘议参军的谢超宗——大文学家谢灵运的孙子，大野心家张敬儿的儿女亲家，当时著名的狂徒。

谢超宗和他的祖父谢灵运一样，才气了得，为人却更加狂妄。他经常在殿省值班的时候喝酒，喝醉了就骂人。有一回齐高帝萧道成问他北魏屡屡侵边的事情，谢超宗喷着满嘴的酒气，打着饱嗝，嬉皮笑脸地回答："宋世以来二十余年，鲜卑屡来侵边，别说陛下，就是佛祖再世，也拿他们没奈何。"萧道成鼻子都气歪了。

因为谢超宗在皇帝面前失礼，被外放为南郡王萧长懋的中军司马，这是弼马温似的小官，谢超宗老大不高兴，胡说八道："才封我个司马，真是抠门

到家了，不如封我司驴算了，马和驴有什么区别？"

这些闲语碎语很快就被人告到朝廷那里，萧道成懒得搭理这个疯子，以讥谤朝廷的罪免官，封杀谢超宗十年内不准做官。谢超宗无所谓，继续从事他的八卦事业，四处骂人为乐，褚渊和王俭这样的宰相都难逃厄运。如果仅是骂人，萧赜不会动他的，没想到谢超宗嘴巴太大，连萧赜的痛处他都敢戳。张敬儿被杀，谢超宗替亲家委屈，当着丹阳尹李安民的面炮轰萧赜卸磨杀驴："往年杀韩信，今年杀彭越，兔死狗烹，还讲不讲道理了！"

谢超宗拿李安民当朋友，李安民却拿他当傻子。李安民是个官场滑头，正愁没机会抱住萧赜的大腿呢，谢超宗自己就送上门了，真够朋友。于是立刻将谢超宗的原话捅到了萧赜的案头上，陛下你自己看着办吧。萧赜早就看谢超宗不顺眼了，再说他是张敬儿的亲家，留下始终是个祸害。于是他先指使御史中丞袁彖诬告谢超宗，没想到袁彖虽然洋洋洒洒写得不少，却极不合他的本意，一怒之下，又指使左丞王逡之上疏，将谢超宗和袁彖一锅给烩了，够狠的。随后下诏，诬告谢超宗"衅同大逆，罪不容诛"。将谢超宗赶到了越州（今广西东南地区）吃苦受罪。谢超宗自从被系狱以来，忧愁兼并，愁白了头发。即使是这样，萧赜还是没有放过他，在谢超宗南下到豫章（今江西南昌）的时候，豫章内史虞悰接到萧赜的密令，逼令谢超宗自杀。得罪萧赜，就是这个下场。

内部形势稳定之后，萧赜自然把注意力集中到对北魏的外交政策上来。自己刚登基还没功夫搭理北魏皇帝拓跋宏，在永明元年的七月间，拓跋宏已经派侍中李彪出使建康。所以为了回礼，萧赜在十月间派骁骑将军刘瓒北上平城，去问候拓跋宏，以及他那位风华绝代的祖母冯太后。

四 永明时代的文人们（上）

前面咱们说南齐的能人辈出，其实要说南齐头号能人，既不是萧道成和萧赜，也不是垣崇祖、李安民和周盘龙这些跑腿打杂的，而是这位在南齐并不起眼的刘瓚。刘瓚的英雄事迹不要说南齐了，就是整个南朝，能超过他的基本没有。

刘瓚之所以称为南朝头号能人，并不是说有什么赫赫的文治武功，而是因为他的风流韵事。他居然有本事爬上北魏太皇太后冯氏的香榻，在红绡帐中征服了性格雄悍、才华出众、美貌绝伦的冯太后。

刘瓚因为数次奉命北上出使平城，所以能经常见到冯太后，不知道使了什么手段，三来两去，就把冯太后勾搭上手了。刘瓚就这样一边在北魏做珠宝生意，一边在冯太后的床上鬼混，好不风流快活。

刘瓚作为齐朝使节，在建康和平城之间来回奔走，确实为齐魏两国的和解做出了许多努力。两国虽然不可能成为朋友，但至少也能成为不错的邻居。以齐魏的国力，谁也不可能灭了对方，与其这样，不如以和为贵，老老实实地吃饭过日子。

萧赜通过刘瓚间接"搞定"了北魏实际上的一把手冯太后，北方形势日趋稳定，大齐朝一无内忧，二无外患，萧氏皇族开始享受属于他们的太平盛世。

客观来说，萧赜不算是一个有个人魅力的皇帝，但偶像派和实力派的差距其实只在于站在聚焦灯下的次数，在能力上没有任何差别。萧赜为人处世稳重踏实，政治品格相对比较优秀，所以在永明年间，江东百姓还是安安稳稳地过了几年好日子。

萧赜即位后，非常关心老百姓的日常生活，当然也可以说这是他的形象公关，新官上任三把火，总比明火执仗地抢百姓钱财要好多了。

萧赜三番两次下诏，让有关部门放粮，赈恤贫苦百姓。凡是遭了水灾的百姓，政府都会拨款救济，同时减免租税。他还进行过几次特赦，除谋逆这样

的不可赦之罪外，偷盗砸抢等一般刑事案件的罪犯都放了出来。

萧赜还有一点做得非常漂亮，就是对齐朝政敌袁粲、刘秉、沈攸之和刘景素等人的态度。萧道成刚当皇帝的时候，就有人为袁粲他们呼冤，可他一概不理会，要是肯定了袁粲，岂不是把自己给否定了？

不过到了萧赜，因为齐朝统治已经非常稳固，所以他慷慨一下，送这些死人一个空头人情，自己还能捞上个胸怀宽大的美名，何乐不为？反正都是演给活人看的。

永明元年（公元483年）四月初四，萧赜在政治品格上给袁粲、刘秉、沈攸之和刘景素等人一定程度上的平反："虽末节不终，而始诚可录。"允许他们的家属迁葬遗体，而刘景素可以依宋朝的亲王礼下葬。

萧赜替别人操完了闲心，开始替自己操心了。虽然即位之初立了长子萧长懋做皇太子，巩固了国本，但他的儿子比较多，方方面面都要照顾周全。不当家不知柴米贵，这时的萧赜也许会理解父亲了，操持这么大一份家业，不用心是不行的。

在永明元年的时候，萧赜共有十六个儿子，其中四个早夭。其他十二个儿子，最年长的萧长懋二十六岁，最年幼的邵陵王萧子贞只有三岁。萧长懋是名正言顺的皇位继承人，而且年纪也不小了，自然要在官场多摸爬滚打，练出一身好本领。

除了萧长懋，次子萧子良也已经二十五岁了，不能总在家里玩鱼，逗鸟，捉虫子。等以后萧长懋当皇帝的时候，萧子良就要扮演他二叔萧嶷现在的角色，举足轻重的配角，少了他还真不行。

永明二年（公元484年）正月初二，萧赜下诏封萧子良为护军将军领司徒，虽然几年前萧子良就已经从政，但这次显然不一样，萧赜有意要给二儿子的肩上压担子。这次萧子良领的是实缺，而且还有开幕领兵之权，可见萧赜对老二是很器重的。

萧赜如此看重萧子良，可没想到萧子良天生游手好闲，不务正业，对权力没什么兴趣，却是个狂热的文学青年。他最大的理想是做一个快乐的玩主，而不是一个成天锦衣玉食、呆头傻脑的亲王。

萧子良自从开府之后，广纳四方贤士清客，各地的才子骚人们一看还有这等吃闲饭的所在，蝗虫似的都扑了过来，挤在一起混饭吃。在这帮已经成名或即将成名的文学家中，有八位出类拔萃，最得萧子良信赏，号称八友。

这八位才子是：记室参军范云和萧琛、法曹参军王融、主簿任昉、镇西功曹谢朓、步兵校尉沈约、扬州秀才陆倕、东阁祭酒萧衍。萧衍就是未来的梁高祖武皇帝萧衍，著名的菩萨皇帝。

萧衍是齐朝皇室同族，出自兰陵郡望，父亲萧顺之是齐高帝萧道成的堂弟，萧顺之在齐朝官场名位不显，最高只做过丹阳尹。老子没种树，儿子就只好去晒太阳了，所以萧衍并没有占老爹多少便宜。不过萧衍文辞风流，才干出众，很快就在官场上打出了自己的名号。左仆射王俭非常欣赏他，曾经对人称赞："萧家公子才具非常，三十岁之内当可进位侍中，此后前程无量。"

吹捧萧衍的还有八友之一的王融，王融对萧衍的评价极高，甚至已经超出了正常的范畴，王融私下里告诉自己家人："将来宰制天下者，必在萧郎。"好毒辣的眼光！可惜王融在萧衍称帝之前就死了，否则在萧衍陛下手下混个宰相是没问题，也用不着成天喊冤叫屈："车前无八卒，如何称得大丈夫！"

除了这八友外，活跃在齐朝文坛的还有几位文学大家，比如法曹参军柳恽、太学博士王僧孺、尚书殿中郎范缜、南徐州秀才江革、会稽郡才子孔休源等人，他们和以上八位才子组成了中国文学史上著名的永明文学集团。

永明文学集团的出现，是南朝文学史上的重大事件，这些文学精英不仅是齐朝文化界的中坚力量，而且大多数都入了梁朝，然后又成了梁朝文学集团的骨干力量。

五 永明时代的文人们（下）

我们都知道唐诗是中国诗歌史上无法逾越的巅峰，和魏晋南朝的诗歌相比，唐诗也称为近体诗，而唐诗的发展又是建立在永明体的基础上的。所谓永明体，就是齐武帝萧赜永明年间，文学界在刘宋元嘉体的基础上对诗歌发展做出的重大改革，永明体的出现对后来唐诗的发展产生极为重大的影响。

元嘉体以谢灵运、鲍照和颜延之为代表人物。梁初著名文学评论家刘勰评论元嘉体："俪采百字之偶，争价一句之奇，情必极貌以写物，辞必穷力而追新。"词句过于华丽铺张，但意境不深。而永明体相对文风自由的古诗体来说，更讲究声律和对仗的工整，诗体日趋严密，经过两百多年的发展，最终形成了气魄雄大、瑰丽万千的唐诗。

永明体有两位旗帜性人物，一位是理论上的旗手，步兵校尉沈约；一位是实际创作的旗手，镇西功曹谢朓。沈约是史学大家，同时也是南朝著名的大文学家，他对永明文学最大的贡献就是创造了"四声八病"理论。

所谓四声，即声调上的"平上去入"；所谓八病，即在诗歌创作中应该避免的八个误区，即平头、上尾、蜂腰、鹤膝、大韵、小韵、旁纽、正纽。

永明体的另一位旗手谢朓是南朝著名诗人，说到谢朓，留给后人印象最深的倒不是他的诗篇，而是他有一位极为铁杆死忠的超级大粉丝——诗仙李白。李白代表作之一《宣州谢朓楼饯别校书叔云》有名句："蓬莱文章建安骨，中间小谢又清发。"青莲狂吟的这位"小谢"，就是谢朓，这首诗可以说是李白最知名的作品之一。

谢朓最有代表性的作品是《晚登三山还望京邑》：

> 灞涘望长安，河阳视京县。白日丽飞甍，参差皆可见。余霞散成绮，澄江静如练。喧鸟覆春洲，杂英满芳甸。去矣方滞淫，怀哉罢欢宴。佳期怅何许，泪下如流霰。有情知望乡，谁能鬒不变？

诗中的"余霞散成绮，澄江静如练"是谢朓所有作品中最脍炙人口的名句，北宋文学家王安石名作《桂枝香·金陵怀古》中的"千里澄江如练"一句，就是直接化用了谢朓的这句佳作。

南齐真要感谢竟陵王萧子良，正是因为他对文学近乎狂热的虔诚，短暂的南齐政权才能在中国文学上留下如此浓墨重彩的一笔。兰陵萧氏皇族的文化素质在中国帝王中是比较高的，一直以来，我们对萧梁皇族文学集团更为熟悉：梁武帝萧衍、昭明太子萧统、梁简文帝萧纲、梁元帝萧绎。

其实就文化素质来说，萧齐皇族丝毫不逊色于萧梁皇族，只不过萧梁皇族的文学家不是皇帝就是太子，影响力太大，而萧齐勉强可以称为文学家的也就竟陵王萧子良，或者再加上一个撰写《南齐书》的萧子显。

当然，有没有"文学家"这项大帽子并不重要，有没有货真价实的文学水平，这才是最重要的。萧梁皇族会的，萧子良也不示弱，萧衍是著名的菩萨皇帝，萧子良就是著名的菩萨王爷，再加上著名的菩萨太子萧长懋，南齐皇族对佛教的笃信程度，并不比萧梁皇族逊色多少。

萧子良笃信佛教在齐朝官场是出了名的，史称萧王爷"招致名僧，讲论佛法。道俗之盛，江左未有"。他的府里挤满了从各地赶来开坛讲法的高僧，参与政务之余，萧子良把自己所有的时间都奉献给了佛教。

宗教讲的是信仰自由，有人相信，自然就有人不相信，这是再正常不过的。说到南齐最不信佛的人物，那就是尚书殿中郎范缜。范缜是南朝文化界的一个异类，他是南朝知识分子反佛阵营中的一面旗帜，最见不得别人信佛，尤其是萧子良。范缜经常在萧子良面前大倒热灶，专给他添堵，弄得萧王爷好不窝火。

有一次实在是忍不住了，萧子良把范缜叫到府里，揪住他就是一阵炮轰："范君不信人世间有因果报应，那请你回答小王一个问题，人世间何以有富贵，何以有贫贱？"

范缜知道萧子良被他骂急了，从容笑答："人生如同一株树上的花朵，

被风吹得四处飘散，有的花朵落到了香榻之上，有的花朵则落到了粪坑里。比如殿下就是那落到榻上的花朵，而卑职就是那落到粪坑里的花朵，贫富人生不同的生活状态，和前世因果没什么关系。"

面对这番逻辑不算严密的回答，萧子良竟然张口结舌，不知道如何反驳，只是没头没脑地臭骂了范缜一通。范缜自然不服气，你不过就是仗着生在帝王家么！他窝了一肚子的火回到府里，连夜写了一篇文章，就是中国思想史上具有划时代意义的《神灭论》。

在这篇反佛名作中，范缜以问答的形式来阐述了对佛教的看法，全文共设三十一个问答，在文章的开篇，他就情绪激动地写道："或问予：'神灭，何以知其灭也？'答曰：'神即形也，形即神也；是以形存则神存，形谢则神灭也。'"

范缜洋洋洒洒数千言，用自己的唯物主义观点驳斥了盛行已久的"神不灭论"，对当时的宗教势力给予了沉重的理论打击，《神灭论》一经问世，满朝哗然，齐朝官场震动不已。

萧子良恨透了范缜，没事捣什么乱？他联系了当时宗教界有名的高僧，这些人气势汹汹地向范缜发难，却没有在理论上驳倒范缜，反而让范缜名声大噪，成为江东文化界头号红人。

名士王琰是个虔诚的佛教信徒，见范缜如此卖力地否定佛祖，自然恼怒不已，揪住他眼中范缜的逻辑盲点，写文章讽刺道："可笑啊，可悲啊，范先生你居然不知道你祖宗神灵在什么地方？"

范缜仔细琢磨了王琰的文字后，揪住了王琰的七寸就是一顿狠打："可笑啊，可悲啊，王先生你既然知道你祖宗神灵在什么地方，为什么不自杀去地下陪伴先祖，可谓不孝！"一席话驳得王琰哑口无言。

经范缜这么一折腾，萧子良快要疯了。不过他知道自己在理论上不是范缜的对手，他可不想像王琰那样颜面扫地。萧子良有的是办法，他想到了招安，打算对范缜采取金银攻势，看看是你的嘴皮子硬，还是我的真金白银硬。

萧子良派法曹参军王融去找范缜，王融将萧子良的意思告诉了范缜：

"子真你也是个聪明人，怎么总在做蠢事，你难道不知道你所谓的'神灭论'会给你带来不必要的麻烦吗？子真才倾东南，将来必有大用，只要你放弃这套谬论，上头保证你至少可以做到中书郎，怎么样，做个交易？"

王融话刚说完，范缜就一阵爆笑，眼泪都笑出来了，范缜忍着笑告诉他："老弟，知道你是好心，不过这种事情都要讲原则的，我不可能放弃我的观点。如果我要是贪图名利而放弃神灭论的话，就是中书令、仆射，也是我的囊中物，别说小小的中书郎了。"

王融只负责传话，回去把范缜的话原原本本地转告给萧子良，萧子良头都大了，这个愣大胆怎么软硬不吃，油盐不进？萧子良拿范缜一点办法也没有，只好睁只眼闭只眼，由他去，反正以后再搞会场的时候，避开他就是了。

六　官场上的潜规则（上）

说到南朝在文化界成就最高的皇帝，梁武帝萧衍肯定当仁不让地做老大。他是中国历史上少有的才子皇帝，才气指数极高。另一位萧皇帝萧赜在个人文学成就上和萧衍相比，简直就是天上地下，个人魅力严重欠缺。

不过萧赜治下的江东文化成就，并不比萧衍时代差多少，而且梁朝文化的繁荣可以说是直接从永明时代继承下来的。别的不说，活跃在梁朝的文化精英们绝大多数都是成名于永明时代。

当然，和皇帝的位置相比，这些都是闲篇，只要能治国平天下，就是成功人士。否则都像李煜、赵佶那样，文章玩得花团锦簇，政治上却严重低能，最终亡国辱死，妻妾成为他人的掌上玩物，这样的人生又有什么意义？

萧赜和老爹一样，是个玩弄权术的高手，他的大脑就像一台高速运转的计算机，储存了许多严密的控制程序。他知道今天该做什么，明天该做什么，一切都在他的绝对控制之下。

在权力机器中，最重要的一个环节就是用人权，这是所有统治者都绝不

可能松手让人的。什么是人才？用人者觉得听话的就是人才，人品如何倒在其次。齐高帝萧道成用荀伯玉是这样，现在萧赜用中书通事舍人茹法亮也是如此。

茹法亮是寒人出身，从刘裕开始，历代皇帝就开始有意识地压制士族豪门，寒人参政这种在东晋时代完全不可想像的政治现象在南朝是家常便饭。寒人没有什么政治背景，用起来要比豪门放心，茹法亮是萧赜的心腹近臣，所以萧赜一上台马上启用茹法亮。

除了茹法亮，还有同为寒人出身的中书通事舍人吕文显、制局监吕文度，都是萧赜的贴身心腹。这些人生在寒门，却因为傍上萧赜而青云直上，在政治舞台上呼风唤雨，好不张扬，就是王俭这样的头面人物也不如他们威风。

这几位得势之后，狂妄得简直没天没地，因为他们手上有用人调度大权，甚至还有兵权。吕文度就主制兵权，领军、将军这样的军界实职倒成了虚职。他们很有生意头脑，既然手上有权，自然就做起了批发官帽的买卖，出钱多的做大官，出钱少的做小官，一毛不拔的树上凉快去。

仅一年多，这伙强人就搂了好几百万钱，王公名臣们都没他们阔气。有了钱，自然要提高生活质量，他们花天酒地，四处摆阔，弄得官场乌烟瘴气，鸡毛乱飞。

除了茹法亮这帮寒人，还有像御史中丞到撝这样出身庶族地主集团的狂人。到撝和萧赜是几十年的老交情了，私交甚密。到撝和茹法亮一样，都是篾片朋友，自恃有皇帝的宠信，四处跑马兜风，名声臭遍了大街。

看到这帮庶族寒人仗着皇帝的威风吃香的喝辣的，有人就吃了醋。左仆射王俭出身琅琊王氏，江东开国第一名相王导的正牌嫡孙，身份极为显贵，虽然他也是萧赜的心腹，但看到茹法亮这么招摇，心里很不对味。

王俭跑到宫里找萧赜告茹吕等人的刁状："陛下身居九重，却不知道吕文度他们在下面的勾当。他们独断专行，贪贿舞弊，祸害天下，万一把百姓惹急了，恐怕要出乱子的，请陛下早做定夺。"

王俭说的萧赜其实都明白，但他还是信不过王俭这样的士族豪门，士族集团早就抱成了团，同进同退，不如寒人好用。寒人没什么利益集团，说拿掉也就拿掉了，所以他并没有理会王俭，茹法亮们照样跑马遛鸟，纹丝不动。

茹法亮和二吕没有被王俭参倒，到撝就没有这么幸运了。到撝这人实在太搞笑了，他平时眼睛长在脑门上，谁都瞧不起，仗着自己是皇帝的老交情，经常喝得醉醺醺的欺辱同僚，言语下流，不堪入耳。

尚书左丞庾杲之是荆州人，到撝没事就去惹老庾："荆州蛮荒之地，风俗鄙陋。"辅国将军虞悰是古越地会稽人，到撝又辱骂会稽："越人断发文身，风俗丑陋不堪。"镇东将军王敬则也没少遭到撝的奚落。有一次王敬则用刀削果子吃，到撝在一边看见了，伸过头不阴不阳地笑："王将军手上的果子又不是苍梧（刘昱）的人头，用刀削做什么？直接用嘴啃多省事。"王敬则气得吐血。

到撝才不管别人是什么感受，只要他嘴上痛快就行了，官场上能被他得罪的差不多都得罪光了，人们一提到撝无不咬牙切齿。庾杲之性子比较烈，哪能容得到撝对他不敬，当下就狠狠参了到撝一本。

萧赜刚开始时觉得到撝就是这样一个浑人，也就没理会庾杲之，只是罚了到撝一笔钱，换了个位置，让他跟着随王萧子隆到徐州办差去了。没想到到撝还是不安分，四处惹祸，又被人给参了，萧赜这回保不住他了，只好将他一撸到底，做了平民百姓。不过萧赜还是念着他们的老交情，没多久又找了些理由恢复了他的官职，让他继续在官场上要宝。

萧赜知道，这些人无非就是利用手上的那点权力捞外快，或者耍酒疯跳大神，他们再怎么骄横，说到底也是自己的奴才。在权力属私的时代，人才听话最好，如果不听话，统治者还不如用奴才，至少对自己没有威胁。

萧赜对奴才向来都是好吃好喝好照应，但对那些王公贵族，却没有那份善心，谁知道这些人是不是真心拥护自己。在这些人中，威胁最大的无疑是萧氏皇族，尤其是那帮亲兄弟，甚至包括萧嶷，所有人都是萧赜的怀疑对象，他不能容忍任何人挑战他至高无上的权威。

高帝萧道成在临终之前，曾经告诫萧赜："如果不是宋朝皇族骨肉残

杀，天下不是会我们老萧家的，所以你以后要善待萧家人，不要重蹈刘家的覆辙。"萧赜表面上点头称是，但背地里早就磨好了刀，只要哪个兄弟敢跳出来和他做对，他是不会手软的。

萧嶷倒还好些，从来就没有挑战他的意思，只想安安稳稳地做闲散王爷，下棋遛鸟打八卦。萧嶷安分，不代表所有的弟弟都这样，有几个弟弟都不是省油的灯，没少让萧赜费心思盯着。

四弟长沙王萧晃是最受萧道成宠爱的，萧道成死前把萧晃托付给萧赜，让他处处让着这个性格张扬的四弟。萧赜不是很喜欢老四，但只要他不惹是生非，也没理由拿掉他。

没想到萧晃做事太不检点，有一次从南徐州刺史的任上回到京师述职，居然带着几百个全副武装的卫士大摇大摆地进了京。按皇家制度，诸王在京师的时候，仪卫捉刀者不能超过四十人。虽然萧晃的"军队"刚进城时就被解除了武装，把武器都扔进了长江，但萧赜依然大发雷霆。这几百号强人万一在宫里给自己来突然袭击……萧赜简直不敢再往下想。

萧赜觉得这是个除掉萧晃最好的时机，过了这个村就没这个店了。他准备对萧晃下手，管他什么亲兄弟。兄弟再亲，有权力亲么？但他不讲兄弟手足情，萧嶷可不愿看到骨肉相残，刘宋的教训就近在眼前。

萧嶷进宫来找大哥，泪流满面地给萧赜叩头，哀求大哥："臣知道白象（萧晃的小名）罪过不轻，按国法论，足够杀头的。臣只是求陛下念着高皇帝临崩时托付白象之情，好歹给他个重新做人的机会。"萧嶷够聪明，把萧道成抬了出来，萧赜也动了情，跟着哭了一回。他再不喜欢老四，总要给死去的老爹一个面子，于是就饶了萧晃。萧晃虽然躲过了一场杀身大祸，但从此在大哥那里失了宠。

这场骨肉猜忌的闹剧很快就传遍了官场。当时有议论认为萧赜这么对待兄弟，比魏文帝做得好，但比汉明帝做得差。

七 官场上的潜规则（下）

东汉末年，曹操的长子曹丕因为贾诩的"吾思袁本初、刘景升耳"，侥幸从曹植手里夺过了魏王的储位，即位后就对曹植进行政治报复。虽然曹植写了《七步诗》，勉强逃过一死，但曹丕三番五次给曹植穿小鞋，曹植最后被活活气死。

汉明帝刘庄本来是没有机会当皇帝的，但因为他的母亲阴丽华是汉光武帝刘秀一生最爱的女人，所以刘秀最终狠心废掉了原配郭圣通生的皇太子刘彊，改立刘庄为太子。

刘庄为人虽然严察刚猛，但对哥哥始终心存愧疚，可惜的是刘彊在刘庄当皇帝的第二年就病死了，没能享受弟弟给他的感情补偿。不过刘庄的这种态度显然要比曹丕和萧赜要好，要不是萧嶷苦苦哀求，萧晃肯定难逃一死。

整倒了萧晃，下一个被萧赜拎出来一顿暴打的是老五武陵王萧晔。萧晔很有才华，会下棋写诗，他的诗才甚至直逼谢灵运。但他为人处世不稳重，因为萧赜没有让他进入权力核心，所以没少在外面说大哥的坏话，萧赜很讨厌这个苍蝇一般的弟弟。

有一次，萧赜在宫中设宴，萧晔也参加了。萧五爷是个酒鬼，连续喝了几大盏酒，便醉倒在地。他的貂尾帽子没戴好，掉到肉汤里。萧赜看到了，好心提醒他："老五，你的帽子掉进肉汤里了。"萧晔可真会说话，专捡犯忌讳的话说，随口就是一句："不就是几根貂毛吗？陛下难免有些爱惜它们而疏远骨肉了吧。"萧晔话刚说完，萧赜脸上就挂不住了，虽然没说什么，但心里烦透了萧晔。

还有一回，萧赜在萧嶷的东田设宴，萧氏皇族能来的都来了，萧赜唯独不召萧晔赴宴。萧嶷觉得有些不妥，就请哥哥给他个面子，叫老五过来，兄弟们好好聚聚。萧嶷的面子萧赜不能不给，就派人把萧晔叫过来聚会。

兄弟们在玩射箭游戏，前几位射术一般，轮到萧晔的时候，他每箭必中。萧晔不禁有些得意，举弓冲着兄弟们大叫："怎么样，我的箭术厉害

吧？"萧赜见替补上场的萧晔抢了风头，脸色很难看。

一旁的萧嶷知道萧晔又犯了忌，忙出来圆场："陛下别听老五嘴上跑马，他平时箭术臭得不得了，今天只不过是仗着陛下天威，一时手气好中了彩而已。"萧赜听二弟这话很舒服，也就不再计较萧晔的无礼了。

得罪了皇帝，自然没有好果子吃。萧晔本来就不讨萧赜的喜欢，再加上这几次的胡闹，萧赜干脆把他晾到一边。萧晔是个阔公子脾性，平时喜欢冒充慈善家，花钱本就大手大脚，加上萧赜有意给他穿小鞋，兜里的钱越来越不够开销。

萧晔很有意思，为了宣泄不满，他给自己的后园小山起名叫首阳山，以伯夷、叔齐自居，拐弯抹角地骂萧赜是昏庸无道的纣王。萧赜的耳报神多，应该知道这事，但这点事还犯不着给萧晔开斋，只要不动他的私家菜园子，他不会把萧晔怎么着的。

和萧晃、萧晔这样的刺头比起来，还是萧嶷这样性情温顺的更能赢得萧赜的好感，当然萧嶷对皇位没有半点非分之想，这才是萧赜爱重他的最根本原因，否则十个萧嶷也被萧赜给整趴下了。

萧嶷对萧赜百分百的顺从，非常注重自己的一言一行，绝不做犯忌讳的事情。萧赜知道萧嶷是真心拥护他的，非常感动，于是特许萧嶷着便服入宫，却被萧嶷拒绝了。萧嶷并不需要这种待遇来给自己脸上贴金，而且大哥为人他最清楚，他和你客气，千万别当真，他无非是说说而已。

萧嶷如果还想在萧赜手上讨饭吃，就要低眉顺眼讨大哥欢心，这是保家保命的唯一途径。他从不对大哥隐瞒自己的私生活，甚至一言一行都要主动向大哥请示汇报。如果当时有摄像机的话，萧嶷都愿意让萧赜派人对自己进行全天候直播，他心里明白，哥哥除了至高无上的皇权，谁都不会相信。

即使如此，萧嶷还是不放心，他知道萧赜对自己这些鸡零狗碎的事情没兴趣。为了避嫌，他决定辞去太傅，想做个闲云野鹤，被萧赜冷冰冰地拒绝了。

萧嶷不死心，又想辞去兼领的扬州刺史，由萧赜的二少爷萧子良接任。

没想到萧赜对萧嶷的行为极为愤怒，气呼呼地告诉萧嶷："你别做春秋大梦了，朕告诉你，只要你活着，扬州刺史你是当定了，想撂挑子不干？门都没有。"萧嶷苦笑不已，只好继续给大哥卖命。

萧嶷的"深重奴性"博得了萧赜的极大好感，萧赜恨不得抱住他狠狠地亲上几口。这个弟弟真是太可爱了，不仅智商很"可爱"，长相也非常讨喜，是个美男子，身高七尺八寸，换算成现在的尺寸，足有一米九。加上气质儒雅，性格温润，做事玲珑剔透，八面讨好，不仅萧赜喜欢，朝野上下无不对他敬服三分。

萧赜也不指望那帮油头滑脑的弟弟们个个都能像二弟这样，别给他找麻烦就谢天谢地了。客观来说，萧道成的儿子们综合素质要高于刘义隆那帮不成气的逆子，刘义隆的儿子几乎没有能拿得上台面的。

萧赜在这方面要比宋孝武帝刘骏幸运多了，刘骏天天和弟弟们乱打王八拳，弄得鸡毛满天飞。萧赜的弟弟们除了萧嶷，还是有能给他跑腿办事的，比如老十始兴王萧鉴，是个做大事的人物。萧赜对十弟向来比较器重，知道他和老四、老五这几个混蛋不一样，可以放心使用。

永明二年（公元484年）十一月，萧赜下诏，调萧鉴出任益州刺史，替他守好西大门。益州是江东天险门户，是万万不能出闪失的，虽然守益州的是齐朝心腹武将陈显达，但毕竟不如自己兄弟用着放心。因为南朝的政治经济军事重心都在江东，最多延伸到荆州和雍州，益州一直游离在南朝主流之外，内部形势比较混乱。

在萧鉴去之前，益州就爆发了一场大渡獠人发动的武装叛乱，虽然很快就被冷血的益州刺史陈显达给残酷地镇压了，但萧赜对陈显达不是特别放心，为了防止益州出现朝廷无法控制的大规模叛乱，他决定调陈显达回京任中护军，改任萧鉴镇守益州。

看来陈显达的铁血镇压政策在益州并没有取得良好的效果，还没等他离开，益州的强盗头子韩武纠合了几千个亡命兄弟，在巴西郡（今四川绵阳）做起打家劫舍的无本买卖，烧杀抢掠，周边郡县深受其害。直到萧鉴过来的时

候，韩武才幡然悔悟，准备投降。候任蜀郡太守虞悰劝萧鉴斩草除根，杀掉韩武。

萧鉴虽然年轻，却很懂策略，他摇头驳了虞悰："非也！韩武是主动来投降的，如果杀了他，那么他背后那些人就会闻风而散，岂不是增加了我们平叛的难度？"萧鉴决定放掉韩武。萧鉴这么做当然不是给韩武看的，而是给站在韩武背后踮脚观望的那伙人看的，果然，各路人马一看韩武没事了，立刻归顺朝廷，动荡不安的巴西郡形势得到稳定。

萧鉴随后准备进入成都接替陈显达，但当他来到距成都不远的新城，突然有传言说陈显达不肯接受调令，调动军队准备对抗朝廷。萧鉴不了解真实情况，也不敢贸然入城，派典签张昙晢去成都打探情况。

张昙晢前脚刚走，陈显达就派部下郭安明和朱公恩来到新城，请萧鉴入城。萧鉴的手下觉得陈显达不可信，建议拿下二人，武力解决陈显达。萧鉴不同意："陈显达是高皇帝时旧将，国朝干才，我相信他不会做这等出格的事情。再等等看，看张昙晢回来怎么说，如果陈显达真有什么三心二意，再拿了他不晚。"

过了两天，张昙晢回来复命，告诉萧鉴："陈显达确实没有那个意思，他现在已经把家属都遣到城外，正在踮脚盼着殿下入城办理交接手续呢。"萧鉴一听这话，知道安全了，立刻出发进入成都。

萧鉴风风光光地送走陈显达，开始了封疆大吏的政治生涯，而这一年，他只有十四岁，仅比大哥萧赜的孙子萧昭业大三岁。萧鉴虽然缺乏足够的从政经验，但却从不缺少天赋，他从小就受到良好的素质教育，文学功底很好，才气纵横，史称"有高士风"。

萧鉴还有一个优点，就是为人稳重，不似四哥萧晃、五哥萧晔那样轻浮，难怪萧赜如此器重这个弟弟。萧鉴也没辜负大哥对他的期望，主政益州以来，宽简得当，俭朴有素，深得蜀人敬爱。萧赜真是好运气，朝中有萧嶷这样的贤王帮他，地方上有萧鉴这样的年轻才俊替他把门，他可以高枕无忧，坐享太平了。

八 小动干戈

大齐朝的江山固若金汤，内无肘腋之患，外无强敌窥逼，萧赜的皱纹笑成了一朵花。不过还没等他脸上的笑容褪去，边远地区的交州刺史李叔献再一次跳到前台，张牙舞爪地捣乱，差点没把他气死。

李叔献天生是个不安分的人，当初萧道成为稳定西南局势，赏给李叔献几个甜枣。没想到李叔献胃口太大，那几个小枣根本不够他吃。交州地处偏远，经济非常落后，李叔献兜里没钱花了，就盯上了萧赜的钱柜子。

齐朝是当时天下数一数二的大国，周边一些小国都和齐朝建立了朝贡关系，隔三差五地派使节来齐朝送钱送物。交州是一些小国入贡建康的必经之路，李叔献就干起了劫票的买卖，专门打劫朝贡使团，狠狠地发了一笔不义之财。

没多久，李叔献做的这些缺德事就被人给告到了建康，萧赜还奇怪怎么最近没人给他送钱了，没想到都被李叔献这个小贼划到了自己户头上，萧赜气得脸都绿了。堂堂天朝皇帝，岂能容你这个化外之人撒野放刁，传到江湖上，别人会笑话他的。萧赜决定敲打敲打李叔献，让他知道马王爷有几只眼。

永明三年（公元485年）正月，萧赜任命大司农刘楷为交州刺史，在政治上否定了李叔献在交州的统治地位，然后调江州和广州兵西进，准备拿掉他。

听说齐军大举进攻，李叔献立刻傻眼了，他知道以自己的实力，无论如何都不够萧赜吃的。李叔献脸皮比较厚，立刻派人去建康找萧赜求情，说自己是个不懂事的二百五，陛下宽宏大量，放过臣一马，请让臣在交州干上几年，臣的外快还没捞够呢。

李叔献出手很大方，献给萧赜两千四百个纯银打造的头盔和一堆孔雀毛。不过萧赜并没有原谅李叔献的意思，这堆乱七八糟的玩意收买不了他，萧赜指示刘楷继续向交州进军。

李叔献知道这次萧赜是不打算让他继续在交州当山大王了，为了活命，只好乖乖服软，并离开交州动身前往建康，亲自向萧赜请罪，交州重新被萧赜控制，刘楷坐在交州守卫边镇。

萧赜虽然痛恨李叔献这个滑头，但并没有把他怎么样，留着也吃不了他几斗米，或许以后还有用处。李叔献从此就在建康中默默地活着，直到十几年后，萧衍起兵造萧宝卷的反，李叔献再一次跳到前台露了一把小脸，然后就消失在历史的长河中。

看到李叔献摇头摆尾地伏在自己的脚下，高声唱着颂歌，萧赜得意地笑了。

萧赜还没有想好用什么方式来庆祝自己的英明神武时，一向比较安静的东南方向突然传来一声炸雷：富阳（今浙江富阳）人唐寓之纠合当地强人，树起了武装反抗齐朝统治的大旗！

唐寓之之所以选择武装对抗朝廷，责任并不在他，也不在于萧赜，而在于"同度宇宙，合量山渊"的太祖高皇帝萧道成。这次起义的直接诱因是南齐的户籍制度，当初萧道成曾经让虞玩之制定新的户籍管理制度，他认为虞玩之的建议可行，就下诏设立板籍官，专门负责管理户籍。

也许是因为萧道成想尽快看到效果，好给自己脸上贴金，就给户籍管理官们定下了检查钻户籍管理制度空子的案件数额，每人每天必须查出几起案件，否则就以失职罪论处。皇帝下了死命令，户籍官们为了保住饭碗，只好把贼手伸向民间。从建元四年到永明三年的这四年时间里，户籍官们在东南一带强行开展业务，制造了大量冤案，百姓怨声载道，苦不堪言。

不知道萧赜的脑袋是不是让驴给踢了，突然间短路，他听信制局监吕文度的建议，规定凡是民间被裁销户籍的百姓，都要发配充军到边远地区。这一道非常缺德的命令就像一支飞向火药库的火把，彻底引爆了本就动荡不安的东南局势。

东南地区的百姓本来就被萧道成给逼得走投无路，萧赜这么胡搞，彻底绝了他们的生路，他们唯一能活下去的办法只能是造反。这时唐寓之的及时出现，让忍无可忍的百姓看到一丝生存希望。

唐寓之会点法术，曾经在民间吹嘘自己祖坟上有王者气，又不知道从哪挖来一块金印。古代的科技不发达，这些神玄鬼怪的东西很容易蒙骗百姓，唐寓之在当地百姓心中的地位很高。登高一呼，三吴云从，他带着走投无路的百姓，揭竿而起，杀进富阳县。

唐寓之扯旗造反的消息在在东南引起了非常大的轰动，许多被裁销户籍的百姓为了讨口饭吃，纷纷跑来拜他做大哥。在很短的时间里，就有三万多"黑户"做了他的小弟，跟着大哥一起闯荡江湖。

转眼之间，唐寓之就从一个只有"十几个弟兄，七八条枪"的江湖小头目变成了实力派大军阀，他的野心开始膨胀。永明四年（公元486年）正月，唐寓之率领着愤怒的"黑户"攻下了东南重镇钱唐县（今浙江杭州）。他的人马四处发飙，吴郡所辖各县的官老爷们都是属鸵鸟的，一见唐寓之这个阵势，全都逃掉了。

拿下钱唐后，唐寓之觉得很不了起，应该提高自己的"级别"，他的胃口大得惊人，没有谦称什么"冲天大将军、扫地大元帅"，而是直接将自己摆到和萧赜平起平坐的位置。

唐寓之在钱唐称帝，国号大吴，建年号兴平元年。这时的杭州只是一个县级编制，城宇狭小，他只好窝在小小的新城戍里，做他的黄粱大梦，册封儿子为太子，百官编制全盘模仿齐朝，大大小小的名号都有。

称帝后的唐寓之心情大爽，他不甘心做个县级皇帝，至少也要多弄几个郡玩玩。于是派出手下大将高道度南下取浙西大郡东阳（今浙江东阳），齐朝的东阳太守是萧赜的族叔萧崇之，萧崇之没什么本事，没两个回合就被高道度给砍了。

东阳被唐寓之划到了自己的户头上，但依然不能满足他的胃口，他又盯上了东南头号重镇会稽郡。会稽太守是王敬则，不过这时并不在会稽，而是去了建康汇报工作。唐寓之认为这是发横财的机会，于是派出他的会稽太守孙泓，趁王敬则不在，"接收"会稽城。

孙泓自信满满地出发了，他以为会稽手到擒来，哪知道孙泓刚到浦阳江，就遭到了涑口戍主杨休武的强力阻击，死伤惨重。留守的会稽郡丞张思祖早就算计好了孙泓来的路线和时间，派杨休武提前下围子，果然搞定了孙泓。

唐寓之在浙东跑马发飙，建康城中萧赜的脸色要多难看有多难看，这年头哪来的那么多臭鱼烂虾，还让不让他安生吃饭了？他在江东的无上权威容不得任何人侵犯！随后派出禁兵数千，骑兵数百，由前军将军陈天福和左军将军刘明彻率领，横眉竖眼地就朝钱唐扑了过来。

唐寓之的人马虽然远比官军多，但多是没有受过正规军事训练的乌合之军，而萧赜派去的却是江东最精锐的禁军，双方的差距立刻就显了出来。官军先用精锐骑兵冲击唐军，这些人最怕骑兵，没过两招就撑不下去了，官军随后发动总攻，一战击斩唐寓之，大吴帝国还没开始，就已经结束了。

当唐寓之的人头被砍下来的时候，萧赜这才意识到，他随后遇到的麻烦比唐寓之有威胁得多。陈天福和刘明彻虽然平定了叛乱，但这些人平时作威作福惯了，砍翻了唐寓之，立刻就把贼手伸向了民间，朝百姓们"借钱"花花。陈刘两位将军带着官军弟兄们在东南诸郡大肆剽掠，无恶不作，刚刚稳定下来的东南局势再次面临崩盘的危险。

萧赜知道这伙强人的英雄事迹后，脸拉得比丝瓜还长，知道自己错误的决策导致了这场叛乱。他本想改正自己的错误，可陈天福这些人居然不给自己这样的机会，那还了得，须知天下是我的，不是你们这些奴才的！

为了安抚东南地区的百姓，萧赜下诏捕拿陈天福和刘明彻，将陈天福斩首，悬头市中，以谢天下。刘明彻运气稍好，逃过一死，但被一撸到底，削去封爵，押到东冶（官办铁场）打铁做苦工。陈天福和刘明彻都是萧赜的心腹宠将，却因为欺凌百姓受到严厉惩罚，齐朝官场震动不已，"内外莫不震肃"。

严办了这两个混蛋之后，萧赜又派中书通事舍人刘係宗跑遍了唐寓之活动过的郡县，向愤怒的百姓宣布朝廷的旨意，说之前跟着唐寓之闹事的百姓都是被胁迫的，朝廷"悉无所问"。萧赜对这些百姓唯一的惩罚就是听从刘係宗的建议，挑选精壮的劳力带到京师，修建白下城。

其实在承平时代，百姓也要为朝廷服徭役，参与此事的百姓没有被萧赜杀头，已经是万幸，所以都没什么意见，东南的形势渐渐稳定下来。

萧赜也是读过圣贤书的，自然知道荀子说过的一句话："君者舟也，庶人者水也，水则载舟，水则覆舟。"只要没把老百姓逼得活不下去，他们是不会选择造反的。

"天视自我民视，天听自我民听。百姓有过，在予一人。"如果统治者都有这种最质朴的爱民情怀，唐寓之、黄巢、李自成等人再有本事，也不可能唆动百姓跟着他们造反，世界上没有这么愚蠢的人民。

这个道理再简单不过，但历史上还是有许多帝王偏偏去触犯这个政治底线，拿老百姓当他们的自动取款机，骑在百姓头上作威作福，结果全都翻了船。

在这方面，历史上最经典的一个反面人物莫过于隋炀帝杨广，杨广本来有机会成为表侄李世民那样的圣主明君，但最终却成了千夫所指、青史唾骂的民贼，而李世民成了后世景仰、史册讴歌的千古一帝。

从能力上来说，杨广并不比李世民差多少，但杨广和李世民相比，最大的差距有两点：一是政治品德太恶劣；二是对百姓的态度。李世民的治民哲学是："百姓不足，君孰与足？"

杨广又是怎么对待百姓的？"百姓无辜，咸受屠戮"，最终导致"黎庶愤怨，天下土崩"。幅员万里的大隋帝国就是在宇文化及的一条绳索中慢慢地被融化，变成一堆历史的碎片，历史教训不可谓不深刻。

老百姓是非常善良的，而且忍耐性非常好的，只要有他们一碗饭吃，他们绝对不会没事找事去造反。千万不要把老百姓当傻子，兔子急了还咬人呢，想要兔子不咬人，办法只有一个，给兔子足够的草吃。

九 优雅的士族们

唐寓之虽然能够得逞一时，但说到底，齐朝的统治在这时还没有伤筋动骨。何况他的对手是萧赜，一个虽然在历史上知名度不高，却有着铁血手腕的强势皇帝。唐寓之注定是要失败的。

南齐只存在短短的二十四年，除了最后萧宝卷在位的那三年内忧外患不断，齐朝形势大体上还算比较稳定，尤其是萧赜的永明时代，可以说是南齐短暂历史上最鼎盛的时期。

永明朝作为南齐的第二代，萧赜所面临的历史任务是守成，安安稳稳地坐住老爹传承下来的江山，武功不是考核能力的主要业务指标，盛世是文武两道并进，少了哪一个都算不得盛世。齐朝的统治虽然被局限在江东，但麻雀虽小，五脏俱全，永明朝作为小一号的盛世，该有的都有了。

盛世还有一个标准，就是看当时名臣的数量，唐朝的贞观和开元两大盛世之际，名臣如云，风流际会一时。永明朝比贞观和开元差了不止一个身位，但当时的名臣并不少。

不算那几个早亡或被杀的，侍中王俭、散骑常侍柳世隆、左光禄大夫王僧虔、镇东将军王敬则、中护军陈显达、司徒从事中郎张融、中书郎王融，太子舍人谢朓，还有后来入梁的沈约、范云、范缜、江淹、谢朓，勉强还能算上当时并不太知名的一代名将韦睿，当然还包括梁武帝萧衍本人。

自从褚渊死后，王俭实际上就成了齐朝官场上的头牌，虽然当时寒人茹法亮这些人很受萧赜宠信，但能上得了台面的，还是王俭这类出身高门大第的。萧赜自然明白这个道理，茹法亮和吕文显他们再牛，说到底只是奴才，谁见过有奴才可以上桌吃大餐的？

王俭不仅出身好，而且确实有真才实学，不仅治才一流，文才也是纵横飞扬，所以一直深得萧道成和萧赜两代皇帝器重，视为首辅的不二人选。萧赜上台后，开始有意无意地给王俭压担子，因为王俭只有三十多岁，所以萧赜甚至考虑把他留给儿子萧长懋，压担子是有必要的。

在永明三年（公元485年）的五月，萧赜裁撤了宋明帝刘彧时设立的总明观。总明观类似于唐朝的翰林院，专门储备人才的。撤了总明观，并不是说萧赜不尊重知识，而是觉得总明观毕竟是前宋遗留下来的，他是齐朝皇帝，总要在历史上留下自己的印迹。

萧赜随后下诏在王俭的府里成立学士馆，将原来总明观内收藏的四大部图书都搬到学士馆，由王俭负责人才储备工作。这种优雅的工作只能由王俭这样出身豪门的人来做，让茹法亮们去玩文学，不砸了锅才怪，他们只会搂钱耍宝。

王俭不以文学家著名，但政治和文学素质在当时是第一流的。他深谙史事，各朝典章制度能倒背如流，每次理政的时候，都能旁征博引，说得头头是道，在座各位朝官没一个是他的对手。这些人也知道，南朝天下，除了皇帝，也就数得着王俭了。

王俭是王导的正牌嫡孙，天生的风流儒雅，学是学不来的。他不仅能在官场上力拔头魁，而且还能引领当时上流社会的时尚生活。在办公的时候，他经常刻意打扮自己，喜欢把头发解开，将头簪斜着插在头发上，穿上长袍大袖，俊洒飘逸，简直就是神仙中人，当时上流社会中的男性纷纷效仿他，一时传为盛事。

王俭的自我感觉也非常好，他最敬服的不是他的祖先王导，而是另一位江东名相谢安。经常有事没事就对人夸赞谢安："江左风流宰相，唯有谢安。"表面上是在夸谢安，实际上是给自己脸上抹粉。其实他说得也没错，自谢安以来，能称得上"小谢安"的，除了刘裕的头号大总管刘穆之，也就是他了。

说完王俭，再来说说王俭的叔父王僧虔，王俭的父亲王僧绰在宋"元凶"刘劭弑父的那次政变中被杀，王俭是被叔父王僧虔收养长大的。王僧虔是一位风流俊逸的才子，他的书法独步江东无人可比，而且音乐造诣极高，曾经主持修改礼乐制度。

王僧虔性情温和，不比侄子王俭锋芒外露，这种性格在官场上是非常讨喜的。他对权力没有侄子那样狂热，萧赜刚即位的时候，准备让他入相，被他拒绝了。

官场的潜规则王僧虔是知道的，侄子王俭已经是宰相，自己要再入阁，一门二相，权势显赫，必然遭到萧赜的猜忌，弄不好会惹出大祸，宋齐庶族出身的皇帝最不信任的就是他们这些士族。

王僧虔做事非常谨慎，有次王俭府中搞装修，"级别"上有些僭越了，他看到后非常不高兴，说什么都不进侄子的府里。王俭聪明，明白叔父的意思，立刻毁掉原来的装饰。

像王僧虔这样的人物放到哪朝哪代都是极品，萧赜对他向来喜爱有加，只是他死得太早，永明三年就去世了。在政治史上，王僧虔没留下什么痕迹，但在书法史上，他象征着一个时代。他曾经写过一篇论书法的文章，评点魏晋以来书法名家名品，语力极工，评论周详，影响非常大。

南朝不仅风流人物如过江之鲫，数不可数，狂人也非常多，有些偶像级的人物就不多说了，还有一些人，他们在历史上几乎没什么名气，但却传下了许多警世名言。

我们对南宋大词人辛弃疾那首《贺新郎•甚矣吾衰矣》非常熟悉，其中最著名的一句就是"不恨古人吾不见，恨古人、不见吾狂耳"。其实这是辛弃疾化用古人的名句，这位狂妄的古人是谁呢？就是南齐司徒从事中郎张融，前宋朝名嘴张畅的儿子。张融的原话是"不恨我不见古人，所恨古人不见我"。

张融是南齐著名狂徒，行为潇洒，闲逸如云，齐高帝萧道成就是他的粉丝，经常当面吹捧他："像你这样的人物，不能一个没有，也不能有两个，世间一个张融就足够了。"

张融做过的最有名士风度的一件事是：有一回向萧赜请假外出，萧赜问他："卿此次出行，住在哪里？"他让萧赜猜起了谜语："臣不住在陆地上，住在没有水载的船上。"萧赜没明白他要说什么。

过几天，好奇的萧赜就向张融的堂兄太常张绪打听这事，张绪笑着告诉萧赜："臣弟跟陛下说的也是实情，他并没有住在陆地上，而是牵了一条船，到了地方之后，他就把船牵到岸上，住在船里。"萧赜听完大笑。

萧赜虽然不如萧衍那样俊逸风流，但也是个有趣的玩主，帝王生活很枯燥无味，他需要张融这样的红樱桃点缀在他的大饼上面，找点生活乐趣。当然并不是所有人都愿意做张融那样快乐的红樱桃，有几位偏偏想做核桃，非要磕掉萧赜几颗大牙，比如记室参军范云。

范云和堂兄范缜一样，都是官场上有名的刺头，以在鸡蛋里挑骨头为乐。范云进入齐朝官场以来，就一直跟着竟陵王萧子良在江湖上闯荡，辗转了好几个地方，不离不弃，是萧子良的心腹。

不知道出于什么原因，萧赜对范云非常不感冒，所以范云只做到尚书殿中郎，就再也爬不上去了。萧子良有些看不下去，就来找老爹，希望老爹看在人才的面子上，给范云增加工资。

没想到萧赜居然拒绝了儿子的请求，他冷冰冰地告诉儿子："我听说他经常在你面前溜须拍马，这种小人你不要接近，对你没好处。还给他加薪呢，明天朕就把他流放到边塞，省得他糟蹋了咱们萧家的菜园子。"

萧子良并不认同父亲的观点，他微笑着告诉父亲："以儿臣浅见，范云并不是这样的竖子小人，他非常有才能。臣每行错一事，他都作书进言，现在臣的案子上已经有一百多张纸了。"

萧赜不大相信，口说无凭，字书为证，便让萧子良把范云写的东西都拿来让他看看。萧子良正求之不得呢，立刻派人去府里把范云的进言全都拿来让父亲过目。萧赜认真看完了范云的谏书，虽词句平实，却每言皆切中时弊，确实是治世良才。

萧赜是个爱才之人，只要是有真才实学，不会委屈人家的，他告诉儿子："没想到你手下居然有这等才俊，朕险些失去了一个贤才，既然如此，范云就留在你身边用事吧，朕以后要提拔他，哪还舍得流放边远呢。"

这就是萧赜比刘彧之流更优秀的地方，刘彧等人眼中没有人才，只有奴才，瞧着不顺眼就杀，残害了许多人才。萧赜虽然杀掉了垣崇祖和张敬儿，但那是因为他认为这些人影响了自己的统治，换了谁做皇帝都会这么做。

萧赜和刘彧等人的区别就在于，刘彧等人不能容忍别人超过自己，而萧赜只要认定了某人有才能，就不计前嫌得失，量才为用。因为他知道，没有人才，江山一天也坐不稳，刘宋是怎么丢掉江山的，他作为过来人最清楚。

作为一个皇帝，要有足够驾驭人才的能力，不要动辄贬杀，那是对自己的一种否定。萧赜不会这么做，他相信自己，这点非常重要。

<h2 style="text-align:center">十 桓玄的儿子？</h2>

客观地说，在南北朝五十多个皇帝中，萧赜的能力和人品都是上等。在他的治理下，江东一改自宋孝武帝刘骏以来的乱象，平稳地向前发展。论气势和魅力，萧赜的时代前不如元嘉之治，后不如梁武盛世，整体上虽然平庸，但却实用。没有哪个老百姓愿意天天生活在刀山火海之中，只要能有碗平安饭吃，老百姓就谢天谢地了。

话说回来，南北朝作为一个大乱世，无论皇帝和士民多么渴望和平，总还是有些不安分的人跳出来把水搅浑，要不怎么叫乱世呢。萧赜之前虽然搞定了李叔献和唐寓之，但那只不过是池塘里的两只小虾米，这回跳出来的是一条会咬人的水蛇。

最要命的是，这条水蛇居然引来了一条大鳄鱼，给萧赜制造了相当大的麻烦。这条水蛇的名字有些意外，叫做桓天生，自称是晋末"大楚"皇帝桓玄的儿子。至于那头被水蛇勾引过来的大鳄鱼，萧赜再熟悉不过了：北魏皇帝拓跋宏和他娇艳绝伦的祖母冯太皇太后。

按南齐官方的说法，桓天生是边塞"荒人"，也做"荒伧"。所谓荒伧，是南朝中处统治地位的南渡汉人士阀集团对北方晚渡的汉人的歧视性称谓。

桓天生的来历有些蹊跷，《魏书》说桓天生本名桓诞，字天生，是桓玄的幼子。桓玄兵败被杀的时候，桓天生只有几岁，后来流落到大阳蛮，"遂习其俗"。如果《魏书》记载无误的话，那么桓天生应该是个蛮化的汉人。

不过仔细分析一下，则发现《魏书》关于桓天生身份的记载漏洞百出。桓玄死于公元404年，以当时桓天生只有四岁计算，到了永明五年（公元487年）的时候，桓天生已经八十七岁了！如果以桓玄死时桓天生已经七八岁计算，这时的桓天生至少九十多岁了，怎么可能再出来打仗！

综合来看，桓天生不太可能是桓玄的儿子，倒有可能出自晋朝高门谯郡桓氏，但晋末至齐朝已经近百年，世事难辨，所以齐朝也不敢确认桓天生就是桓玄的儿子，只能说他是自称的。

桓天生从小就生活在边荒地区，和当地蛮族勾连甚深。他是个有野心的人，不甘心就这么窝窝囊囊做一辈子"荒伧"，好歹他的"父亲"桓玄也是做过皇帝的，桓天生觉得自己应该做点事情出来了。

齐永明五年（公元487年）正月，桓天生巧言煽动雍州、司州的蛮族，扯旗造反，一窝蜂地闯进南阳旧城，吃肉喝酒，好不痛快。桓天生很聪明，知道萧赜不会放过他，所以对他来说，认鲜卑人做干爹是唯一的选择。他派人到平城求援，拓跋宏早就盯上了肥沃的雍、司地区，只是没有机会下手。现在桓天生倒贴着送上门了，他没有任何理由客气。天上掉馅饼，不吃是傻子。

关于北魏出兵的人数，各史记载不一，《通鉴》记载派出一万多人马，而《南齐书·戴僧静传》却说是步骑兵十万，从后来的战况分析，后者的记载应该更接近于史实。

齐雍州刺史张瓌在第一时间得到桓天生煽动蛮族、勾引鲜卑作乱的紧急军情，他不敢大意，立刻上报朝廷。萧赜非常生气，朕的场子不是你们说砸就砸的，还讲不讲理了。

因为征虏将军、丹阳尹萧景先以前做过司州刺史，熟悉当地情况，所以萧赜任命萧景先为都督司州诸军事，以代天子出征的名义率精锐步骑兵直抵司州治所义阳郡（今河南信阳）。萧赜担心萧景先撑不起局面，又加派中护军陈显达出征，太子右卫率戴僧静为副，率水军西进，讨伐桓天生。

根据军事部署，戴僧静作为齐军前锋，与平西司马韩孟度、华山太守康

元隆日夜前进，在沘阳西四十里的深桥（今河南泌阳正南）下营。戴僧静的判断是对的，不久之后，桓天生就和南下的十万鲜卑步骑兵趾高气扬地南下，准备进入司州地界发财。

桓天生正在做黄粱大梦，哪知道不知不觉间钻进了齐军设下的埋伏，送上门的肥肉，戴僧静没有理由不吃。随着他一声令下，齐军狂吼着杀了出来，魏军根本没料到这里会有齐军的埋伏，阵势立刻就乱了，被齐军好一顿暴打，折了一万多兄弟，撤回境内再作打算。

桓天生知道遇到麻烦了，好汉不吃眼前亏，卷起铺盖卷子就溜回了沘阳。戴僧静想趁着陈显达没来的时候吃独食，紧跟着就围住了沘阳，想一口吞掉桓天生。桓天生刚开始还不服气，出城和戴僧静对殴，结果惨败。桓天生自知敌强我弱，为了保存实力，决定死守。戴僧静急于立功，对桓天生百般围攻，但始终没有得手，只好悻悻撤军。

听说戴僧静撤了，不安分的桓天生又抖了起来。他再次搬来鲜卑兵，扛着一杆破旗，大摇大摆地进攻舞阴戍（今河南社旗东二十五公里）。

桓天生刚到舞阴，迎头就被齐朝的舞阴戍主殷公愍敲了一棒，二掌柜张麒麟被杀，桓天生本人也差点死在阵上，身中数枪，痛得哇哇直叫，落荒而逃。

为了防止桓天生再次跳出来捣乱，萧赜开始在西边布局，让萧景先任司州刺史，陈显达接替张瑰任雍州刺史，堂弟西昌侯、中领军萧鸾出任豫州刺史，萧鸾就是后来发动隆昌政变上台的齐高宗明皇帝。

萧鸾是萧道成二哥萧道生的次子，生于宋元嘉二十九年（公元452年），幼年丧父，被三叔萧道成抚养长大，萧道成非常疼爱他。萧鸾为人刚练明察，长于吏事，深受堂兄萧赜器重。

萧赜做梦也没到的是，这个平时并不太起眼的小弟弟后来会成为他这一脉的掘墓人，就如同萧鸾称帝后，同样没有想到，自己非常器重和信任的萧衍成了自己子孙的掘墓人。

对于萧赜的布局，躲在老鼠洞里养伤的桓天生并没有兴趣，你想安生吃饭，先问问老爷答不答应。齐永明六年（公元488年）四月，伤愈的桓天生再次下山，伙同大队鲜卑步骑兵像过境的蝗虫一样浩浩荡荡开进隔城（今河南桐柏西北），准备再啃一啃萧赜的菜园子。

萧赜在第一时间得到桓天生再次犯贱的消息，立刻调游击将军曹虎督遣官军西进，别以为你仗着鲜卑人是你干爹就可以胡作非为，须知朕的刀也不是吃素的。曹虎天生就是打仗的，皇帝下了令，那就去吧。

在这支西进的齐朝军队中，打头阵的是辅国将军朱公恩，老朱带着一百多号骑兵就上了路，给后队人马打前站。朱公恩前部在即将到达隔城的时候遇上了桓天生的一票人马，朱公恩没给萧赜丢脸，干掉了这支游军。

随后曹虎的大队人马就跟了过来，进围隔城。桓天生的人马够强硬，拒城死守。曹虎也不客气，既然你们不想活着出去，那爷爷就给你们加一铲子土吧，曹虎在城外大造围栅，准备饿死这帮捣乱的。

正在曹虎挖坑埋栅的时候，突然有侦察骑兵来报，有大队鲜卑人马在后面出现，可能是隔城的援兵。还没等曹虎反应过来，城中的桓天生也得到了援兵到来的消息，兴奋得摇头晃脑。他带着一万多鲜卑兵大摇大摆地出了城，要和曹虎决一死战。

两军交手之后，桓天生才发现自己找错了对手，曹虎比自己还狠。这一仗桓天生折了两千多弟兄，狼狈逃回城中。曹虎没打算让桓天生活着回去，第二天，带领齐军对隔城发动总攻。

齐军士气正盛，对付这些失魂落魄的鲜卑人简直是大材小用，当日就攻克了隔城，斩杀敌军两千多人。桓天生脚长，见形势不妙，脚底抹油，习惯性地夹着尾巴溜了。

关于桓天生的下落，《魏书》记载得很详细，兵败隔城之后，桓天生逃到北魏境内的颍阳（今河南登封西）避难，因为战败，他的襄阳王爵被降成了襄阳公爵。魏太和十八年（公元494年），桓天生病死于洛阳。他有个儿子叫桓晖，后来做了北魏的东荆州刺史。

桓天生这一路被打掉了，萧赜雄心勃勃，来而不往非礼也，他也想趁着

这个机会刮一刮拓跋宏的地皮。永明六年（公元488年）四月，萧赜调雍州刺史陈显达率军北上，准备拔掉沘阳。

镇守沘阳的是魏乐陵镇将韦珍，就是九年前在方城大败崔慧景，掠走七千户汉人的那个家伙。虽然陈显达是南朝名将，但韦珍也不是吃素的，当大队齐军扑到沘阳城下的时候，魏军将领纷纷要求出城和陈显达玩命，这年头谁怕谁啊。

韦珍却阴阳怪气地笑："你们这帮蠢货不懂兵法，现在南军士气正盛，我们出去就是给人家当饺子馅的。兵法云：'击其惰归。'等到南军疲惫不堪的时候，一战击之，必能大胜。"

韦珍不出来，陈显达却想进去。刚到城下，陈显达就气势汹汹地督军攻城，想着另一路的曹虎在水里摸了条大鱼，自己至少要摸只螃蟹出来。可惜陈显达命不好，螃蟹没摸到，倒被夹了一口，齐军死伤惨重。

陈显达还不服气，继续围城，可此时的齐军士气已经非常低落。这一切都被城上的韦珍看出来，在对峙了十几天后，他趁齐军不备，在一个月黑风高的夜晚，突然率军杀出城来，冲进齐军大营。

齐军早就没了斗志，被魏军来回这么一趟，又报销了许多兄弟，陈显达带着残部狂呼乱叫向南逃窜，好不容易捡回条小命，他赔了买卖，韦珍却赚了一个盆满钵溢。拓跋宏狠狠地奖励了韦珍，将他的爵位由子爵提拔到侯爵，韦珍大发了一笔横财。

第三章 永明时代(下)

一 萧赜的内政

萧赜时代第一次和北魏的小规模战争结束了。双方谨慎地过了几个回合,都把战争的规模控制在一定范围内。无论是萧赜,还是拓跋宏,都没有把战争升级的打算。因为他们都没有吃掉对方的把握,与其两败俱伤,不如见好就收。萧赜和拓跋宏都是聪明人,自然明白这个道理。

战争结束了,拓跋宏和祖母冯太皇太后都把注意力都放在了内政革新上,伟大的"孝文改制"渐渐拉开了序幕。而萧赜也把注意力放在了内部,相对来说,萧赜的文治可能要稍强于武功。

即将过去的永明六年(公元488年),对萧赜来说,除了和拓跋宏打了一阵王八拳,弄得鸡毛满天飞之外,并没有留下什么值得骄傲的记忆。各方面均乏善可陈,平平庸庸地就过去了。

倒是在文化上有件事值得一提,这一年二月,太子家令沈约编撰了官方刘宋史书《宋书》。在永明五年的时候,萧赜让沈约开始编撰刘宋史书。萧赜选择沈约修史算是找对人了,沈约是南朝著名的史学家,功力之深厚,当世鲜有可及。

其实《宋书》并不是沈约编写的唯一一部史书,在《宋书》之前,沈约曾经用了二十年时间潜心修史,写了一部《晋书》,全书一百一十卷。可惜《晋书》并没有流传下来,现在我们看到的《晋书》是唐太宗李世民下诏修撰的。

《宋书》共计百卷，本纪十卷，志三十卷，列传六十卷，记载了刘宋六十年的历史。这部《宋书》是沈约在刘宋南台御史苏宝生、著作郎徐爰、何承天等人的基础上编撰而成的，所以只用了不到一年的时间就完成了任务，清人赵翼说《宋书》"古来修史之速，未有若此者"。经过一千七百多年的历史变迁，许多刘宋史都亡佚了，而沈约的《宋书》是现存的唯一一部刘宋专史，史料价值之珍贵，不言而喻。

　　《宋书》有纪、志、传，是一部体裁完备的综合性史书，历代史评非常高。《宋书》的志有两点可取之处，即地理志和百官志。地理志最大的优点就是沈约以宋大明八年（公元464年）为限，列出了刘宋各州的人口数，历史研究价值非常大。百官志源流周详，是研究刘宋以及南朝官制的重要史料。要说《宋书》的缺点，在于志的方面，没有立"八政所先"的食货志，以及刑法志和文艺志，是个缺憾。至于沈约写宋齐易代之际萧道成避讳的事情，其实也没什么好指责的，在萧赜的刀口下写宋史，他有几个脑袋，敢写萧道成的不是？将心比心，换了任何人写萧道成的坏话，保证这部书连同他的脑袋一同消失。

　　再说经济方面，这一年齐朝经济层面最大的动作有两个，第一件事是萧赜采取了尚书右丞李珪的建议，从国库里拿出五千万钱，同时从地方各州调拨了大量现款，以国家名义向农民收购粮食，平抑粮食价格，维护社会稳定。

　　第二件事是关于西陵牛埭增加税收的争论。这次增税的争论是西陵戍主杜元懿挑起的，在这之前，西陵牛埭（今浙江萧山西北）作为南北通商的险道要津，朝廷在这里设税关，每天可以征收三千五百个大钱。

　　杜元懿的经济头脑非常发达，一早就盯上了这块肥肉，于是上书朝廷，请求萧赜把西陵牛埭的税收权交给他管理一年。他保证西陵牛埭每天的税钱至少比过去增加一倍，再加上浦阳的两个渡口及柳浦四个堤坝，每年除了原来的税钱之外，还能额外交给朝廷四百多万钱。

　　虽然萧赜知道如果按杜元懿的意思，自己兜里可以增加大把大把的钱，但这事事关重大，他不敢草率决定，要多方面考虑。他把杜元懿的建议批给会稽实际上的地方长官（行会稽郡事）顾宪之，看顾宪之对这事有什么想法。

没想到顾宪之坚决反对杜元懿的所谓增收计划，他认为，当初朝廷设立西陵牛埭并不是刻意收税的，而为了方便各地百姓交通之用。现在吴兴（今浙江湖州）连年歉收，百姓饥寒，官府却不顾百姓死活，雁过拔毛，断老百姓的活路。之前每天收取的三千五百钱已经非常多了，现在不但不减免，而且要增收，与民争利，大为不妥。

随后顾宪之就把矛头对准了杜元懿，炮轰他贪鄙苛薄，缺德无耻，如果真让他管理税收，万一没有实现本年度税收任务的话，就会把贼手伸向百姓，什么缺德事他都能做出来。

为了说服萧赜，顾宪之从政治角度分析，说明这么做虽然能收到短期利益，但却是牺牲民心为代价的，得不偿失。把老百姓逼得走投无路，最终还是朝廷替那些贪财小人背黑锅，顾宪之希望圣明的皇帝不要中了杜元懿的圈套，这家伙不是个好东西。

萧赜收到顾宪之的奏议，经过反复衡量之后，觉得还是顾宪之看得长远。君子爱财，取之有道，朝廷增加税收虽然是天经地义的，但不能从老百姓手里生夺硬抢，再把老百姓逼急了，难说不会跳出第二个唐寓之。萧赜决定采纳顾宪之的奏议，驳回了杜元懿的增税计划。

杜元懿的运气不太好，如果他遇到的是刘骏或刘彧这样的财迷皇帝，早就翘着尾巴欢呼了，这几位爷从来不嫌钱多咬手，能多捞一票是一票，才不管老百姓的死活。萧赜比他们看得远，老百姓的忍耐是有限度的，如果绝了老百姓的生活，他们只能绝望地操起锄头，和官府拼个鱼死网破。显然，萧赜是不希望出现这种局面的。

二　士族们的天下

永明六年已经成为历史，萧赜对江东的统治进入了第八个年头（从建元四年开始算起），永明时代的南中国给后人展现了一幅诱人的盛世画卷。

《南齐书·良吏传》对永明盛世大加赞赏："永明之世十许年中，百姓无鸡鸣犬吠之警，都邑之盛，士女富逸，歌声舞节，袨服华妆，桃花绿水之间，秋月春风之下，盖以百数。"

《南齐书》是萧赜的侄子萧子显写的，难免有感情因素掺杂其中，而且永明朝的内外形势并不算特别稳定，乱七八糟的事情也不少。不过从整体上来看，永明朝确实是南齐最为强盛的时代，不能因为萧子显南齐宗室的身份就否定他记载的一切，萧赜本就是南朝英主，刘义隆、萧衍能做到的，萧赜为什么就做不到？

当然，永明盛世的出现还有一个重要原因，就是萧赜相对内向保守的对外政策，当年的刘义隆整天琢磨着北伐，导致了元嘉盛世在他与拓跋焘的混战中轰然坍塌。萧赜明显吸取了刘义隆的历史教训，齐朝国力有限，经不起多少折腾。

萧赜的运气不错，对手拓跋宏的国策也相对内向。拓跋宏的工作重点是内政改革，腾不出手来找萧赜的麻烦。如果萧赜面对的是雄武强悍的拓跋焘，他想安生吃饭，也要先问问拓跋焘答不答应。

假如真出现了这种局面，萧赜对付拓跋焘肯定会非常吃力，好在这只是假设，萧赜真正的敌人并不是什么拓跋焘，也不是拓跋宏，而是他手下那帮油头滑脑的兄弟子侄和王公大臣。

对萧赜来说，永明七年（公元489年）的第一个好消息就是正月十八，他的三弟临川王萧映死了，时年三十二岁。萧映是当时有名的风流王爷，会书法，善骑射，风流倜傥，在上流社会的人缘非常好，所以死的时候，朝野无不惋惜。

萧赜对这个弟弟没有什么特别的感觉，他并不在乎弟弟们是否个个文武双全，只在乎有没有人能威胁他的地位，连萧嶷都被他视为潜在的对手，更何况萧映。

萧赜用人的原则是用宗室不如用士族，用士族不如用寒人。不管士族还是寒人，都不可能从根本威胁到他，所以萧赜对外人的态度比对弟弟们的态度要好得多。当时能在萧赜面前呼风唤雨的，除了王俭和茹法亮等人，还有丹阳尹王晏。

王晏是官场上著名的滑头，他做人的最大原则就是谁的大腿粗他就给谁装孙子。建元朝头号红人荀伯玉丧母，和萧景选一起强闯荀府鬼哭狼嚎的就是他。

王晏的为人萧赜再清楚不过了，当初萧赜还在做宋朝安西长史的时候，时任安西主簿的王晏就拼命巴结他，深得他信任。萧赜做皇太子的时候，因为张景真事件得罪了萧道成，王晏觉得他要完蛋了，立刻装病不出，和他撇清关系。

好在萧赜还算是个厚道人，称帝以后，并不计较王晏这些丑事，依然信任如初，让他进入权力核心做事，威势暄天，甚至连萧嶷和王俭这样的官场头牌都跑来巴结他。

王晏得宠到什么程度？永明七年二月，萧赜任命王晏为江州刺史，没想到王晏不想外任，留在京师享福多好，耍起无赖不想出去，萧赜真给面子啊，不去就留下来吧，改任吏部尚书，主掌用人大权。

官场上有一个铁的定律，"陛下用群臣，如积薪耳，后来者居上"（《史记·汲黯传》）。说得直白一些，就是"长江后浪推前浪，一代新人换旧人"。

王晏这边开门笑纳四方客，而王俭那边却门前冷落鞍马稀，渐渐在萧赜那里失了宠。虽然面上萧赜半点不委屈王俭，让他做了最高行政长官尚书令，但没有实权，实际上王晏已经取代了王俭在朝中的头牌地位。

王晏和王俭因为争权夺利积怨甚深，王俭眼睁睁地瞧着贼头鼠脑的王晏爬到了自己的头上，哪里肯服气。但皇帝已经对他没有兴趣了，王俭也无计可施，不久就气出了一场大病，病情越来越重。

勉强支撑了一段时间，王俭终于撑不下去了，五月初三，自诩风流宰相谢安的王俭病故于府中，时年三十八岁。在他去世前，萧赜曾经来府里看望过他，不管如何冷落他，那份感情总是还有的。

萧赜准备给王俭风风光光地下葬。关于谥号，萧赜给足了他面子，打算依他的先祖、江东开国第一名相王导之例，谥为"文献"。

"文献"是封建时代文臣除了"文"字之外，所能得到最高级别的谥号。这时候讨人嫌的王晏跳了出来，反对皇帝给王俭加谥"文献"。他的理由非常充分："自南渡以来，大臣能得'文献'者，王导而已。自宋朝以来，'文献'不加外姓，若给王俭加谥'文献'，恐朝野不服。"王晏真够狠的，连死人都不放过，他当然知道"文献"这谥号极其尊崇，凭什么给王俭，自己死后留着用还差不多。

萧赜觉得王晏所说也有道理，王俭再怎么着也是外人，如果开了这个例，恐怕不太合适。何况褚渊的牌儿要比王俭大多了，也只是得到"文简"的谥号，最后决定给王俭的谥号为"文宪"。

王俭到底是输给了王晏，实际上输给王晏的不仅是王俭这个死人，活人里头还有被王晏折腾的，领军将军王奂就是这样一个倒霉鬼。王俭死后，尚书令的位子就腾了出来，萧赜想让王奂接替。

没等萧赜下诏呢，王晏又嬉皮笑脸地从后台窜了出来，给王奂穿上了一双漂亮的小鞋："臣觉得此议不妥，王奂虽然有功朝廷，但如果陛下让王奂做了尚书令，不知道置左仆射柳世隆于何地？柳世隆对国朝的贡献可比王奂大多了。"

王晏排挤王奂，主要原因是不想让王奂抢走那块最大的蛋糕。他摆在桌面上的理由确实能说得通，论功劳，柳世隆要比王奂大，何况河东柳氏也是高门大第，如果蛋糕都被琅琊王氏给分了，其他人会有意见的，琅琊王氏有王晏做代表就行了。王晏这算盘打得贼精。

萧赜被王晏说动了，江东那么多高门大第，他作为最高统治者，要注意平衡各豪门之间的利益，不能偏袒一家，最安全的权力一定是最平衡的。于是改授柳世隆为尚书令，王奂接替柳世隆做了左仆射，不过随后，王奂就被打发到雍州做了刺史。

虽然江东士族自从刘裕建宋以来，已经失去了实际的最高统治权，但士族们的社会地位却没有下降多少，照样吃香喝辣，萧赜是万万开罪不起他们的。为了维护本集团的利益，士族集团都是抱成团地和庶族出身的帝室集团明捣暗斗，事关利益，他们是半点也不肯让步的。

宋齐以来，皇族为了拉拢士族集团，经常和士族通婚。一般来说，血缘上的亲密关系要比政治上的亲密关系更可靠一些。只说齐朝官场的头面人物，司空褚渊是宋文帝刘义隆的女婿，尚书令王俭和都官尚书江敩是刘义隆的外孙，前吏部尚书何戢和吴兴太守徐孝嗣是宋孝武帝刘骏的女婿，何戢的老婆就是大名鼎鼎的山阴公主刘楚玉。

再说齐朝帝系，皇太子萧长懋的正妃王宝明出身琅琊王氏，萧长懋的长子萧昭业娶了何戢的女儿何婧英，次子萧昭文娶了王僧虔的孙女王韶明，萧赜的八儿子萧子隆娶了王俭的女儿。后来称帝的萧鸾也不甘落后，萧鸾次子萧宝卷娶褚渊弟弟褚澄的孙女褚令璩，八子萧宝融娶王俭的孙女王蕣华。

齐朝皇室出身庶族，他们虽然称帝称王，但在潜意识里还是有一种抹不去的自卑感，为了抬高自己的身价，高攀士族，和士族结为亲家，是最简单可行的办法。

有一件事能很好地说明江东士庶等级制度的森严。萧赜的心腹近臣、中书舍人纪僧真虽然是寒人出身，却风流儒雅，一副士大夫的派头。萧赜非常欣赏他，常对人说："人生一世，何必计较士庶门户？不要看纪僧真出身寒人，却是许多士大夫所不及的。"

萧赜只是说了句场面话，没想到纪僧真竟然当了真，他希望能"转正"，做真正意义上的士大夫，挤进士族清流集团。

纪僧真来找萧赜，求皇帝给他三分薄面，让他脱寒籍入士籍。萧赜没想到纪僧真居然想要做士族，差点没笑出声来，自己都还是个庶族出身，又怎么能给你抬籍。但又不好意思当场扫了纪僧真的面子，就让他去找都官尚书江敩，看看这些士族们是什么意思，只要他们答应，朕没二话。

纪僧真够天真的，也不琢磨琢磨萧赜话里的意思，就兴冲冲地来找江敩，希望士族们能匀出一个名分给他。江敩出身南朝高门济阳考城江氏，外祖

父是宋文帝刘义隆，岳父是宋孝武帝刘骏，可谓门第显贵。

出身豪门的江敩怎么能瞧得上纪僧真这样的草根，听说他来要士大夫名额，禁不住鄙夷地大笑，并命人叫纪僧真进来。纪僧真抱着一丝希望来到江敩的内宅，正想开口，倚在榻上养神的江敩却先说了话。

江敩冷笑着对随从们说："你们过来把我的榻子抬得远一些，不要靠近纪大人，人家是士族清流，咱高攀不上。"随从们按主人的吩咐，抬起榻子就走，远远地甩开了纪僧真。纪僧真被江敩浇了一头又凉又臭的洗脚水，别提多恶心了，被人瞧不起的滋味是非常不好受的。

纪僧真终于明白了，士族和庶族寒人是不能在一个锅里吃饭的，自己爬得再高，在人家清流眼里不过是个匹夫小人。纪僧真仰天长叹："士族的身份连皇帝都没有，何况自己这个二百五，纯粹是没事找抽型的。"他沮丧地离开了江敩的尊府，回到自己宅里生闷气去了。

现实就是这样残酷，无论从哪方面说，纪僧真都有资格做士大夫，可偏偏他的出身太低，萧赜想帮都帮不上。自从魏文帝曹丕建立九品中正制以来，士族在政治、经济、文化上的地位优势日益明显，成为垄断集团，把持要位，压制草根出身的人才。怪不得西晋才子左思悲愤怒骂："世胄蹑高位，英俊沉下僚。地势使之然，由来非一朝。"（《咏史诗》第二）

当然，像纪僧真这样热衷于做真士族的寒人是少数，大多数寒人并不在乎一个名分。有士族的名分又如何？太学博士王智深是琅琊王氏的嫡系子孙，出身可谓高贵，却穷得揭不开锅，甚至五天都没有粮食吃，只得挖草根饱腹充饥。还是侍中王僧虔念在同宗的份上，经常接济他，才没有被饿死。这样的士族门面，要了有什么用？够吃几顿饱饭的？所以纪僧真没必要太难过。

三 老猿哭子（上）

纪僧真热火烧心，想改换门庭，心情可以理解。萧赜未必就不想挤进士族清流，但他和纪僧真不一样，他是大齐朝的皇帝，"普天之下，莫非王土；率土之滨，莫非王臣"。不管是谁，都要在他的刀口下讨生活，谁敢对他不敬，他的刀是不认什么士族和庶族的。

清流不清流的，对冰冷无情的枪杆子没有任何抵抗能力，唐末朱温大杀清流士大夫。朱三的狗腿子李振将清流们的尸体扔进奔腾咆哮的黄河后，仰天狂笑："此辈清流，可投浊流！"这就是历史发展的铁律，有枪杆子就有一切。

从枪杆子的角度来看，唯一能对萧赜产生重大威胁的也只有北魏的拓跋宏。论军事实力，北魏要稍强于南齐，毕竟北魏的骑兵优势是南齐无法相比的。拓跋宏的性格相对比较文弱，但也是个有野心的孩子，他何尝不想吃掉萧赜，统一天下？

不过拓跋宏是个识时务的人，他知道以北魏的实力根本不可能在短期内吃掉齐朝。既然这样，不如暂时稳住萧赜，以后再瞅准机会下手。主意打定，齐永明七年（公元489年）八月，拓跋宏派员外散骑常侍邢产和侯灵绍南下出使齐朝。

萧赜不是个得了便宜就卖乖的主，他也不想和拓跋宏玩命，自然顺着拓跋宏递过来的竿子往上爬。为了表示诚意，永明八年（公元490年）正月，萧赜下令释放隔城之战中俘虏的两千多魏军，算是给拓跋宏一个新年贺礼。拓跋宏得了实惠，萧赜也挣足了面子，两下皆大欢喜，南北局势暂时稳定下来。

稳住了拓跋宏，萧赜长长地出了一口气，这个鲜卑青年是个难缠的对手，能把他摁在板凳上不出来捣乱已经相当不容易了。其实按年龄来说，拓跋宏应该是萧赜的晚辈，他比萧赜小二十七岁，和萧赜的儿子们年龄差不多。

说到儿子们，萧赜忍不住叹气，萧家这帮小爷没一个让老爹省心的，要么成天吃斋念佛，要么骄横跋扈、奢侈无度。在十几个已经成年的儿子们中，

公认的刺头是老四巴东王萧子响，萧赜都想不明白自己怎么就生下了这么个刺猬。

萧子响生于宋明帝刘彧泰始四年（公元468年），生母是张氏，因为萧嶷当时没有儿子，所以萧赜就把萧子响送给他做嗣子。萧子响和二哥萧子良是皇子中的两个极端，萧子良温文尔雅，萧子响则是个火暴脾气，一身的好功夫，勇力过人。

萧子响对老爹把自己过继给二叔的行为非常不满。按制度，既然是萧嶷的嫡子，那么待遇就比其他皇子低一个档次。萧子响当然恼火，都是一个爹生的，凭什么让我受这份罪？

因为这个原因，萧子响每次上朝的时候都咬牙切齿，当着亲爹的面吹胡子瞪眼。萧赜知道自己委屈了老四，为了弥补感情上的亏欠，下令让萧子响享受皇子们的待遇，他这才老实下来。

后来萧嶷生下儿子，萧赜就在永明六年的时候把萧子响给要了回来，封为巴东王。萧赜知道这个儿子脾气不好，留在京里怕惹是生非，就把他赶到江州做刺史，永明七年，调任荆州刺史。

到了荆州，萧子响依然没改掉骄横跋扈的少爷脾气，他经常招呼自己手下六十个贴身卫士在府里杀牛饮酒，成天大呼小叫。这些闲事并没有越界，无非是孩子脾气，玩玩罢了，萧赜虽然有所耳闻，却没有放在心上。

萧子响见没人管他，胆子越来越大，在荆州更加无法无天。不知道出于什么目的，他让内宅的女眷织造锦袍绛袄，准备将这批货物私自拉到蛮族聚居区，换来大批精甲武器。萧子响办事不够细密，还没等他发财呢，荆州长史刘寅和司马席安慕就得到内情，他们知道这是杀头的大罪，不敢隐瞒，立刻上奏朝廷。

萧赜得到消息后，因为不明情况，决定先让刘寅和席安慕等人在江陵调查清楚。萧子响已经知道父皇准备让刘寅等人调查自己私通蛮族的事情，虽然不知道这事到底是谁泄露出去的，但他清楚，肯定少不了刘寅这几个人。

萧子响把刘寅、席安慕、谘议参军江愈、殷昙粲，中兵参军周彦、典签吴修之、王贤宗、魏景渊等八人叫到琴台，严厉盘问："说吧，我知道出卖我的人一定就在你们中间，说出来，爷就饶了你们！"这些人仗着有皇帝撑腰，自然不拿萧子响当回事，只是转着圈地糊弄他。

萧子响脾气本来就不好，哪里架得住这些人的戏弄，一时怒火上升，喝令左右将他们拿下，押到后堂斩首。本来因为萧赜的诏书上没有江愈的名字，萧子响没打算杀他，可惜晚了一步，等他反应过来的时候，江愈人头已经落了地。

刘寅他们虽然级别不高，但都是朝廷委派的官员，生杀大权握在萧赜手中，萧子响这么做无疑激怒了萧赜。得知刘寅等人被杀后，萧赜怒不可遏，盛怒之下，下诏罢免萧子响的官职，改任八儿子随王萧子隆出镇荆州，随后把征虏将军戴僧静从淮南调回京师，让他率兵讨伐逆子萧子响。

四　老猿哭子（下）

没想到戴僧静居然拒绝了皇帝的诏命，他的理由是："巴东殿下少年气盛，刘寅他们也并非没有过错，巴东殿下一时愤怒，才做了蠢事。何况天子的儿子因误杀人，也不是死罪。陛下这次兴兵，会造成上流恐慌，于国不利，臣愚不敢奉诏。"

戴僧静这番话非常有道理，但萧赜并没有接受他的建议，而是另派卫尉胡谐之、南平内史张欣泰、游击将军尹略和中书舍人茹法亮率数百精甲武士去江陵捕拿萧子响。不过戴僧静的建议应该是对萧赜产生了一点影响，萧赜告诉胡谐之他们："只要萧子响愿意回朝认罪，朕就饶他一死。"

胡谐之是个热衷名利的人，巴不得皇帝赏他个能够立功的差使做，得到命令后，不听张欣泰"驻军夏口，派人劝降萧子响"的正确建议，摇头摆尾地冲到江陵城下。

这时的萧子响已经冷静下来，他知道自己闯下了弥天大祸，心里懊丧不

已。当听说胡谐之等人来了，萧子响立刻派人去找胡谐之，表示自己的悔恨之情："我是皇帝的儿子，天下哪有儿子反父亲的道理？我只是一时糊涂，做了错事。我愿意跟你还朝，听候皇帝发落。"

还没等胡谐之说话，旁边的游击将军尹略就跳起来指着来使的鼻子大骂："给爷滚回去，爷不想和叛父的逆子说话！"来使回去把尹略的话带给了萧子响，萧子响痛哭失声。

萧子响不甘心，对这几个朝廷使节还抱有一丝幻想，他杀牛备酒，又派人送到燕尾洲，说是犒赏官军弟兄们。尹略真够硬气的，看都不看直接就把这些酒肉全丢进了长江里。萧子响又把希望寄托在茹法亮身上，没想到茹法亮比尹略还缺德，萧子响请他入城他不去，让他出示皇帝的诏书又不给，甚至还扣押了萧子响的使者。

人的忍耐都是有限度的，萧子响被逼急了，恼羞成怒，这都是些什么玩意儿！你们不给我活路，那就不要怪爷翻脸了。萧子响带着所能召集到的两千多荆州兵出江陵城，沿着灵溪西进，趁着天黑摸到燕尾洲对岸的大堤上，在岸边架起了四张万钧大弩机。

第二天一早，泪流满面的萧子响下令："不要留一个活口！"荆州兵默默地扣动扳机，愤怒的箭以闪电般的速度冲破了黎明前的宁静，射进官军大营里，胡谐之这伙人没有准备，被乱箭射得鬼哭狼嚎。同时，萧子响的手下王充天带人强行攻城，官军大败。大言不惭的尹略命丧当场，胡谐之等人还算命大，狂呼乱叫着跳到一艘小艇里，拼命向东划去，勉强保住了小命。

尹略等人被射杀的消息激怒了萧赜，这个逆子果然要造反了，这还了得！萧赜再派族叔丹阳尹萧顺之（梁武帝萧衍的父亲）带兵西进。萧顺之临行前，皇太子萧长懋突然找到他，指示他替自己想办法除掉讨人嫌的萧子响。

萧顺之知道萧长懋平时最忌讳萧子响勇武过人，他巴不得有机会拍皇太子的马屁，自然愿意效劳。刚到江陵，正赶上萧子响准备乘小舟赴建康请罪，萧子响听说萧顺之来了，就来找他，想说明之前射杀官军的真情。

萧顺之正愁没机会捉拿萧子响，如今他自己就倒找上门了，自然笑得合不拢嘴，根本不理会萧子响的诉苦，当场拿住他，准备动手。萧子响没想到萧顺之居然这么无耻，气得浑身发抖。

这时的萧子响倒有点英雄气概，他知道自己的末日已经到了，要了纸笔，给父亲写了一封信，陈述事情的原委，讲明这场闹剧都是尹略、茹法亮他们逼出来的。信写得非常哀伤酸楚，他临死前还不忘维护父亲的声誉："臣自取尽，免逆父之谤，即不遂心，今便命尽，临启哽塞，知复何陈！"

萧顺之可不管萧子响心里如何委屈，命随从押着他来到演习堂，用一根绳子送他上了路。萧子响死的时候只有二十二岁。

萧子响的死并没有感动他冰冷如铁的父亲，萧赜根据有关部门的建议，下诏废萧子响为庶人，开除萧氏宗籍，强行给儿子改姓为"蛸"，萧子响身边的人也都连坐，受到惩处。同时，刘寅等八人被追授显爵，这几位生前职务不高，死后却"飞黄腾达"，不是侍中，就是大州刺史，可惜只能到阴曹地府发财去了。

不过俗话说得好，父子没有隔夜仇。萧赜再恨萧子响，说到底血脉亲情相关，打断骨头还连着筋。过了一段时间，萧赜去华林园散心，看到假山上的一只老猿在悲鸣哀号，非常不解，便问随从老猿怎么了，随从叹息道："前天小猿不小心从山上掉下来摔死了，老猿思念小猿，所以悲鸣。"

听了随从的话，萧赜突然悲哀地联想到，老猿丧子都知道悲鸣，儿子死了，自己却无动于衷。不管他有什么罪过，说到底还是自己的亲生骨肉。五十多岁的萧赜再也控制不住情绪，当着众人的面痛哭失声，劝都劝不住。

萧子响已经死了，哭也没有用，萧赜就把怒火发到了茹法亮和萧顺之的头上，都是你们这些小人，害了我儿子的性命。

萧赜大骂茹法亮和萧顺之缺德无耻，茹法亮脸皮厚，挺一下就过去了。倒是萧顺之知道自己罪孽深重，惭惧交加，没几天就病死了。萧顺之生前在官场上混得不太如意，没想到死后十几年，居然做起了"先帝"，他的三儿子萧衍建立梁朝后，追尊父亲为太祖文皇帝。

因为萧子响曾经给萧嶷做过嗣子，有一份父子情谊，看到萧赜思念儿

子，萧嶷想趁热打铁，请求大哥收殓萧子响的遗骸，好歹也是骨肉。萧赜虽然痛惜儿子，却拒绝了萧嶷的请求，贬"蛸子响"为鱼复侯。

萧赜对萧子响的态度前后矛盾，很难用年老糊涂或喜怒无常来解释。萧赜这么做也是大有深意的，他想通过对萧子响的严厉惩罚，警告其他皇子和宗室们，如果谁敢和皇权做对，萧子响就是他们的下场。

对萧赜来说，亲情很重要，但权力更重要。

五 国丧风波

萧子响的死在萧赜的心中留下了浓重的阴影，感情上的伤痛需要时间来平复，他已经是个五十多岁的老人，再也不愿经受这样的伤害。但萧子响已经成为历史，他还活着，还有很长一段人生路要走，所以应该往前看。

永明八年（公元490年），正在萧赜伤心难过的时候，从遥远的平城传来一个不错的消息：骁骑将军刘缵的姘头，拓跋宏的祖母，北魏文明太皇太后冯氏于本年九月十八日去世，时年四十九岁。

冯文明是个风流女人、铁腕太后，她对北魏的重要性不言而喻，孝文帝汉化改革实际上就是在她的主导下进行的。坊间一直传言，冯氏并不是拓跋宏的祖母，而是他的亲生母亲，但宫闱中的事情从来都是不清不楚的，追究起来也没有意义。

萧赜关心的是萧家庄今年又多收了几斗谷子，至于冯文明的死，对他来说更像是一条娱乐新闻。但毕竟事关齐魏关系，好歹也要做好场面上的事情，随后，萧赜派散骑常侍裴昭明等人出使平城吊唁。

裴昭明名气一般，但他的爷爷和爸爸都是中国文学史大名鼎鼎的人物：祖父是为陈寿《三国志》作注的宋中书侍郎裴松之，父亲是为司马迁《史记》作注的宋南中兵参军裴骃，父子皆为"前四史"（"二十四史"中的前四部史书，即《史记》《汉书》《后汉书》《三国志》）作注，为后人所称道。

本来前去吊唁是很正常的一件事，却被裴昭明搞得风生水起。他打着吊唁国丧的旗号入魏，却穿着鲜艳的南朝官服。参加白事不能穿颜色鲜艳的衣服，这是再寻常不过的道理，裴昭明缺乏尊重的举动自然惹怒了拓跋宏。拓跋宏派人找裴昭明理论，没想到裴昭明属鸭子的，嘴特别硬，坚决不同意换丧服。拓跋宏很生气，又没什么办法，尚书李冲推荐著作郎成淹对付嘴硬的裴昭明。

成淹本是刘宋的辅国将军，后来投降北魏，面对南朝的使节却丝毫不客气。成淹严厉指责裴昭明的失礼："连三岁毛头孩子都知道吉凶之礼有别，裴大人也是衣冠士族，知书达理，这个道理难道不懂？"裴昭明这么做自然有他的道理："我太祖高皇帝驾崩，贵朝李彪散骑来使，也是朝服吊丧，礼尚往来，何必动怒。"

在这件事上，确实是北魏亏理在先，齐朝报复在后。但成淹嘴也不软，立刻还击："李彪出使建康，贵朝上下吉服满座。李彪吉服，无人相诘，此贵朝自失，与李彪何与？我主仁孝，太后有丧，衰绖哀居陋室，岂能和你们相提并论？"

成淹蔑视南朝，裴昭明自然不服："对不住成大人，我们来的时候只穿着朝服，没准备白服，除非你们给我们现成做一套，否则我们只能朝服吊丧。"

成淹不想和裴昭明过多纠缠，让人找了几套白服，借给裴昭明等人穿几天。裴昭明也不想搞砸差事，别别扭扭地穿上借来的白服，由成淹领到大殿上，装模作样地吊了回国丧，然后屁股一拍回去交差了。

萧赜应该知道此次裴昭明平城之行发生了什么，半年后，北魏再派李彪出使建康，萧赜有意无意地为李彪大摆宴席、礼乐，以隆重的礼节欢迎远来的客人。李彪是个人精，怎么会踩进萧赜设的陷阱，以国丧未除为由，坚持辞掉了礼乐。

李彪前后六次出使南朝，和萧赜也算是老熟人了，萧赜非常欣赏他的名士气度，经常称赞他。李彪回朝的时候，萧赜问他："卿上次回去的时候，曾借阮步兵（西晋狂人阮籍）诗许朕：'但愿长闲暇，后岁复来游。'不知道这

次卿归去，以后还有无机会再与朕相见？"李彪笑答："请许彪再以阮步兵诗答陛下：'宴衍清都中，一去永矣哉。'"

萧赜听李彪的意思，知道这将是他和李彪有生之年的最后一面，非常感伤。为了表示对李彪的喜爱，萧赜破例亲率文武百官为他送行，在琅琊山下，命南朝群臣赋诗赠他。

不过李彪说话不算话，仅仅过了半年，就再一次以北魏使节的名义来到建康，萧赜差点激动地抱住可爱的李彪亲上几口。李彪是北魏名臣名士，可惜萧赜没能统一天下，不然李彪就能为他效力了。

这场吊唁风波只是一次场面上的事情，萧赜和冯文明也没有私情，没几天这事就翻过去了，他还有更重要的事情要做。这一年，代理益州的刺史刘悛上表朝廷，请求在蒙山（今四川雅安北）南麓的严道铜山开矿掘铜，铸造钱币。

铜是古代经济的支柱，历朝历代都要掘铜造钱，刘悛也不是南齐第一个要求掘铜的人。建元四年（公元482年），奉朝请孔觊奏《铸钱均货议》，从社会稳定的角度提出了铸钱，尤其是铸汉武五铢钱的重要性，这个孔觊和宋明帝刘彧时在会稽叛乱的辅国将军孔觊同名，却不是一个人。萧道成认可了孔觊的建议，下令各州郡购买大量原铜和煤炭，准备铸钱，但因为萧道成中途死了，这事就放了下来。

萧赜做皇帝的这几年，内政外交事务繁多，一直没过问这事。现在内外形势一片大好，刘悛又适时地将掘铜铸钱的事情拎了出来。刘悛和萧赜私交极好，萧赜甚至用"贫贱之交不可忘，糟糠之妻不下堂"来形容他们的交情，亲密关系可见一斑。

萧赜虽然是个大财主，但家大业大，开销多，日子过得紧巴巴的，再者，这世上有谁嫌钱多咬手呢？他觉得刘悛的办法不错，就派专人去严道铜山筑炉铸钱，准备大捞一笔。没想到一段时间后，发现掘铜的开销甚至比得到的铜量还要大，觉得不划算，干脆停掉了严道铸钱计划。赚一块大洋，赔两块大洋，这样的傻事不做也好。

六 兄弟情深

萧赜老了，从他对魏使李彪的恋恋不舍就能看出来。

萧道成十三岁的时候把萧赜带到这个世界上，五十多年了，刀光剑影，血雨腥风，萧赜经历了太多太多。他虽然为人强悍，生性雄猜，但也是个至情至性之人。抛开其社会身份，他和普通百姓一样，也有七情六欲，也会哭会笑。

其实要说雄猜刻薄，萧赜远不如堂弟萧鸾，萧鸾对人非常冷酷，而萧赜多多少少还有些人情味。永明八年（公元490年）十二月，萧赜给尚书省的堂官们加了工资，理由是这些弟兄"职事繁剧，恤俸未优"，所以要"量增赐禄"。多么可爱的一个老头！萧赜虽然也贪恋权力，对那些活泼好动的弟弟们严防死守，但他至少没有举起屠刀，这就非常难得。

有个奇怪的现象，萧道成的儿子，不算后来被萧鸾屠杀的，寿命都比较短。从永明七年（公元489）开始，萧赜的弟弟们排起长队，申请去阴曹地府的车票。第一个是老三临川王萧映，大限三十二岁，前面说过了。永明八年（公元490年）底，老四长沙王萧晃去世，时年三十一岁。永明九年（公元491年）夏，老六安成王萧暠去世，只活了二十四岁。最可惜的是本来前程无量的始兴王萧鉴，也没能顶住阎罗王的招呼，比六哥萧暠早几个去世，年仅二十一岁。虽然这几个弟弟在活着的时候对萧赜不咸不淡，但萧赜还算厚道，都风风光光地把他们送走了。

下一个会是谁？这个问题萧赜一定想过，但他不愿意去做这样的猜测，只能听天由命，每个人都要在冥冥中接受命运的安排。

让萧赜意外的是，下一个代他去问候先帝的居然他最疼爱的二弟，豫章王萧嶷，他无法接受这个残酷的现实，但他必须接受。

萧嶷是南朝头号贤王，刘宋临川康王刘义庆也是公认的贤王，但刘义庆

在政界的影响不如萧嶷，而且刘义庆是宗室旁支，萧嶷则是正脉嫡亲。萧嶷各方面条件都相当优秀，假设当初他夺了萧赜的帝位，我们有理由相信，他完全有能力把南朝带向一个并不比萧赜低的高度。

不过萧嶷人品纯正，对政治没有太大野心，否则萧赜将败得非常难堪。萧赜对这个弟弟实在是没话说了，能有这样的弟弟，是八辈子修来的福气。萧嶷生性宽厚，不仅对兄弟子侄，对手下闲杂职役也从不摆谱抖威风。

有一次，因为府中杂役看管不力，府库失火，烧掉了萧嶷价值三千万钱的货物。萧嶷却没有大开杀戒，仅仅将管事的人打了几十板子，这事就算了。

萧赜刚继位的时候，派萧嶷去兰陵祭祖，路过延陵季子庙（今江苏金坛东北）时，突然有一头疯狂的水牛闯进队伍，差点没把萧嶷顶翻。随从们立刻揪住水牛，准备彻查这是谁家的水牛。

萧嶷不同意这么做，牛犯的错，和主人有什么关系？他真是厚道，让人取来一匹好绢，横着拴在牛角上，让牛回家去了。萧嶷对上温润，对下宽仁，赢得了几乎所有人的尊重。

萧赜与萧嶷二人年龄相当，经历相似，而且性格互补，所以兄弟感情极深。萧赜在感情上对萧嶷非常依赖，闲时经常到弟弟府里串门，并告诉随从："以后再到大司马府上的时候，不要搞什么排场，朕去大司马府，和回自己家一样。"

萧嶷比萧赜小三岁，时当壮年，萧赜一直希望等自己归天后，萧嶷能尽心辅佐太子萧长懋，他相信萧嶷永远都不会背叛他。可他万万没有想到萧嶷会走在自己前面，失去至亲至爱，让萧赜痛彻肺腑。

永明十年（公元492年）四月十五，灯枯油尽的萧嶷在萧赜的痛哭声中撒手西归，时年四十九岁。萧嶷死前告诫儿子们："我死之后，你们要上敬圣天子和诸亲贤，下敦睦手足。做人要低调，懂得谦让，多学习看书，把这份不大的家业传承下去，我死也瞑目了。"

萧嶷共有十六个儿子，其中以撰写《南齐书》的八儿子萧子显最为知名。萧子显在作《南齐书》列传的时候，有一点小小的私心，按规矩萧嶷应该入《高十二王传》，萧子显却给父亲立了专传，文字铺张近万字，紧随《后妃传》和《萧长懋传》之后，地位非常尊崇。

萧子显对父亲的赞美简直到了无以复加的地步，他把父亲比做周武王的千古贤弟周公旦，称"周公以来，则未知所匹也"。如果以萧嶷的标准来定义周公第二的话，其实晋武帝司马炎贤惠的弟弟司马攸也有资格入围。但和萧嶷不同的是，司马攸因为"才望出武帝之右"，所以备受哥哥猜忌，抑郁而终。萧嶷的人生真让人羡慕，生前享尽尊荣，死后还捞了一个周公的名号，虽然这名号是儿子强塞给他的。

萧嶷从萧赜的世界中永远地消失了，萧赜一时还无法适应，经常对着群臣痛哭流涕，悲伤地诉说他对豫章王的思念。萧赜知道弟弟信佛，为了纪念弟弟，特地在原福田寺的旁边建了一座寺院，起名集善寺。

因为一时经济比较紧张，国库拿不出现钱，萧赜就从他的私库里拿出金珠玉饰到市场上去卖，东拼西凑了几百万钱，建起了集善寺。萧赜把萧嶷生前的友人慧绪和尚请来主持，并把原福田寺中的尼姑都安置在集善寺，福田寺留给洋和尚阿梨讲法。

其实萧赜也知道，这么做无非是给自己受伤的心一个安慰，人死是没有知觉的。死者已矣，生者何堪！萧赜悲哀地发现，曾经跟着自己闯荡江湖的那些老朋小友，褚渊、王僧虔、王俭、桓康、李安民、到撝、萧景先等人，都已先于自己离开了人世。

永明九年，尚书令柳世隆无疾寿终，更让萧赜有今不胜昔之痛。柳世隆是当世儒将，自谓"马矟第一，清谈第二，弹琴第三"。柳世隆虽位高望重，却轻易不涉政务，远离是非，他经常在府中垂帘弹琴，风韵清远，时人誉为"柳公双璩，士品第一。"

说到柳世隆，有件非常诡异的事情不得不提。柳世隆的职业是军人，但他还有另外一个职业：算命先生。柳公善卜，喜欢玩龟甲金文。萧赜刚改元永明的时候，时任南兖州刺史的柳世隆在广陵州衙的墙壁上写了"永明十一年"一行字，然后告诉属下："我活不到这一年。"柳世隆死于永明九年，更让人

难以理解的是，他怎么知道萧赜的永明年号只存在十一年？难道仅仅是巧合？

历史总是这样神秘，也正因如此，才充满了无限魅力。

七　白发人送黑发人

萧赜曾对萧嶷说过："你活一天，就要给朕当一天的扬州刺史。"扬州是帝畿近卫，战略意义重大，轻易不授外姓。萧嶷死后，这个位子自然落到竟陵王萧子良的头上，萧子良本就是萧嶷的替补，将来要在萧长懋身边扮演过去萧嶷的角色。

永明十年（公元492年）五月十五，之前已经接替柳世隆作尚书令的萧子良被父亲任命为扬州刺史，萧赜准备让儿子走上前台。

从性格上来说，萧子良简直就是二叔萧嶷的翻版，而且政治品格非常好，即使不是生在帝王家，也能做一个合格的宰辅。萧子良是个虔诚的佛教徒，但他不会因为佛事而耽误政事，在他看来，政治和宗教不是一个概念。只要他认为该说的，不管对方是谁，他都要说，即使是父亲萧赜也不例外。

萧赜是个职业皇帝，他的业余爱好并不多，但有一项体育运动是最喜欢的，就是射雉（野鸡）。

射雉的地方一般都在郊外空旷地带，萧赜让人用树叶蓬草垒了一个草窝，拿着弓箭蹲在草窝后面，然后放出家养的草鸡，勾引野鸡出来。萧赜为了能射中野鸡，小心翼翼地移动草窝，寻找好射击方位一箭中雉，然后便大笑着从草窝后面跳出来，欢呼他的胜利。

一直无法理解萧赜为什么对射雉有这么大的兴趣，他甚至为了射雉杀过人！永明六年，左卫将军邯郸超上书，劝谏萧赜不要只顾着射野鸡，要以国事为重。虽然暂停了射雉，但没多久，萧赜就找借口杀掉了邯郸超，然后继续他的射雉生涯。

刚开始萧赜只是把射雉当成业余爱好，哪知时间一长，这业余爱好就成了他生活的一种常态。为了射雉，萧赜经常不务正业，军国大事都甩在了脑后。更可气的是，他还喜欢在农忙时节到野外射雉，在农田里来回折腾，糟蹋了不少庄稼，民间怨声载道。

对于萧赜的荒唐行为，许多大臣都有意见，萧子良也是一肚子不满，他曾劝过父亲，可萧赜不听。萧子良坐不住了，再次上疏劝谏，不过上一次是从政治的角度劝谏，这次则是从宗教的角度。

萧子良信佛，佛家讲究的是不杀生，萧子良对父亲射雉提出了委婉的批评："君子见小兽，见其生不忍见其死，闻其声，不忍食其肉。何况陛下是万乘之尊，怎么可以学市井小民，以射杀为乐？雉虽禽兽，犹有生命，陛下射杀无辜，恐伤陛下仁爱之本。因为菩萨不杀生，所以寿命无尽。陛下平时礼尊佛法，儿臣非常欣慰，但陛下却贪图一时玩乐，射杀仁禽，岂非自相矛盾？陛下喜欢这个游戏，非无不可，但一则伤生损寿，二则有殆国政，请陛下三思而后行。"

萧子良说得真诚感人，可惜并没有感化射雉射到走火入魔的老爹，萧赜虽然把儿子大大夸奖了一番，但照样时常窜到郊外玩他的射雉运动。也许是萧赜知道自己时日无多，已经没有多少治平天下的动力了，想趁着这把老骨头还能活动，多玩儿几天吧。

这一年，萧赜已经五十三岁，在"人生七十古来稀"的古代，这已经算是高龄。在刀山火海里滚了大半辈子，无非就是想为儿孙多谋几袋稻粮，等他伸腿瞪眼的时候，好让儿孙们有碗现成饭吃。

萧赜虽然不知道自己还能活几年，但他并不担心这一点，因为他的嫡长子萧长懋已经三十六岁，如果他现在就去世，萧长懋立刻就能接班。虽然萧长懋并没有什么过人之处，才具平庸，但萧家王朝已经走上正轨，只要萧长懋不胡来，萧家天下是不会塌的。

只是萧赜万万没有想到，他的大儿子居然会死在他前面。俗话说老年丧子，人间至痛，却偏偏让萧赜碰到了。

齐永明十一年（公元493年）新春刚过，萧长懋就莫名其妙地病倒了，卧

床不起。萧赜听说儿子病了，立刻来看望，他隐隐感觉要出事，愁容满面，希望儿子能吉人多福，哪知道萧长懋最终还是没能挺过去。

正月十五，三十六岁的萧长懋薨于东宫。

萧长懋的突然去世仿佛引爆了一枚炸弹，在齐朝官场引起了非常大的震动，所有人都被震晕了。朝野上下都以为老头子没几天好活了，太子随时都有可能接班，没想到太子居然提前到阴间报到去了。

最伤心的是萧赜，可怜他一把老骨头，听到儿子的噩耗，跌跌撞撞地闯进东宫，抱着儿子冰冷的尸体号啕大哭。可眼泪还没擦干，他就察觉到了异常，太子宫里的服玩制度严重违制，萧长懋这哪里是在做皇太子，分明是在做太上皇。

萧赜最忌讳的就是有人觊觎他的权力，亲儿子也不行。他也不哭了，气呼呼地让有关部门毁掉这些违制的玩意。次子萧子良当时也在身边，萧赜就把怒火烧向他，严厉质问他为何知道老大违制，却不汇报，气死你老爹你们这帮畜生才爽是吧？萧子良被骂得脸红脖子粗，低头不说话。

大儿子已经死了，萧赜骂骂也就过去了，萧长懋再怎么混球，也是自己的亲生骨肉。他死了，大齐帝国的继承人就成了一个最现实的问题，由谁来接班？萧赜必须尽快做决定。

如果按"兄终弟及"的传统，萧赜第二子、同样是嫡出的竟陵王萧子良是最没有争议的储位候选人。但是，比"兄终弟及"惯例更符合传统的是"父死子继"，萧长懋的嫡长子南郡王萧昭业已经二十一岁了，长相帅气，而且写得一手漂亮的书法，萧赜非常疼爱这个孙子。

不过最让萧赜看中的还是长孙的孝心，萧长懋死的时候，萧昭业当着爷爷的面，跪在亡父面前失声痛哭，悲恸欲绝。萧赜非常感动，觉得孙儿真懂事，就有了立皇太孙的意思。可萧赜并不知道，萧昭业哭完老爹后，马上回到后宅嬉皮笑脸地和侍妾打情骂俏去了，小萧同学觉得这比哭他的死鬼老爹有意思多了。

萧昭业有两点过人之处，一是演技出众，二是保密工作做得好，凭借这

两大法宝，把皇爷爷骗得七荤八素，可笑的是，萧赜还把孙子当个宝呢。萧昭业的出色表现让萧赜最终下定决心踢开萧子良，立他为皇储。

永明十一年（公元493年）四月十四，萧赜下诏，立皇长孙萧昭业为皇太孙，仍居东宫，原东宫太子属官人员，改称太孙属官，继续辅佐东宫太孙。

整整九百年后，明懿文太子朱标薨，明太祖朱元璋同样越子立孙，立了皇长孙朱允炆为皇太孙。朱元璋立朱允炆，也是因为朱标死时，朱允炆"居丧毁瘠"，朱元璋感叹："儿诚纯孝，顾不念我乎。"不过朱允炆天生仁和纯孝，萧昭业则纯粹是演戏给爷爷看的。

萧昭业做了皇太孙，他的王妃何婧英自然就成了皇太孙妃，日后大齐帝国的国母。何婧英的父亲是抚军将军何戢，何戢在历史上并不知名，但有两个著名人物和他有割不断的感情纠葛。

何戢的正妻是宋孝武帝刘骏的女儿山阴公主刘楚玉，南朝著名淫妇；何戢的情敌是南齐第一美男子褚渊，刘楚玉的梦中情人。不过何婧英却不是刘楚玉生的，她的生母是何戢的庶妻宋氏。

二十一岁的皇太孙正式站在了历史的前台，而三十六岁的皇太子却静静地躺在了冰冷的石棺里。有些事情，人在生前是无法预知的，萧长懋不是先知，他不会料到自己的人生是这样一个结局。

但是，萧长懋在生前却有一个强烈的预感，仅仅两年后，他的预感就变成了血淋淋的残酷现实。

萧长懋对堂叔、西昌侯萧鸾的印象非常差，可以说是讨厌到了极点，却说不出讨厌的理由。萧长懋曾经私下告诉二弟萧子良："你说奇怪不奇怪，我怎么一见萧鸾就特别反感，这个人太危险了。"萧子良是个心地和善的人，他对堂叔倒没这么大的偏见，只是劝萧长懋，感觉有时并不可靠，萧长懋也没说什么。

历史果然印证了萧长懋那心惊肉跳的预感，萧长懋的四个儿子后来尽数死在萧鸾的刀下！

八 萧赜的最后一战

萧长懋的不祥预感随着他的去世，被永远地带进了坟墓。没有人能预料到未来能发生什么，哪怕是身居帝位的萧赜也一样。他一如既往地信任堂弟萧鸾，让萧鸾进入齐朝的核心决策层，做了左仆射，并领右卫将军。

萧赜还没有从老年丧子的悲痛中走出来，哪有功夫去怀疑萧鸾，以后的事情以后再说吧。儿子死了，他还活着，如果上天眷顾，也许他还能多活个二十年。别说多活二十年了，即使多活十年，也够他做许多事情。

萧赜想做什么事情呢？北伐？对，是北伐！

作为偏安江东的汉人皇帝，萧赜有着非常强烈的文化优越感，他一直无法容忍北方故土被鲜卑人霸占，在南朝皇帝的潜意识里，只有统一中原，这皇位才算坐得名正言顺。

虽然几年来南齐人物凋零，但萧赜相信自己有足够的资本和拓跋宏掰掰腕子。北魏块头太大，一口也吞不掉，对萧赜来说，最现实的目标就是先收复二十年前被鲜卑人偷去的淮北四州。萧赜让军工部门打造了三千辆战车，准备北上攻取中原重镇彭城（今江苏徐州）。

有意思的是，萧赜这边正大造战车，千里之外的平城，北魏皇帝拓跋宏也召集文武百官，商议大举南下，进攻齐朝，"宋王"刘昶也参加了这次会议。

刘昶已经在鲜卑人的胯下奴颜婢膝了二十多年，他忍辱负重，只求鲜卑人能帮他推翻萧家王朝，重新在江东树起大宋的旗帜。

拓跋宏看透了刘昶的心思，为了刺激刘昶为他卖命，故意当着刘昶的面大谈萧道成篡宋弑主的丑事。刘昶果然中招，伏阙大哭："臣故国沦丧，萧贼作逆于天下，人神皆愤。臣请陛下怜江东百姓深陷水火，发天兵诛逆凶，并雪臣不世之耻。"

拓跋宏要的就是这个效果，他表面上装出一副同情的样子，心里却在偷着乐。陪刘昶哭了一通之后，拓跋宏下诏在与齐朝接壤的淮河防区大量筹备粮草，准备拿萧赜开刀。

得知魏军在边境线上的动向后，萧赜也没闲着，调右卫将军崔惠景为豫州刺史，命其前往寿阳指挥调度，防止拓跋宏南下捣乱。同时，大力发动扬州和南徐州的民丁，招募精锐，准备和拓跋宏周旋到底。

为了表示自己北伐的决心，萧赜命画师毛惠秀画《汉武北伐图》，自比汉武大帝。中书郎王融热衷名利，自然不想放过拍皇帝马屁的机会，就《汉武北伐图》大发议论，给萧赜煽风点火，萧赜顿时雄心万丈。

刘昶枕戈待旦，萧赜摩拳擦掌，王融上蹿下跳，谁都想在历史上写下浓墨重彩的一笔。可惜，他们都被拓跋宏给骗了。拓跋宏不想南征吗？当然想，但现在他最想做的事情是迁都！对，迁都洛阳，让先进的汉文化全面融入鲜卑，这是他进行汉化改革最关键一步。

但迁都的涉及面太广，遭到了大多数人的反对，所以拓跋宏就小小地利用了一下萧赜，打算打着南伐齐朝的旗号实现自己的迁都大计。现在他觉得迁都时机还没到，暂时按兵不动，齐魏边境虽然战争气氛浓厚，但毕竟还没打起来。

萧赜并不知道自己被拓跋宏玩弄于股掌之间，还在准备战争。他一直在等拓跋宏动手，然后和无耻的拓跋宏拼个鱼死网破。不过等来的不是魏军大举南下的紧急军情，而是雍州刺史王奂擅杀宁蛮府长史刘兴祖的消息，萧赜异常吃惊。

这场雍州事变的起因是雍州刺史王奂派遣军主朱公恩征伐蛮族，结果兵败，宁蛮府长史刘兴祖（与宋元嘉时青州刺史刘兴祖应该不是同一人）准备将这事上报朝廷，结果惹翻了王奂。

王奂知道，如果讨蛮失利让皇帝知道了，他肯定没好果子吃，加上他和刘兴祖向来不和，情急之下，将刘兴祖逮捕入狱。刘兴祖有的是办法，他在狱中将自己的冤案用针画在漆盘上，通过狱吏传给家里，然后通过关系送到皇帝的案子上。

与刘兴祖的自辩书同时到来的还有王奂的所谓刘兴祖罪状，王奂诽谤刘兴祖"煽动荒蛮"，但萧赜凭自己对二人的了解，觉得王奂栽赃的可能性更大一些。他信不过王奂，因为王奂还有一个最让他忌讳的身份：刘宋的外戚！

王奂的亲姑妈是宋明帝刘彧的皇后王贞凤，而且族弟前宋湘州刺史王蕴曾经跟着沈攸之造反，事败被杀。齐朝刚成立的时候，萧赜就怀疑王奂有异志，要不是王晏叩头死请，愿意以自己的父母做人质，保王奂无二心，王奂根本没机会活下来。

萧赜怀疑王奂在这件事上做了手脚，他需要了解更多的真实情况，就派人去襄阳，让王奂把刘兴祖交出来，由皇帝亲自审问。朝廷使节二月十九到襄阳要人，王奂推托不给，到了二月二十一，朝廷使节终于见到刘兴祖，可惜此时的刘兴祖已经变成了一具冰冷的尸体。

刘兴祖是怎么死的？王奂的回答非常轻松："刘大人一时想不开，找根绳子上吊死了。"

萧赜自然不会相信王奂的鬼话，他早就想除掉王奂，可是一直没有下手的机会，现在机会来了，当然不会错过。他先指示御史中丞孔稚珪上疏，曝王奂之罪，然后开动军事机器，展开对王奂的铲除行动。

萧赜命中书通事舍人吕文显、直阁将军曹道刚率精锐禁军五百人西上襄阳，捕拿逆臣王奂。为了确保一战成功，镇西司马（南史作梁州刺史）曹虎同时从江陵率兵北上襄阳。

朝廷军马很快就杀到了襄阳城下，王奂的女婿、雍州长史殷睿劝岳父不要轻易服软，不如拿下吕文显和曹道刚，好和朝廷讨价还价。王奂也是这个意思，他让"素凶险"的儿子王彪率一千多雍州兵杀出城外，和官军大打出手。这场小规模的战役很快就有了结果：雍州兵大败，王彪狼狈逃回城里。

王奂主政雍州，很不得人心，人多不服。不仅雍州百姓对于王奂公然对抗朝廷的行为表示不满，雍州的官员们也都不想陪着王奂送死，你惹出来的事端，凭什么让我们背黑锅。

雍州司马黄瑶起和宁蛮长史裴叔业联手，出兵直捣雍州衙门，虽然人数不多，但足够对付王奂。黄、裴所部顺风顺水地闯进了后堂，王奂真有本事，听说裴叔业他们来追命了，不慌不忙地来到后堂拜起了佛祖。

王奂刚拜完佛，义军就闯了进来，二话不说揪住王奂及他的儿子王彪、王爽、王弼、女婿殷睿，一刀一个，送上西天请佛祖超度去了。不久，萧赜下令，将留在建康的王奂的两个儿子太孙中庶子王融（与中书郎王融不是一个人）、司徒从事中郎王琛斩于市中。

王融和王琛命中该绝，而王奂另外两个留在京师的儿子王肃和王秉却非常幸运，居然从萧赜的刀口下逃脱，逃到北魏避难。王肃深熟典章制度，他的到来让拓跋宏异常高兴，正愁缺少熟悉汉制的人才，萧赜就给他送来了一个，老萧真是可爱。

王肃侥幸逃生至邺城，见到拓跋宏号啕痛哭，自比诸葛亮的王肃跪在拓跋宏脚下，乞求神武英明的大皇帝出兵为他报仇雪恨。南伐本就是拓跋宏剧本中的一个重要戏份，王肃不来，拓跋宏也要去。虽然所谓南伐不过是掩人耳目，但这场戏总是要演的。

拓跋宏到底出兵了，皇三弟、河南王拓跋干任车骑大将军，总督关右诸军事，以司空穆亮、散骑常侍卢渊、河东公薛胤为副，发鲜卑雄兵七万，准备西出子午谷，到关中地区砸萧赜的场子。

其实拓跋宏心里明镜似的，萧赜既不是刘禅，也不是孙皓，他自己也不是司马炎。与其说出兵讨伐萧赜，不如说是强拉着萧赜配合他演戏。他希望萧赜能够做一片完美的绿叶，小拓跋相信萧赜能做到，也愿意这么做。

让拓跋小朋友没想到的是，萧赜没有机会再给他做绿叶了，他这位萧家老叔的大限已经到了。

九 逝去的永明时代

永明十一年（公元493年）五月，萧赜病倒，卧床不起。

萧赜得了什么病，史无明载，但即使没病，过度的劳累也能把人击倒。周世宗柴荣三十九岁英年早逝，就是生生被累垮的，何况萧赜是个年近六旬的老人。

汉末三国，魏公曹操征乌丸南归，作《步出夏门行·龟虽寿》感慨人生："老骥伏枥，志在千里。烈士暮年，壮心不已！"二百九十多年后，五十四岁的萧赜同样不服老，他要用实际行动来向世人证明他还年轻，还是这万里锦绣河山的主人。

萧赜决定搬到延昌殿小住，他让内侍抬过小轿，自己冠冕堂皇地横卧在乘舆上。毕竟做了十一年的皇帝，气质雄毅刚厉，不怒自威，他对自己充满信心。

当内侍小心翼翼地抬着乘舆上延昌殿的台阶时，萧赜突然一阵头晕眼花，仿佛看到巍峨的延昌殿在左右晃动并发出凄厉的鸣叫，他用力地摇摇头，不肯相信这是真的。

萧赜艰难地来到延昌殿，看样子病情不是很乐观。因为大儿子萧长懋已经不在了，萧赜下诏，让次子萧子良带武士入殿侍奉医药，皇太孙萧昭业不用天天来，每隔一天来看看皇爷爷就行了。

萧子良是个孝子，为了让父亲早日康复，他叫来了一大帮和尚，整日坐在延昌殿前击磬诵经，祈求佛祖保佑大皇帝。萧赜有一次梦到了优昙钵华（即昙花），萧子良可能一时没找到昙花，就按佛祖的指点，让御府打造了四支铜昙花插在父皇御床的四个角上，祈求父皇平安。

皇帝病倒了，官场上立刻惊呼一片，说什么的都有。萧赜一方面为了证明自己还宝刀不老，一方面为了镇镇官场上的邪气，便让皇家乐队进驻延昌殿，在殿上鼓乐齐鸣，舞影翩然。萧赜强忍病痛，正襟危坐，目视着殿外沉沉欲坠的夕阳，面色凝重。他有一个强烈的预感：他的时代要结束了。

是的，萧赜的时代要结束了。

几天后，萧赜的病情突然加重，眼瞅着是挺不过去了。百官早有准备，立刻换上丧服，准备给老头子发丧。但法定的皇位继承人皇太孙萧昭业此时却不在宫里，众人一时没了主意，除了萧昭业，谁都没有资格来主持后事，包括在场的皇次子萧子良。

见皇太孙不在宫里，有人就动起了歹念，居然想易储！这位活宝是谁？除了中书郎王融，还有谁敢做这种事？王融不喜欢萧昭业，和萧子良却私交甚好。

王融胆大包天，和他的狗友、太学生魏准一起，私下以萧赜的口气矫拟了一份诏书，打算废掉萧昭业，改立萧子良为皇太子。没等王融闹事，武陵王萧晔就看出猫腻了，萧晔不希望萧子良出头，还是萧昭业好对付些。

为了拆王融的台，萧晔站在群臣中间尖着嗓子大叫："要是论辈分，我是高皇帝第五子，今上以下就是我。如果要立长，应该立我。如果要立嫡，长子嫡孙，舍皇太孙而谁？"

萧晔这么在殿外大声吵闹，王融气得直转圈，暗骂萧晔吃饱了撑的。正在这个时候，昏迷多时的萧赜突然回光返照，醒了过来。他知道自己时日无多了，为了防止意外，命人立刻将皇太孙召至延昌殿嘱托后事。

在东宫武士的重重保护之下，萧昭业跌跌撞撞地闯进延昌殿，跪在皇爷爷面前放声大哭。萧赜拉着孙儿的手泪流满面，想说什么，却被困倦压得睁不开眼，可他知道这一睡，永远都不会醒来，就拼了最后一口气，爱昵地告诉孙儿："阿奴，如果你还念着皇爷爷，就要好好做皇帝，大齐江山就托付给你了。"

齐永明十一年（公元493年）七月三十，萧赜驾崩，享年五十四岁。

先皇帝诏曰："始终大期，贤圣不免，吾行年六十，亦复何恨？但皇业艰难，万机事重，不能无遗虑耳。"按萧赜的安排，皇次子萧子良做宰相，但真正主事的却是皇弟、西昌侯萧鸾，"内外众事，无大小悉与鸾参怀"。

萧鸾的政治能力远强于柔弱的萧子良，在乱世中，萧鸾的强悍正是不懂

事的萧昭业最需要的。除了萧鸾之外，萧赜对其他重臣也做了安排：右仆射王晏、吏部尚书徐孝嗣主政务，骠骑大将军王敬则、征南大将军陈显达、前将军王广之、后将军张瓌、平北将军王玄邈、左将军沈文季、骁骑将军薛渊等人主军事。

但此时萧鸾也不在宫中，王融见A计划失败，立刻启动B计划，即使萧子良当不了皇帝，也要把实权拿到手。王融让萧子良的嫡系部队守住宫城各门，禁止萧鸾入内。

已经得到皇帝驾崩消息的萧鸾气喘吁吁地来到云龙门外，没想到竟陵王的人马居然不让他进来。萧鸾知道如果今天不进宫，他的政治生涯可能就要完蛋，急火攻心地指着卫士的鼻子大骂："王八蛋，皇帝有诏让我觐见，你敢违诏？反了你！"萧鸾一把推开还没反应过来的武士，闯进延昌殿。

萧鸾看到了已经成为大行皇帝的堂兄，以及正在发呆的皇太孙萧昭业和交头接耳小声议论的百官。到底是官场老油条，萧鸾知道必须立刻确定萧昭业的帝位，不然真让萧子良占了先，到时他可没地方买后悔药去。

萧鸾仗着自己的宰相身份，调动东宫人马，强行将站在阶下正等待什么的萧子良推到殿外。随后喝令文武百官，簇拥着皇太孙萧昭业缓缓升殿，对着萧昭业舞蹈山呼，叩头称臣。新皇帝诏下，改次年（公元494年）为隆昌元年。

这一切，躺在御榻上的萧赜已经毫无知觉，儿孙们的事情，让儿孙们去做吧。是生是死，是福是祸，听天由命。

在位这三十多年来，萧赜吃过人肉，喝过人血，枕着骨头睡过觉。人生的酸甜苦辣百味俱尝，人世间最尊贵的荣华也享受过了，这辈子没什么遗憾了。

萧赜死后，他的孙子也没亏待皇爷爷，得到的谥号是武皇帝，庙号是世祖。虽然在追尊庙号的传统上，"祖有功而宗有德"，到了南北朝时期已经没有前代那么严格，刘骏这样的人物都能被追尊为世祖，萧赜显然比刘骏更有资格。

在历史上能得到世祖庙号的多是著名的皇帝，萧赜之前的有汉光武帝刘秀、魏文帝曹丕、晋武帝司马炎、秦宣昭帝苻坚、后燕成武皇帝慕容垂、北魏太武帝拓跋焘，萧赜之后有的梁元帝萧绎、陈文帝陈蒨、北齐武成帝高湛、"隋世祖明皇帝"杨广、元世祖忽必烈、清世祖福临。除此之外，还有两位差点当上"世祖"的中兴皇帝：唐宪宗李纯、宋高宗赵构。能挤进这个名帝集团，萧赜真的可以知足了。

一般论及南朝承平时代，多语宋文元嘉之治和梁武盛世，实际上即使以元嘉之治的标准，萧赜统治下的永明时代也完全可以称为盛世。宋文帝刘义隆和梁武帝萧衍晚节不保，南朝形势几乎崩溃，但萧赜却始终保持清醒，在和北魏的对抗中丝毫不落下风。

虽然萧赜的缺点也非常明显，雄猜好忌，甚至因为射雉这样的小事记仇杀人。但相对来说，他待人接物还算厚道，政治品格中上。南齐是南北朝最不起眼的一个政权，感觉有些平庸乏味，这也是萧赜知名度不高的重要原因。

萧赜不同于刘义隆和萧衍这样文学家气质浓厚的理想主义者，他是一个现实主义者，也许个人魅力稍微欠缺，但能力绝对不比任何人差。他对权力的控制力非常强，"明罚赏恩，皆由上出，义兼长远，莫不肃然"。权力架构的稳定，是社会长治久安的重要硬件保障，这一点萧赜做得非常出色。

萧赜交给了历史一份合格的答卷，他应该得到更多的掌声。

永明十一年（公元493年）九月十八，嗣皇帝萧昭业将皇祖萧赜的遗柩迁葬景安陵（今江苏省丹阳市建山乡境内），这块陵地是萧赜生前选定的，他要和十二年前去世的发妻裴惠昭安葬在一起。

"生则同衾，死则同穴"，萧赜有幸做到了。

第四章 血腥的亲情

一 初出江湖的萧昭业

说到南朝皇帝，一般分为四个类型：第一类是铁血冷酷型，如刘裕、萧道成、萧赜、陈霸先、陈蒨等；第二类是儒雅书生型，如刘义隆、萧衍、萧纲等；第三类是狂妄自负型，如刘骏、刘彧、萧绎、陈顼等；第四就是疯子混蛋型，这类最出名，有刘子业、刘昱、萧昭业、萧宝卷等。至于像刘准、萧昭文、萧宝融、萧方智、陈伯宗这类的傀儡就不必多说了。

萧昭业很幸运地被划进了疯子混蛋型，其实以他的综合能力，完全可以和族叔祖萧衍一样挤进第二类，但他的人品实在太恶劣了，恶劣到让人哭笑不得。萧昭业也是南朝少有的娱乐型皇帝，跟大明朝的威武大将军、镇国公朱寿有一拼。

用现在流行的话说，萧昭业是标准的帅哥，不仅长得玉树临风，而且写得一手好字，难怪皇爷爷这么喜欢他。

按制度，宗室近亲每五天朝见皇帝一次，但萧昭业却不受这个限制，萧赜经常把他拉到身边，叫着他的小名"法身"，呵护备至。自从皇太子萧长懋死后，萧赜已经内定了萧昭业为皇位继承人，他相信这个宝贝孙子一定不会让他失望。

可惜，萧赜被孙子给骗了！

萧长懋死的时候，这位小王爷跪在灵前号啕痛哭，把皇爷爷感动得鼻涕一把泪一把，最终将他立为皇太孙。演完戏后，萧昭业回到后堂召来平时在一起厮混的二十多个"无赖群小",继续胡吃海喝,嬉笑玩乐。

这二十多个"无赖群小"和萧昭业说不清是个什么关系,他们不仅一起吃饭,还一起睡觉。最牛的是,南郡王妃何婧英竟然也是这个小团伙的成员,这位淫荡的王妃相中了其中几个有姿色的美男,和他们的关系非常暧昧。

这都不算什么,最让人发指的是,萧昭业为了早日当上皇帝,不知道从哪搜罗来一个姓杨的巫婆。他将杨婆安置在密室中,念最恶毒的咒语,祝福爸爸萧长懋早日升天,果然得了手。

萧昭业随后把贼手伸向疼他爱他的皇爷爷,让杨婆天天在密室里装神弄鬼,诅咒皇爷爷早点去见阎王。萧昭业的努力没有白费,皇爷爷得了重病,眼看就要伸腿瞪眼了,他按捺不住心中的狂喜,给还住在西州城的老婆何婧英写封了报喜信。这确实是一封报喜信,信纸中间是一个大大的"喜"字,旁边又写了三十六个小"喜"字。这可能是这对变态小夫妻之间的联络暗号,意思是说老头子快不行了,我们马上就要发达啦。

当然,这些不能让老头子知道,不然爷爷不得吃了他。每次见皇爷爷时,萧昭业无不面容哀戚,泪水横流。萧赜倒看得开,人生自古谁无死?但每当萧赜说到生前身后事的时候,萧昭业都跪在皇爷爷面前痛哭流涕。

萧赜看到孙子这么孝顺,感动得一塌糊涂。他相信仁者必以孝为先,孙儿这么懂事,将来一定能做个好皇帝,于是在病榻上给孙儿传授了权力学的精髓:"乖乖,你记住了,你即位后,前五年什么都不要做,政事都交给宰相们处理。五年后,一定要牢牢控制权力,大事自己拿主意。"萧昭业哭着答应了,萧赜脸上露出欣慰的笑容。

萧赜没有了后顾之忧,放心地去了天国。虽然王融有心拆台,但萧昭业还是有惊无险地登基,做了大齐帝国的第三任皇帝。

新皇帝上任也有三把火,萧昭业的第一把火烧向了他的皇爷爷。萧赜刚驾崩,萧昭业按规矩把皇爷爷的遗体放在棺椁里,还没发丧呢,就丧心病狂地把萧赜生前宠养的歌舞伎都召到宫里,穿上吉服,鼓乐吹笙,好不热闹。

这些歌舞伎虽然地位低贱,但至少还有点良心,大行皇帝刚走,嗣皇帝就在宫里胡闹，都觉得不忍心。但萧昭业的刀架在脖子上，她们不敢不从，只好噙着泪，哭泣着给缺心少肺的萧昭业歌舞。萧昭业一边喝着小酒，一边欣赏歌舞伎曼妙的歌声和绰绰的舞姿，好不自在。

不过，他很快就对这群哭泣的歌舞伎失去了兴趣，又想到一个新的玩法。几天后，他拆掉了萧赜时代建造的招婉殿，让小太监徐龙驹利用原来的材料在原地建了一座马场。马场建好后，萧昭业整日骑着高头大马在马场上狂奔。

这天，不知道什么原因，马儿突然发脾气，把这小疯子给颠了下来，萧昭业摔了一个狗啃屎，脸也摔破了，只好窝在宫中养病。

萧昭业再也不想骑马了，这匹无耻的马疯了，马疯了比人疯了还可怕。所幸他又想到了更有趣的玩法。

他挑了一个良辰吉日，和二十多个"同吃同睡"的朋友一起溜出皇宫，带着鹰、犬若干，熟肉若干，大呼小叫地窜到了父亲世宗文皇帝萧长懋的崇安陵。

在崇安陵的隧洞里，萧昭业张开双臂，贪婪地呼吸着宫外自由的空气。有人把肉扔到外面，让带来的狗和鹰吃。

这里没有外人，萧昭业和他的弟兄们开始在洞里寻欢作乐，丑态百出。他非常喜欢这种无忧无虑的生活方式，丝毫不顾忌这里是埋葬他父亲的地方。

萧昭业到底是个聪明的孩子，玩归玩，本职工作并没有忘记。他知道自己除了是个快乐的玩家之外，还有另外一个更重要的身份：大齐朝的皇帝。

说到皇帝，萧昭业立刻条件反射地想到一个人，愤怒的火焰在他心中熊熊燃烧。他没有忘记，在十几天前，就是这个人差点毁掉了自己的皇帝梦。要不是叔祖萧鸾当机立断扶自己上位，今天坐在上面的不会是他，而是二叔萧子良。

现在暂时动不了萧子良，那就拿这个人开刀，萧昭业要让全世界知道，得罪他的都没有好下场！

萧昭业的这个仇家，名叫王融，时任中书郎。

二 一地鸡毛

这十几天，王融如坐针毡。

眼瞅着自己的A计划和B计划都破产了，讨人嫌的萧昭业在萧鸾的拥护下大摇大摆地登上了权力的最高峰，王融心里一阵悲凉，他知道大势已去，萧昭业是不会放过自己的。

王融还算是个明白人，萧昭业是个什么样的人他非常清楚，一个敢在背地诅咒亲生父亲和祖父的人会放过他这个八竿子打不着的外人么？自己的末日就要到了。

萧昭业做事雷厉风行，即位仅十几天就命人将王融丢到大牢里。随后指使御史中丞孔稚珪曝王融之罪，将王融骂得狗血淋头。

王融将最后一丝希望寄托在太傅、竟陵王萧子良的身上，希望王爷能出手拉他一把。

上次在延昌殿被王融一搅和，萧子良平白得罪了萧昭业。虽然他没有称帝的野心，但萧昭业却对他非常不放心。萧子良不傻，也闻出异味了。现在他是泥菩萨过河，自己能活到哪天都不知道呢，哪还有胆救王融。

其实王融的命运在计划失败的时候就已经注定了，萧昭业也早就惦记上了萧子良，即使他出手救王融，萧昭业也不会给这个面子。随后，王融在狱中被赐死，时年二十七岁。

王融死后，魏准也被人告发，萧昭业派人将浑身哆嗦的魏准请到了中书省喝茶。魏准嘴巴大胆子小，还没等萧昭业盘问呢，就被生生吓死了，死的时候全身发青，估计是苦胆被吓破了。魏准真够可以的，这种胆量也敢混官场，可笑至极！

搞掉了讨人嫌的王融，萧昭业快活地大笑，他需要用强硬的手段来警告世人，得罪他的都不会有好下场，包括二叔萧子良。不过他暂时还没有功夫搭理萧子良，让二叔再多活几天吧。

萧昭业现在最关心的只有两件事情：一是牢牢地控制权力；二是做一个快乐的玩主。关于控制权力，杀掉王融后，他相信不会有人再来给他捣乱了。

把话题扯远一些，说说北边的拓跋宏。正在萧昭业撒欢儿的时候，拓跋宏即将迈出鲜卑帝国汉化改革过程中最关键的一步——迁都洛阳。由于北魏上层反对迁都的势力非常强大，拓跋宏选择了"曲线改革"，打着讨伐伪齐的旗号率三十万大军南下，反对派也不好说什么。

虽然拓跋宏玩的是"瞒天过海"之计，但既然对外宣称南伐，总要弄出点动静来配合。要说拓跋宏的运气真是不错，就在他为没有绿叶配合演出而发愁的时候，有群众演员前来报名了。

关中北地郡（今陕西耀县东）豪民支酉"聚众数千"，在长安城北的石山扯旗造反了！

当然，从南朝的角度来看，支酉不是造反，而是起义。支酉虽然不是汉人，却以南朝为正统。支酉的铺子开张后，立刻向齐朝的梁州刺史阴智伯求援，请求朝廷出兵帮忙。

支酉这边活蹦乱跳，秦州土豪王广瞧着非常眼红，也跟着造反。关于王广的事迹，不同史料之间略有出入，《南齐书·魏虏传》说王广攻破秦州，活捉魏秦州刺史刘藻，可《魏书·刘藻传》却对此事毫无记载，《魏书本传》中根本不见"王广"二字，未知二书孰是孰非。

拓跋宏本来需要的是几个跑龙套的群众演员，没想到这几片绿叶居然都是深藏不露的老戏骨，把一场清汤寡水的过场戏演得风生水起。支酉和王广这么一折腾，整个关中地区震动不已，许多对北魏统治不满的地方土豪纷纷扯旗反魏，各路人马加起来居然有十万之众。

当然这些反魏势力基本上都是各自为战，他们知道自己的实力和鲜卑人没法比，于是全都缩在坞壁内等待齐朝军队的救援。魏军领头的河南王拓跋干刚开始也没把这几只小虾放在眼里，气焰嚣张地扑了过来，结果被"反贼"好一顿暴打，鼻青脸肿地逃了回去。

支酉得势不饶人，随后兵进咸阳附近的北浊谷，与魏司空穆亮的人马明刀明枪地干了一场。穆亮也是北魏重臣，结果却被不入流的支酉给彻底打趴了。

正在支酉清点战利品的时候，齐梁州刺史阴智伯派军主席德仁领着几千齐军北上接应，支酉兴奋地大笑。拓跋宏太小瞧哥们了，想让我们做绿叶，对不住了，我们要做红花！

支酉不满足于打游击了，想建立一个属于自己的王国，他早就对长安流了八尺长的口水，拿下长安，他就是关中王了。

骄傲的支酉开始向长安发动攻击，他相信鲜卑人不是他的对手。也许支酉说的没错，鲜卑人未必是他的对手，但并不代表鲜卑政权中的汉人也不是他的对手。

在进攻长安的路上，支酉遇到了魏安南将军卢渊和平南将军薛胤的人马，他以为这场战役的胜利者还是自己，没有想到这场战役成了他在历史舞台上的最后一次演出。

卢渊和薛胤到底有两把刷子，没用几招就把支酉从"起义将领"刷成了"反叛朝廷的贼"，生擒支酉，王广也一并被捉。数万起义军见大头领栽了，知道戏该收场，纷纷弃械投降。

拓跋宏本打算在关中点一把小火烧向萧昭业，没想到突然起了一股妖风，结果火玩大了，差点烧着自己的屁股。北魏现在的工作重心是迁都和汉化，而且关中羌、氐问题历来是北魏非常棘手的难题，拓跋宏不想给自己添麻烦。

卢渊很体谅皇帝的难处，他是员干臣，知道应该怎么做。于是下令处死支酉和王广，对那些跟着支、王二人起哄的喽啰们，则宽大为怀，尽释不问，关中形势很快就稳定下来。

卢渊就近将支酉、王广二人的人头拎到洛阳，算是给刚完成迁都大计的拓跋宏送上一份厚礼。

"雄才大略，爱奇好士"的拓跋宏正在虔诚地书写着历史，而他的小兄弟萧昭业却对书写历史没什么兴趣，萧昭业感兴趣的是如何才能做一个快乐的玩家。

三 还是一地鸡毛

常言道：钱不是万能的，但没有钱是万万不能的。在任何时候，身上没钱，什么事都做不了。

在齐朝官场上，萧昭业是出了名的小财迷，他花钱大手大脚，再多的钱也能一天糟蹋光。为了让儿子养成节俭的好习惯，萧长懋只得强制性控制他的零花钱。

这点小把戏难不倒聪明的萧昭业，老爹不给钱花，他就派心腹去建康城的富户家中索要保护费。萧昭业是大齐帝国未来的继承人，谁敢得罪，富户们只好自认倒霉，破财消灾。

兜里有了钱，萧昭业开始了他丰富多彩的夜生活。他偷偷配了一把西州城门的钥匙，买来酒肉，带着一帮小喽啰蹑手蹑脚地来到西州后阁喝花酒，彻夜狂欢。

搜刮完建康城的富户，萧昭业又把贼手伸向了当道大员们。即位后，他曾经暗示那些大员放点血给他，没想到冠军将军刘悛是只铁公鸡，没舍得给，只是象征性地拔了两根鸡毛，嬉皮笑脸地拍在了萧昭业的脑门上。

萧昭业大怒，指使御史中丞江淹狠狠参了刘悛一本，然后将他抓进大牢，准备杀头。尚书令萧鸾和刘悛有私交，从中斡旋，勉强说服萧昭业饶了刘悛。刘悛小命是保住了，但从此被萧昭业禁锢终身，不许再做官。

收拾了这帮装傻充愣的，萧昭业的钱袋子立刻鼓了起来。其实也不能怪他贪心，毕竟需要用钱的地方很多，皇帝也有皇帝的难处。他的钱都用在什么地方了？除了日常开销，还要收买手下那帮小兄弟，不然就没人陪他玩了。

萧昭业出手真是大方，赏赐小兄弟们少则几十万钱，多则上百万钱，弟

兄们拿到钱后，无不喜笑颜开，高呼皇帝万岁。他做了萧家庄的大掌柜，却不知道庄子里到底有多少钱，不过这不要紧，足够他糟蹋的就是了。

萧昭业喜欢玩斗鸡，为了能买到英勇无敌的斗鸡，不惜高价在民间求购，一只斗鸡被炒到好几千钱，许多养鸡的都发了财。但是这对萧昭业来说不过是九牛一毛，糟蹋也就糟蹋了，那扑腾乱叫的斗鸡估计也没少替他赢钱。

萧昭业不愧是"糟蹋大王"，逮着什么糟蹋什么，当他发现主衣库里有大量珍宝玉器时，馊主意就来了。有一次，吃饱了撑着没事干，萧昭业带着皇后何婧英和姬妾们浩浩荡荡地来到主衣库。

随着萧昭业的一声令下，这群花枝招展的贵妇人大呼小叫地扑到玉器堆里，对着这些瓶瓶罐罐就是一通拳打脚踢，或者拎起瓶子砸向罐子。这群蝗虫所过之处，瓶瓶罐罐无不粉身碎骨，狼藉满地。萧昭业在旁边快活地大笑，他要的就是这个效果。

据《南史》记载，仅仅几个月的时间，萧昭业就把齐武帝萧赜生前积蓄的近十亿财物挥霍一空："武帝聚钱上库五亿万，斋库亦出三亿万，金银布帛不可称计。即位未期岁，所用已过半。"《南齐书》也有类似记载，不过没有《南史》说得详细。

对于萧昭业挥霍钱财之事，明末大儒王夫之提出了强烈质疑，甚至干脆将有关史料称为"诬史"。他为萧昭业辩解的理由非常充分：萧昭业只当了不到一年的皇帝，他一没有建造宫室，二没有凿雕金莲，最大的开销不过是寻欢作乐、胡乱赏赐下人，怎么就把十亿钱给花光了？隋炀帝杨广花钱够大方吧，在位十三年，东征北巡，开运河，建宫室，穷奢极欲，依然没有吃空国库，萧昭业哪有这个本事？

当然，萧昭业败家的水平虽然没有史书说的那么夸张，但也够狠了。好笑的是，他不仅糟蹋祖上留下来的财宝，连他爸爸的女人也敢糟蹋，什么"人伦大防"在他眼中什么都不是，只要快活就行了。

萧昭业瞧上了萧长懋的宠姬霍氏（《通鉴》说是萧赜的宠姬），不知道用什么手段，把霍氏给勾搭上手了。《南史》说是二人"淫通"，估计是霍氏贪婪富贵，心甘情愿地做了萧昭业的小妍。

萧昭业知道这事不合人伦，也不敢过于张扬，要是传到坊间，就是头号丑闻，他可不想惹这个麻烦，于是想了个办法，把霍氏改姓为徐，二人日夜在宫里通奸作乐。

真为萧长懋可惜，皇帝没当上，却被亲生儿子扣了一顶绿帽子。他若地下有知，非气死不可。还好有人替他报了仇，这位见义勇为的英雄就是他的儿媳妇何婧英。

何婧英是南朝著名淫妇，和其他淫妇不同的是，她的淫荡是有家传渊源的，她的嫡母是南朝头号淫妇——刘宋山阴公主刘楚玉。何婧英是前吏部尚书何戢的宝贝闺女，当初萧长懋是不同意儿子娶她的，理由是何戢家无男丁。尚书令王俭好说歹说，加上庐江何氏高门大第的身份，何婧英这才得以嫁给萧昭业。

史书没有记载何婧英容貌如何，却交代了她精神世界的追求——"禀性淫乱"。其实萧昭业的"内功"应该是不错的，可却无法满足何婧英发达的欲望，她只好自己想办法解决问题了。

何婧英没少给萧昭业戴绿帽子，做南郡王妃的时候就已经有偷情记录，所偷的对象就是萧昭业身边那二十多个"无赖少年"中的美貌者。

后来何婧英对这帮美男起了腻，又瞄上了萧昭业身边的侍书马澄。

马澄貌美如花，而且"内功"了得，深得何婧英宠爱。马澄仗着王妃的面子在外面胡作非为，甚至在光天化日之下调戏民女，被人扭到官府，最后还是萧昭业出面把马澄要了回来。

何婧英喜欢吃新鲜的，马澄很快就失宠了，接替马澄成为头号面首的是一个女巫的儿子，叫杨珉之。杨珉之天生丽质，秀色可餐，何婧英如获至宝，快活极了。

毫无疑问，萧昭业的头上又多了一顶绿帽子。按正常逻辑来说，男人平白无故被老婆扣了一顶大号绿帽子，肯定都会火冒三丈的。

萧昭业火冒三丈了吗？应该有，这是男人正常的反应，即便对此进行报

复，也是再正常不过的事情。萧昭业也不例外，他对老婆和娈头杨珉之进行了强烈的打击报复，报复手段简直空前绝后，绝对是教科书式的经典之战。

萧昭业的报复手段其实非常简单：把杨珉之泡上手。这样反常理的做法不但可以报复何婧英，还能满足他自己的求新欲望，因为他对同性也有生理上的渴求。

杨珉之本就是个篾片朋友，皇帝向他挤眉弄眼，当然心领神会，立刻就和萧昭业鬼混在一起。

萧昭业成天在宫中胡闹，军国大事怎么办，难道都撂挑子不干了？没关系，他早把脏活累活甩给了堂叔祖萧鸾，节省出大把的时间吃喝玩乐。

让萧鸾主事其实是皇爷爷萧赜的意思，萧昭业顺水推舟，萧鸾便成了齐朝的"太上皇"。当然这个"太上皇"只是名义上的，因为萧昭业根本不听他的，什么事都拧着干。

就拿对杨珉之的态度来说吧，萧鸾非常讨厌杨珉之，倒不是因为他吃了皇帝皇后的夫妻档，而是他的出现会打乱自己在官场一统江湖的局面。杨珉之虽然只是一介布衣，但天天在皇帝身边晃悠，跟贴身宰相没两样，萧鸾哪里放心得下。

为了除掉杨珉之，萧鸾说动了左仆射王晏、丹阳尹徐孝嗣、左卫将军王广之，一行人浩浩荡荡地来到宫中，请皇帝诛杀小竖杨珉之。萧昭业哪里舍得，当场驳了几位爷的面子。

消灭政敌讲究的是一招致命，绝不能留下后患。萧鸾紧接着又搬动了卫尉萧谌、临汝县男萧坦之去开导萧昭业，这二人都是萧昭业的心腹近臣，由他们出面效果可能会更好。

在杨珉之的问题上，二萧和萧鸾是一致的，自然愿意跑这趟差事。二萧来到宫里，正好何婧英也在，二萧也不避讳，开门见山，请陛下诛杀小竖杨珉之。

对于杨珉之的态度，萧昭业和何婧英是有所不同的。萧昭业只是把杨珉之当成一个娈童，玩玩就罢了，但何婧英却把杨珉之当心肝宝贝。听到二萧的话，还没等萧昭业说话，何婧英就哭出声来，泪流满面地为杨珉之辩解："杨郎有什么罪过，值得你们如此兴师动众？乱杀无辜，你们于心何忍？"

何婧英的眼泪并没有感化二萧，二萧见纠缠不过何婧英，就从萧昭业这里下手。萧坦之是个聪明人，他趴在萧昭业的耳朵上轻声说道："臣有密启，请皇后暂且回避。"

萧昭业不知道萧坦之整什么幺蛾子，就叫着何婧英的昵称道："阿奴，我们要商讨军国大事，你先回避一下吧。"何婧英虽然有些不情不愿，但还是起身离开了。

何婧英刚出殿门，萧坦之就喷了萧昭业满脸唾沫星子："臣等请诛杀杨珉之，不是和他有什么私怨，只是为了维护陛下的颜面。现在坊间都传开了，说杨珉之光着屁股爬进了皇后的被窝。陛下是天下之主，怎么能受此侮辱？臣等请陛下当机立断，天家尊严岂容小竖践踏！"

话说到这个份上，萧昭业也是没辙了，杨珉之私下里怎么糟蹋何婧英他都无所谓，但这种事传到民间，皇帝的脸面往哪搁，不怕被人耻笑？萧昭业一狠心，下令诛杀杨珉之。

二萧接过手敕，生怕夜长梦多，立刻告辞，通知萧鸾即刻拿下杨珉之，就地处死。这帮人做事真够雷厉风行的，杨珉之人头刚落地，一道要求无条件释放杨珉之的手敕又来了，这肯定是何婧英干的，可惜一切都晚了。

萧鸾趁热打铁，逼着萧昭业处死了小太监徐龙驹，于是他在宫中又少了一个潜在的对手。

杨珉之和徐龙驹事件使敏感的萧昭业突然闻到了一股异味，这股异味是从他的堂叔祖、西昌侯萧鸾身上散发出来的。

萧长懋的预感幽灵般附在了儿子的身上。

第四章　血腥的亲情

四 萧昭业的末日（上）

萧昭业刚即位的时候，和萧鸾的关系虽说不上亲密，但还算和谐，从祖孙二人为了各自的政治利益暂时走到了一起。

从血缘上来说，萧鸾是帝室的旁支，但这并不影响他对最高权力的无限渴望。在永明时代，因为萧赜生性雄悍，萧鸾不敢招惹堂兄，只好夹着尾巴做人。

萧赜倒非常看重堂弟的才能，所以在临死的时候提拔萧鸾做了尚书令，使他成了齐朝名副其实的首辅。在永明朝的官场，萧鸾只是个无足轻重的二线角色，现在终于等来了出人头地的机会。

按江湖上的规则，有了自己的山头，就要拉起一支队伍，萧鸾自然也不例外。他刚做老大没几天，手下弟兄们不算多，却有一个铁杆粉丝，就是后来的梁武帝萧衍。

萧衍当时的职务是给事黄门侍郎，跟在萧鸾身边办差。萧衍职务虽然不高，但本事不小，他成功说服了和萧鸾不太对眼的豫州刺史崔慧景，将准备降魏的老崔生生拽进了萧鸾的阵营。

围在萧鸾身边还有几个官场打手，除了上面提到的王晏、徐孝嗣和王广之，还有中书郎江祏，骁骑将军萧遥光、秘书郎萧遥欣、给事中萧遥昌兄弟三人，冠军司马裴叔业等人。江祏是萧鸾的表弟，萧遥光兄弟是萧鸾的亲侄，这伙人是萧鸾政治集团的核心人物。

至于萧谌和萧坦之，本来都是萧赜留给萧昭业的贴身心腹，萧昭业对他们也没二话。但这二位爷是典型的骑墙派，看官场风声吃饭的，他们一看萧昭业成天到晚胡折腾，觉得他早晚要出事，干脆一狠心甩掉他，投靠了头号权臣萧鸾。

二萧知道自己虽然不是萧鸾的心腹，但萧鸾对他们的倒戈一定会欣喜若狂。因为二萧手握禁军大权，极得萧昭业信任，萧昭业醉酒后在宫里裸奔，二萧都可以不用回避。

萧鸾正愁宫里没有耳目，二萧就倒贴着送上门了，自然兴奋。在江湖上拜了新的大哥，总要有点见面礼的，二萧给萧鸾的见面礼是劝萧鸾发动政变，诛杀萧昭业，自立为帝！

为了帮助萧鸾实现政治抱负，二萧利用在宫中的方便做起了间谍，每天给萧鸾提供各种绝密情报，使他对宫中的事情了如指掌。

不知不觉间，萧鸾实现了对萧昭业的政治包围，就差拔刀砍人了。不过在杀萧昭业之前，萧鸾还必须拿掉围在他身边的几个心腹悍将。否则万一失手，就有可能引火烧身，没把握的买卖萧鸾是不会做的。

这几个人是冠军将军周奉叔、直阁将军曹道刚、中书舍人綦毌珍之、朱隆之、溧阳令王文谦。其中性情凶悍的周奉叔最为萧鸾所忌惮，萧鸾向来和他不太对眼，早就想给他穿小鞋了。

之前萧昭业曾经答应要封周奉叔为千户侯，结果被萧鸾驳了回去，只好改封他为三百户的曲江县男。周奉叔非常愤怒，当着群臣的面指着萧鸾破口大骂，萧鸾表面上装得很大度，好说歹说，终于勉强劝住了周奉叔。在官场上这么闹对谁都没好处，周奉叔也只好忍气吞声。

萧鸾正准备对周奉叔动手的时候，萧昭业突然来了一道诏令，调周奉叔为青州刺史。萧昭业此举实际上是想让周奉叔在外领兵，万一和萧鸾翻脸，外头也有个照应。

萧鸾一眼就看穿了萧昭业的心思，他绝不能放周奉叔到外面兴风作浪，只能提前下手了。周奉叔入宫辞行，还没见到萧昭业就被萧鸾和萧谌嬉皮笑脸地拦下了，说是皇帝有旨，请周将军到中书省说话。

周奉叔刚到中书省，就被一伙壮汉摁倒在地，劈头盖脸就是一顿暴打，直打到咽气。萧鸾和萧谌见得了手，微笑着回宫，诬告周奉叔诋毁朝廷，已经论死。萧昭业气坏了，朕的人也是你们随便杀的？但人已经死了，只好作罢。

干掉周奉叔之后，萧鸾一鼓作气捕拿了中书舍人綦毌珍之和杜文谦，并将二人处死。之前杜文谦曾经劝说綦毌珍之先下手为强，做掉萧鸾，綦毌珍之做事犹豫不决，结果被萧鸾抢了先。

玩宫廷斗争，最忌讳的就是拖泥带水，犹豫不决。一定要瞅准敌人命门，一刀下去，干干净净。错过了机会，等待自己的只能是敌人的无情毁灭。

萧鸾赢得了第一回合，知道萧昭业不会束手就范，现在还不是动手的时候，让小疯子多活几天吧。萧昭业不傻，他何尝不想干掉萧鸾，只是时机未到，等机会下手吧。双方进入僵持阶段，都希望能够把握战机，一战而胜。

萧鸾需要面对的只有萧昭业一个对手，而萧昭业却要面对许多对手，虽然有些"对手"只是存在于他的臆想之中，比如他的几个同宗长辈。不过让萧昭业高兴的是，还没等他有所表示，他的两个潜在对手就自动退出了历史舞台。

隆昌元年（公元494年）四月初七，仅比萧昭业年长六岁的五叔祖武陵王萧晔病故，时年二十八岁。七天后，差点取代萧昭业做皇帝的皇二叔竟陵王萧子良病故，时年三十五岁。

如果不是萧子良当初犹豫不决，现在君临天下的不会是他萧昭业。可萧子良却选择了放弃，即使这样，萧昭业依然对二叔保持高度的警惕。萧子良郁郁寡欢地活在侄子的刀口上，最终没能挺过去，撒手去了极乐世界。

下一个超升的是谁？萧昭业还是萧鸾？

五　萧昭业的末日（下）

自从萧鸾处死了周奉叔，尚书令要废掉小皇帝的消息就在宫里传开了，和萧昭业关系不错的几个尼姑经常将各处打听到的消息带进宫里。

萧昭业早就想对萧鸾下手了，但是考虑到局势尚不明朗，也就不敢贸然行事。他找来了中书令何胤，商量诛杀萧鸾。何胤是官场上出了名的老实人，他虽然是皇后何婧英的从叔，而且深得萧昭业的信任，但这个浑水何胤是无论如何都不敢蹚的。万一押错注，吃饭的家伙就没了，不如保持中立。

何胤苦劝萧昭业不要胡来，至于是怎么劝的，诸史没有记载，可以想见，无非就是"本是同根生，相煎何太急"那一套。萧昭业到底年轻，没什么斗争经验，想想何胤说的不无道理，就决定暂不动手。

虽然如此，萧昭业还是有些不放心，又把萧坦之拽到身边问道："朕听说萧鸾、王晏他们要合伙废掉朕，真有此事？"

萧坦之已经卖身给萧鸾了，自然不会对萧昭业说实话，只是转着圈儿胡扯："陛下睿智圣明，不要听那几个尼姑老太婆胡说八道，谁会没事闲得去废皇帝？萧鸾、王晏都是国之干臣，陛下如果听信谗言除掉他们，以后谁还敢给陛下做事？"

萧昭业平时看上去挺精明的一个人，不知道到关键时刻为什么就忽然糊涂了，经萧坦之这么一劝就没了动静。倒是直阁将军曹道刚想先发制人，对萧鸾下手，可一看萧昭业是这个态度，也就跟着停了手。

其实只要萧昭业下定决心，萧鸾就是有十个脑袋也已经搬家了，他的犹豫就是萧鸾的机会，萧鸾做事狠勇果决，机会来了就绝对没有半点犹豫！

不过萧鸾做事很有条理，知道该先做什么后做什么。他指使萧谌将诸王的典签叫到一起，先给这些"管家"上点眼药，让这些人对诸王严格看管，以免诸王接触外人，节外生枝。因为萧谌是打着萧昭业的旗号行事的，这些人认为萧谌本就是萧昭业的心腹，谁也不愿找事，都点头答应了。

搞定了潜在的安全威胁，萧鸾终于要动手了！

齐隆昌元年七月二十二，萧谌率兵强行入宫，开始了对萧昭业的定点清除。事发突然，萧昭业的人马没有丝毫准备，曹道刚和朱隆之不幸撞到萧谌的刀口，命丧黄泉。宫中宿卫官徐僧亮见有人谋反，立刻拔刀大吼："反贼！老子今天和你们拼了，以报主上大恩！"可惜寡不敌众，没一会儿也去见了阎王。

得到萧谌已经得手的消息，萧鸾立刻带着王晏、徐孝嗣、萧坦之、陈显达、王广之、沈文季等人提本部兵马穿过尚书省，进入云龙门，一行人内穿朝服、外披铠甲，手执佩剑，以防不测。

做这等天大的买卖，要说不紧张也不可能。萧鸾刚入云龙门的时候，因

为紧张，脚上的鞋子就掉了三次。但他已经没有任何退路，必须和萧昭业做个了断，不是萧昭业死，就是萧鸾亡。

这时的萧昭业还在寿昌殿里休息，听到外面有人大呼小叫，仔细一听，居然是萧鸾的人马！他没想到萧鸾会提前下手，心知不妙，立刻写手敕命萧谌前来救驾。萧谌也确实来了，只不过不是来救命，而是来夺命的。

萧谌手中利刃在阳光下显得格外晃眼，萧昭业一下子明白了，萧谌已经把他卖了。他长叹一声，心说如果落在萧鸾手上，不定死得多难看，于是跑回徐姬房中，拔剑准备自刎。

可此时还不到萧昭业下地狱的时候，他刚抹脖子，萧谌就冲了进来，一把打掉他手里的剑。萧谌让人找来帛布，强行围在萧昭业溢血的脖子上，用小轿将其抬出殿外。

在路上，萧谌遇到了萧昭业的卫兵，这些人都是萧谌在宫里的直系部下，萧谌不想让他们掺和进来，于是大声喝道："今日之事与你们无关，不要轻举妄动，否则玉石俱焚！"这些人也不想为即将成为死人的萧昭业殉葬，纷纷默然离去。

在这个过程中，萧昭业头脑依然清醒，却只是一言不发地看着这一切。他没有求生欲望吗？有。但他是个明白人，以现在的局势，他已经没有任何反败为胜的余地了，与其这样，不如死了算了。

萧谌将萧昭业抬到延德殿西边的夹道里，一刀送他上了路。萧昭业二十二年的人生之路就此走到了尽头，他的时代还没有开始就已经结束。

萧昭业死了，他身边那帮男男女女一个都不能活下来，这是萧鸾的意思。接下来要做的就是废掉萧昭业的皇帝名分，不然萧鸾的做法就是弑君犯上，他可担不起这个罪名。

至于以谁的名义来宣布废黜令，除了萧昭业的生母、皇太后王宝明外，怕是没有更合适的人选了。王宝明也够可怜的，儿子被杀了，还要顺从仇人的意思废掉儿子，可为了保命，她也没有别的办法，只能写了废黜令交给萧鸾。

皇太后下令，追废萧昭业为鬱林王（"鬱"通"郁"），以诸王礼将萧昭业的尸体草草下葬。至于淫荡的皇后何婧英，也许是顾忌到庐江何氏的势力，萧鸾只是废她为郁林王妃，之后下落不明。

萧昭业就这样结束了短暂的一生。其实以他的资质，成为第二个刘义隆，创建属于他的隆昌盛世是完全有可能的。只是他没有选择做刘义隆，而是选择了做刘子业，虽然他没有刘子业的变态狠毒，但也足够荒唐。

萧子显对这个堂侄恨铁不成钢，干脆把怒火烧向了大伯萧赜，指责萧赜老眼昏花，错选了萧昭业，结果"为害虽未远，足倾社稷"。

萧子显说的这个"社稷"并不是指齐朝国祚，因为后来萧鸾打的也是齐朝国号，而是指高帝（萧道成）、武帝（萧赜）子孙的命运。萧昭业的死对高武子孙来说只是灾难的开始，萧鸾的屠刀已经在不知不觉中架到了他们的脖子上，一场骨肉残杀不可避免。

萧子显为什么这么仇视萧鸾？原因非常简单，他也是高帝子孙。要不是当时他年龄太小，在那场血腥屠杀中，也一定不能幸免。

六 第一轮屠杀

萧昭业被废之后，天下已经是萧鸾的掌上玩物，但他却没有立刻登基称帝，而是拐弯抹角地拥立了萧昭业的二弟、新安王萧昭文，自己则摇头摆尾地做起了录尚书事、扬州刺史，晋爵宣城郡公。萧昭文即位后改元延兴，这一天是延兴元年（公元494年）七月二十五。

萧鸾这么做从政治上来说是正确的，如果干掉萧昭业后立刻即位，他就洗不掉篡位的罪名。现在将萧昭文拎到前台，那萧鸾就是"伊尹"、"周公"，至少在政治上没留下什么话柄。先让萧昭文做个过渡，然后再"顺应天意"做皇帝，萧鸾这算盘打得贼精明。

至于萧昭文，与其说他是皇帝，不如说是个没有自主能力的提线木偶，什么权力都没有，甚至想吃什么东西也必须先请示萧鸾。有一次他想吃蒸鱼，向太监索要，太监以没有录公（萧鸾）的指示为由拒绝了。萧鸾是不会在乎萧昭文如何可怜的，十五年前萧道成又是如何对付刘准的？一报还一报而已。萧鸾拥立萧昭文还有一层深意，就是想打着萧昭文的旗号对那些不对路的诸王进行打击报复，而且自己不必承担恶名。

萧鸾的屠刀终于落下了，落在了高武子孙的头上，这是当初视萧鸾如同己出的萧道成无论如何都没有想到的。

第一个倒在萧鸾刀下的是萧道成的第七子、鄱阳王萧锵。萧锵是萧道成在世的儿子中年纪最大的一个，和萧赜、萧昭业祖孙俩的感情都非常好，这也正是萧鸾最忌讳他的原因。

其实从某种程度上来说，萧锵还是萧鸾的救命恩人。当初多亏萧锵力保，称赞萧鸾为宗室干才，萧昭业才没动手杀掉萧鸾。萧鸾知道萧锵的分量，于是暂时利用了一下，在辈分上萧鸾是萧锵的堂兄，但在萧锵面前萧鸾却跟孙子一样。

萧锵每次来访，萧鸾都是倒屣出迎，毕恭毕敬地将堂弟从车上扶下来。每当谈到国事家事的时候，萧鸾都是声泪俱下，言辞恳切，感人肺腑。傻头傻脑的萧七爷根本没看出来萧鸾这是在演戏，以为他为人正派，没想到上了大当。

萧鸾是宗室旁支，虽然手控军政大权，但他在宗室内部并不受欢迎。论辈分，萧锵是太祖嫡胤，而且是诸子之长，所以有些人希望萧锵出山做大事。

制局监谢粲曾经劝过萧锵和武帝第八子、随王萧子隆："萧令主事，人所不忍，若二王有意，可乘油壁车进宫，悄悄将皇帝（萧昭文）接到朝堂上，以天子名义讨诛逆臣萧鸾，大事可成。"

随王萧子隆早就想干掉萧鸾——武皇帝的天下凭什么被八竿子打不着的萧鸾给抢了？萧锵做事要比萧子隆稳重，但弱点是优柔寡断，萧锵考虑到萧鸾手上有兵，万一要玩砸了，人头就要落地，一直未能下定决心。

萧锵这边拖泥带水，萧鸾那边就已经通过诸王典签得到了萧锵等人谈话的内容，萧鸾阴冷地一笑，终于可以动手了。

齐延兴元年（公元494年）九月初二，萧鸾的两千多人马黑压压扑向了鄱阳王府，揪住毫无准备的萧锵，就地处死，谢粲也陪着七王爷升了天。当天夜里，萧鸾又把屠刀对准了萧子隆，萧子隆人头落地。

萧锵和萧子隆的被杀，在高武子孙中引起了强烈的震撼和恐惧。武帝七子、晋安王萧子懋此时正坐镇江州，不甘心束手就戮，心腹陆超之和董僧慧都劝他起兵清君侧、诛逆鸾，为萧昭业报仇雪恨，"事成则宗庙获安，不成犹为义鬼。"

其实不仅是高武子孙对萧鸾这个魔头咬牙切齿，就是高、武的嫔妃也都非常痛恨他。高武子孙坐天下，她们还能享受荣华，萧鸾要上了台，她们算干什么的。

萧子懋的母亲阮淑媛在建康给儿子写了一封密信，让儿子出兵灭鸾。可惜阮淑媛做事太不谨慎，居然把这事告诉了同母哥哥于瑶之，让哥哥帮她出主意。于瑶之刚从妹妹那里出来，就立刻去找萧鸾邀功去了。

萧鸾巴不得萧子懋闹事，这样就可以名正言顺地消灭他了。九月初四，萧鸾打着萧昭文的旗号遣中护军王玄邈征讨逆臣萧子懋。王玄邈年近七旬，老眼昏花，本不想掺和宫廷斗争，但胳膊拧不过大腿，只能厚着老脸去干这票招人骂的买卖。

萧鸾对王玄邈这个老家伙没抱什么希望，又调宁朔将军裴叔业和于瑶之一起去偷袭寻阳城。萧子懋得到消息后，派城局参军乐贲守溢城，阻止裴叔业。没想到乐贲是根墙头草，大风一吹就转了向。裴叔业刚到溢城，乐参军就开门投降了。

溢城是寻阳门户，溢城丢了，寻阳大门洞开，萧子懋真急了，亲率本部人马据守寻阳。裴叔业是官场有名的狠角，萧子懋有点怵，这时舅舅于琳之（于瑶之的弟弟）自告奋勇要去劝降，萧子懋觉得这办法不错，就派舅舅去了。

于琳之是去劝裴叔业反水的吗？显然不是。见到裴叔业后，他自告奋勇地要帮朝廷除掉外甥。天上掉下个大馅饼，裴叔业笑得合不拢嘴，调军主徐玄

庆带着四百壮汉跟着于琳之大摇大摆进了城。

于琳之带着二百多好汉操刀闯进了府衙内，将目瞪口呆的萧子懋围了个水泄不通。萧子懋万没想到舅舅居然出卖自己，气得浑身发抖，指着于琳之的鼻子痛骂："无耻小人！我看你怎么对外甥下这个重手！"

被外甥这么一骂，于琳之脸上一阵阵发烧，但在名利的诱惑之下他已顾不得什么亲情了，以袖遮面，命人杀掉外甥。萧子懋惨叫一声倒在血泊之中，时年二十三岁。

这时王玄邈也磨磨蹭蹭到了寻阳，虽然没吃掉大肉饼，但却抓到了首谋董僧慧，准备行刑。董僧慧真是条好汉，他告诉老王头："晋安起事，我是首谋！我食晋安之禄，自当为晋安死。我只希望安葬晋安王后你们再动手。刀山火海，我要皱一下眉头，不算爹生娘养的！"

王玄邈没想到这人如此讲义气，也就答应了，给萧鸾写了封信，力保董僧慧。萧鸾还算有点人情味，没难为董僧慧，只是发配到东冶做苦力。萧子懋九岁的儿子萧昭基并不知道父亲已经死了，这个可怜的孩子写了封绢书，凑了五百钱给东冶牢头，才将绢书递给董僧慧。董僧慧认得这是萧昭基的字体，当场抚绢痛哭，"悲恸而卒"。

萧子懋待人厚道，所以属下也愿意为他而死节，另一个首谋陆超之也义薄云天，于琳之想放他一条生路，被他拒绝了，他的话同样感人："人早晚都要死，有什么好怕的。只是我要逃了，以后谁来照顾九岁的小公子？我不怕死，却怕田横义士耻笑！"

对比一下和萧子懋没有血缘关系的董僧慧、陆超之，再看看和萧子懋有血缘关系的于瑶之、于琳之，做人的差距怎么这么大？司马迁在《报任安书》中有句名言："人固有一死，或重于泰山，或轻于鸿毛。"董陆二人之死，重于泰山。

七　第二轮屠杀

萧锵、萧子隆、萧子懋只是第一批被杀者，萧鸾并没有放下屠刀的计划。

接下来倒下的是武帝第五子、时任南兖州刺史的安陆王萧子敬，替萧鸾操刀的是平西将军王广之，实际动手的则是王广之的狗腿子陈伯之。英勇的陈伯之单枪匹马闯进了广陵城，将时年二十三岁的萧子敬送去了地府。

萧鸾瞄上了萧昭文的三弟、临海王萧昭秀，派打手徐玄庆前去荆州办差，不过因为代理荆州事务的西中郎长史何昌偶的阻挠，徐玄庆没有得手。萧鸾主要心思都放在成年的高武诸子上，就暂时没动萧昭秀，只是改任四岁的永嘉王萧昭粲去做荆州刺史，当然这只是一个虚名，高武子孙依然在萧鸾的严密监控之中。

裴叔业在江州杀掉萧子懋后，萧鸾的第二道指令来了，让他从寻阳顺道赴湘州，诛杀高帝第十五子、南平王萧锐。裴叔业唯萧鸾马首是从，开动杀人机器，三下五除二，萧锐人头落地，时年十九岁。

跟着萧锐升天的还有十八岁的宜都王萧铿和十六岁的晋熙王萧銶，萧铿在高帝诸子中行十六，萧銶排行十八。

萧鸾杀人杀到手软，有点累了，就休息一会。在休整期内，他打着朝廷的旗号给自己晋封王爵，从宣城郡公变成了宣城王。虽然萧鸾掌权属于齐朝内部的权力更迭，但他毕竟是帝室旁支，也要按官场的法定程序走，公爵—王爵—皇帝，马虎不得。

中场休息结束，杀人游戏又开始了。在萧鸾拟定的死亡名单上，出现了桂阳王萧铄（高帝第八子）、衡阳王萧钧（高帝第十一子）、江夏王萧锋（高帝第十二子）、建安王萧子真（武帝第九子）、巴陵王萧子伦（武帝第十三子）的名字。

在南朝二十四个皇帝中，萧鸾是最让人感觉乏味的，就像一座冰山，冰冷得让人无法接近。萧鸾杀人有个习惯，在决定杀诸王之前，都会在深更半夜

里燃香拜天，跪在地上痛哭流涕，嘴里念念有词。他在做什么？在向大伯萧道成和堂兄萧赜谢罪！他知道自己如此冷血疯狂是要遭天谴的，这么做是为了减轻自己的负疚感。身边人一看萧鸾这个架势，就知道他又要开杀戒了。

萧铄不幸成为萧鸾刀下的冤死鬼，萧铄被杀之前，二人曾见过一面。当时萧鸾对萧铄非常热情，留恋不舍，面露惭色，萧铄心里一紧，知道要坏事了。果然，当天夜里萧鸾就派出大批杀手围住桂阳王府，结果了萧铄。

接下来挨刀的是萧锋，萧锋为人强悍，甚至曾写信大骂萧鸾残杀骨肉，萧鸾屁也不敢放一个。但对萧鸾来说，萧锋是必须要死的，只不过费点力气而已。

萧鸾使了一招调虎离山，以朝廷的名义让萧锋去太庙祭祖。在太庙里，萧鸾的狗腿子一哄而上，将萧锋乱刀砍死。太祖高皇帝的儿子们至此只剩下十四岁的河东王萧铉，因为萧铉"年少才弱"，所以萧鸾法外开恩，暂时饶他一命。

再说萧赜这一脉。不知道神武英明的萧赜怎么生下了萧子真这个饭桶脓包，当建安王典签柯令孙奉命来杀他的时候，他吓得躲在床下，被柯令孙硬生生给拽了出来。

萧子真浑身颤抖地跪在柯令孙面前，磕头如捣蒜，求柯爷爷放他一条生路，他愿意放弃王爷身份，做一个下贱的奴隶。柯令孙当然不会答应，大笑着结束了萧子真十九岁的生命。

和萧子真比起来，他的十三弟萧子伦却是深明事理，让人钦佩。中书舍人茹法亮和巴东王典签华伯茂逼萧子伦喝下毒酒，他整了整衣冠，拜受诏书，平静地告诉茹法亮："我就知道早晚会有这一天。茹大人是世祖（萧赜）心腹近臣，我知道今日之事你是迫不得已，我不会怪你的。"

萧子伦的话说到了茹法亮心窝里，茹法亮顿时泪如雨下：十三爷真是明事的人！左右人等也跟着哭，萧子伦在众人的哭声中含笑喝下了毒酒，死的时候只有十六岁。

按常理来说，萧鸾应该斩草除根，一次性解决余下的十一个高武子孙，但他却没有这么做，而是收刀回鞘。其实这些倒霉王爷的性命都捏在他的手心里，杀他们只是一句话的事而已，可现在应该考虑皇位的问题了，毕竟这才是他的最终目标。

自从萧鸾主政以来，朝中大佬们多拜其门下，这帮人势利得很，他们才不管天下由谁来坐，谁能保证他们的饭碗，他们就做谁的狗腿子。在诛杀诸王的过程中，这帮高武的忠臣们没少跟着萧鸾干坏事。

当然，也不是所有人都稀罕这个富贵，侍中谢朏就从来不理萧鸾。谢朏是个精明人——官场险恶，今天作威作福，明天不定就被人当猪给宰了，何苦呢？于是请外放做吴兴（今浙江湖州）太守。萧鸾巴不得这个刺头滚蛋呢，立刻就准了，将谢朏踢到吴兴。

谢朏逃出虎狼窝后，立刻给时任吏部尚书的弟弟谢瀹送去了几壶好酒，随酒附书一封："兄弟多喝酒，少说话，千万别掺和着蹚混水。"

谢瀹不是傻子，二哥的意思他当然明白。萧鸾诛杀萧昭业之时，谢瀹正和客人下棋，手下来报废立之事，谢瀹根本没兴趣过问，继续下他的闲棋。谢家二兄弟真够精明，为了避祸，谢朏甚至公然在郡里贪污国帑，许多人都骂他无耻，老谢根本不在乎。

谢朏不在乎萧鸾，萧鸾同样不在乎他，萧鸾在乎的只有一样东西，那就是至高无上的权力。

萧鸾准备摘果子了。

八 萧鸾的天下

萧昭文被强行拉出来跑了两个多月的龙套，利用价值已经被萧鸾榨干。在萧鸾看来，是时候拿掉这个可怜的木偶了。

齐延兴元年（公元494年）十月初十，皇太后王宝明下令废萧昭文为海陵王，理由是"嗣主冲幼，庶政多昧"，而且萧昭文"早婴户疾，弗克负荷"。

后半句说萧昭文身体孱弱，这可能是真的，但前半句绝对是假话，谁都知道真正的皇帝是站萧昭文背后的萧鸾。

王宝明接着吹捧萧鸾"识冠生民，功高造物……宜入承宝命"。萧鸾的刀早就架在了她脖子上，她只好昧着良心说话。同年十月二十二，萧鸾在满朝文武的山呼万岁声中，以太祖高皇帝第三皇子的身份坐在了权力金字塔的顶端，下诏大赦天下，改元建武元年，这一年他四十二岁。

至于废物一样的萧昭文，萧鸾早就丢到了脑后。一个月后，他突然对外宣称海陵王萧昭文得了重病。出于对侄孙的"关爱"，萧鸾派御医去给萧昭文治病，结果"病重医治无效"，萧昭文撒手人寰，年仅十五岁。

权力斗争就是这么残酷，为了本枝的千秋万代，萧鸾的"父亲"萧道成和大哥萧赜的后代都必须消失，如同萧道成当初屠杀刘宋宗室一样，换了谁都会这样做。

萧鸾共有九个儿子，因为长子萧宝义自幼残疾，不堪承统，就改立次子萧宝卷为皇太子。萧宝卷虽是次子，却是发妻刘惠端生的头胎，而萧宝义是庶出，从立嫡不立长的角度来说，萧宝卷被立为储嗣也没什么问题。

刘惠端早在永明七年就去世了，萧鸾与发妻感情很深，追封其为敬皇后。萧鸾虽然冒充萧道成的儿子，但也没忘亲爹萧道生，追尊为景皇帝、母亲江氏为景皇后。

萧鸾能熬到这一步太不容易，虽然行事太过毒辣，但权力场上向来都是这样，他要是栽在萧昭业手里，照样伸头挨刀。萧鸾人品不怎么样，对权力的控制能力却是非常强的，这一点并不比萧赜差。

萧鸾即位后，做的第一件大事就是省裁典签制度。典签制度是刘宋皇帝为了控制诸王而设立的监控手段，挑选寒人出任诸王典签，在诸王外放州牧时就近监视。

典签职位虽低，但权力极大，是实际上的刺史。州内郡县要办什么事，基本上都走典签的门路，诸王刺史倒成了摆设。虽然萧鸾诛杀诸王时典签们出不了不少力，但他觉得还是有必要控制一下他们的权力。

萧鸾让各州以后有事直接上奏朝廷，不必再通过典签传达，典签的职权大大缩小。到唐朝时，典签虽然还存在，但只是替诸王打点文书，没有实权。到了宋朝，典签制度最终被取消。

萧鸾接着要做的是对权力进行分配，说白了就是赏手下那帮狗腿子几根骨头啃啃。人为财死，鸟为食亡，一毛不拔，谁肯给自己卖命？

政治史说白了其实就是一部用人史，用什么人，怎么用，都是大有讲究的。在分赃的时候，虽然王晏、徐孝嗣、萧谌晋封公爵，萧坦之晋封侯爵，这些人分到的蛋糕最大，但萧鸾真正的心腹是表弟江祏、江祀，亲侄萧遥光、萧遥欣、萧遥昌，小舅子刘暄这些人。

萧鸾称帝后，江祏晋升为卫尉，主掌军器依仗，萧遥光晋升为扬州刺史、萧遥欣晋升为荆州刺史、萧遥昌晋升为豫州刺史，拱卫京师。这些职务都是实实在在的肥缺，尤其是扬州刺史。扬州是江左第一大州，拱卫京师，地位极高，一般人是很难吃到这块肥肉的。

其实扬州刺史本来是萧鸾许给萧谌的，当初萧鸾为了拉拢萧谌，答应除掉萧昭业后让他做扬州刺史。没想到萧鸾说话不算数，把扬州给了萧遥光。萧谌感觉自己被耍了，又羞又恼，私下大骂萧鸾："我帮你把生米煮成了熟饭，你倒要把饭给别人吃，这是什么道理！"

说到底，萧谌和萧鸾只是临时结盟，互相利用而已，根本没什么感情可言。不仅萧谌不服萧鸾，王晏对萧鸾也是横挑鼻子竖挑眼。王晏是尚书令，手上有人事权，就经常在一些重要职务上安插自己的人马，专和萧鸾拧着干。

王晏在官场这么穷折腾，得罪了许多新贵，扬州刺史萧遥光就横竖看他不顺眼，在萧鸾面前说尽了他的坏话。萧鸾也曾从宫中搜出几年前王晏写给武帝萧赜的三百多张奏疏，其中有许多是攻击自己的，因而对王晏非常反感。

但他的态度还是有些犹豫："隆昌之际，晏废立有功，而且现在他没有明显的罪过，找不到合适的借口拿掉他。"萧遥光真会说话："这又如何，当初王晏深受世祖宠信，他又是如何对待萧昭业的？他不能尽忠世祖，又岂能尽忠于陛下？"

萧遥光真够狠的，一句话就捅到了萧鸾的痛处，萧遥光说的没错，万一自己早死，难说王晏不会再次吃里爬外。萧鸾虽然暂时没动他，但已经起了杀心，早晚是要翻脸的。还有萧谌，说什么"见炊饭熟，推以与人"，这话早已通过间谍传到了萧鸾的耳朵里，你们都等着吧。

萧鸾暂时没开杀戒，有两个原因，内因是他刚刚称帝，政权不太稳，需要一段缓冲时间。外因是北魏皇帝拓跋宏起雄兵三十万，大举南下。做事要分轻重缓急，和拓跋宏相比，王晏、萧谌只是癣疥之疾，萧鸾决定好好招待一下拓跋宏。

有朋自远方来，不亦乐乎？萧鸾满脸坏笑，手提一根硕大的棒子，等待着拓跋宏的到来。

关于拓跋宏起兵伐齐的原因，《南齐书•魏虏传》说得非常清楚："宏闻高宗（萧鸾）践阼非正，既新移都，兼欲大示威力。"

拓跋宏当初决定迁都洛阳，遭到了许多鲜卑上层贵族的反对，只好打着伐齐的旗号南下洛阳。完成迁都后，总要兑现诺言，不然这一条理由也站不住脚。于是拓跋宏决定对齐朝采取大规模军事行动，换取贪图土地和人口的鲜卑贵族们的支持。

就在拓跋宏不知道从哪儿下口的时候，突然从天下掉下来一块喷喷香的大肉饼：齐雍州刺史曹虎遣使请降！

拓跋宏得到消息后快活地大笑，萧鸾真是死到临头了。孟子云："得道者多助，失道者寡助。"拓跋宏相信自己就是那个得道者，如果当时有条件配上鼓点，他都能兴奋得当场扭起来。

不过兴奋劲头还没过去，尚书卢渊就迎头泼了一盆凉水："陛下，这是假消息吧？曹虎是萧氏重臣，没听说与萧鸾有什么过节，怎么说降就降？吴国周鲂就以诈降计诱骗曹休，结果魏军死伤万余，陛下还是谨慎些好。"拓跋宏没理他。

齐建武元年（魏太和十八年，公元494年）十二月初一，拓跋宏下诏，行征南将军薛真度率兵趋襄阳，大将军刘昶、平南将军王肃率兵趋义阳，徐州刺史拓跋衍领兵趋钟离，三道并进，大举伐齐。

梁州刺史拓跋英上书请以兵出汉中，牵制齐西线兵力，拓跋宏觉得这办法不错，便让拓跋英带着平南将军刘藻率兵西进关中。至于前锋人选，他挑中了卢渊，没想到卢渊却不想跑这趟苦差，推托自己儒生不知兵不能去，拓跋宏才不管那么多，坏笑着一个大脚将卢渊踢到了前线。

拓跋宏本来还等着曹虎献出雍州呢，这样就可以在齐朝的中部打开战略缺口，可黄花菜都凉了也没见曹虎投降，拓跋宏这才明白被曹虎这老东西给骗了。

拓跋宏心情很沮丧，会议群臣，商量这仗还要不要打。拓跋宏的意思要继续打，大多数朝臣都顺着拓跋宏的竿子往上爬，同意出兵，镇南将军李冲、任城王拓跋澄却坚决反对出兵。双方话不投机，拓跋宏很不高兴，也没兴趣再吵，他决定了，这仗一定要打。

十二月十一，拓跋宏大起雄师从洛阳南下，替天下人向"得位不正"的萧鸾讨一个公道。

按照拓跋宏的军事计划，前锋卢渊本来是要进攻南阳的，但因为卢渊部缺粮，拓跋宏决定改变计划，调城阳王拓跋鸾、荆州刺史韦珍等人会合卢渊主攻赭阳（今河南方城）。另一路薛真度所部穿插进沙堨（今河南南阳南），但遭到南齐守军的强烈反抗。

自从拓跋宏出兵以来，建康城中的萧鸾一秒钟也没闲着，他要让拓跋宏明白，轻视他是要付出惨重代价的。

齐建武二年（公元495年）正月初二，奉萧鸾诏令，江州刺史王广之增援司州刺史萧诞，右卫将军萧坦之增援北徐州刺史萧惠休，尚书右仆射沈文季增援豫州刺史萧遥昌，随后下诏戒严。太尉陈显达率部巡防建康城外，以防不测。

萧鸾仰望天空，西北方向乌云密布，暴风雨就要来了。

第五章 独夫皇帝

一 八公山上的口水战

齐建武二年（公元495）正月二十九，北魏皇帝拓跋宏率鲜卑精锐步骑兵三十万渡过淮河，兵临寿阳（今安徽寿春）城下。

然而到了战场，拓跋宏并没有下令攻城，而是顺道去了寿阳城北郊的八公山——一百多年前苻坚"草木皆兵"的地方。拓跋宏对爬山没什么兴趣他只不过是想占据有利地形，观察寿阳城中的动静而已。

齐国的真实情况在山上是看不出来的，最好揪几个齐人过来问问，拓跋宏派人到寿阳城中捎话，要萧遥昌找个会说话的，到山上陪他唠唠。萧遥昌立刻答应了，选派参军崔庆远上山招呼一下拓跋宏，他想看看拓跋宏是不是吃饱了撑的，没事跑来找骂。

江东真是藏龙卧虎之地，崔庆远虽然名不见经传，但口才极好，他在八公山上和拓跋宏展开了一场精彩至极的论战。

崔庆远微笑着走进了拓跋宏的黑毡行殿，看到了同样微笑着的拓跋宏，崔庆远长揖道："旌盖飘飘，远涉淮泗，风尘惨烈，无乃上劳？"讽刺拓跋宏没事出来瞎转悠。

拓跋宏知道崔庆远不怀好意，回了一句："六龙腾跃，倏忽千里，经途未远，不足为劳。"告诉崔庆远，大魏雄师龙腾虎跃，不过千里之地，两步就跨过来了。

拽完了，崔庆远开始切入正题，他质问拓跋宏："齐魏互为睦邻，北主为什么不请自来，有请柬没有？"拓跋宏依然微笑："朕此次南下，自有朕的理由，不知道崔卿是想听我直言呢，还是听我说客套话？"

崔庆远说道："北主也是个爽快人，有什么话直说，拐弯抹角放空炮有什么意思？"拓跋宏大笑而起："果然爽快！那我就直言了，朕此次南行，只是想问问贵主，为什么连废鬱林、海陵二王，擅行自立？"

崔庆远从容笑道："废昏立明，古之常例，且我主与世祖武皇帝情同手足，世祖临崩，以后事相付，一肩担天下。鬱林昏狂，海陵幼弱，皆不足为人君之望。社稷无主，海内沸腾，宣德太后强令我主即位，群臣三伏固进，黎元哀请，我主顺从人望，有何可怪？"

虽然崔庆远明显在胡说八道，但如果要抠字眼，拓跋宏还真占不到半点便宜，法律程序确实是这么走的。拓跋宏也不是好对付的，又抛出一个重磅炸弹："卿所言似有道理，但朕还有一个疑问，武帝子孙现在都在哪里？"拓跋宏暗指萧鸾大杀萧赜子孙，是个忘恩负义的小人。

崔庆远有备而来，自然有话堵拓跋宏的嘴："七王谋逆，罪同管蔡，已伏天诛，其余诸王或内居清要，或外治大州，皆无恙。"之前萧鸾没有杀尽武帝子孙，现在倒成了崔庆远反击拓跋宏最有力的武器。

拓跋宏却摇摇头："不对吧？朕怎么听说武帝子孙尽数被杀，无一子遗，崔卿明显在说谎。"崔庆远不想再和他纠缠这个敏感话题，还是说正经事吧，于是劝拓跋宏："圣人用兵，见可而进，知难而退。本朝兵强马壮，北主何苦欺我？不如见机收甲，岂非美事？"

拓跋宏真够无聊的，有话不直说，拐弯抹角地胡诌："卿说的有道理，只是朕想知道，卿是希望朕与贵朝和好呢，还是不和好？"崔庆远精得跟猴儿似的，一眼就看穿了拓跋宏这是挖坑让他跳，如果他说希望和好，就等于承认和平是拓跋宏施舍给齐朝的，于是敛容回答："齐魏都是大国，和则睦邻，不和则两败俱伤。不过和与不和我说了不算，这事您拿主意。"拓跋宏搬起石头砸了自己的脚，好不尴尬。

拓跋宏让随从摆下酒宴，端来烤羊肉和果脯，热情款待崔庆远。崔庆远也不客气，张嘴就啃。正当他大快朵颐之际，耳边响起了拓跋宏刺耳的声音："有个问题忘了问崔卿，刚才卿说七王罪同管蔡，齐主自比周公，那贵主为何不立武王之子？周公旦可没废成王自立吧？"说完，拓跋宏仰天大笑。

既然拓跋宏蹬鼻子上脸，那崔庆远也只好奉陪到底了。他打了一个饱嗝，接着敲打拓跋宏："成王贤明，所以周公尽忠辅佐，而今诸王并无成王可造之。前汉霍光执政，不也是舍武帝（刘彻）诸子而立宣帝么？"

拓跋宏不依不饶："那如果霍光要自立为帝呢，后人还能视霍光为汉室忠臣么？"

崔庆远果然是铁嘴铜牙，立刻回敬拓跋宏："霍光是汉朝异姓大臣，我主是宗室正胤。我主当比汉宣，和霍光根本不能相提并论。若按您的逻辑，那当年周武王灭纣，为什么不立殷朝嫡孙微子而自为天子？难道可以说武王也是贪图天下？武王得道顺天，后史谁敢非之。"

这回拓跋宏真的没词了，武王伐纣，历代史家无不俯仰称颂，谁敢有半句不敬？崔庆远嘴皮子功夫了得，再纠缠下去，弄不好会输得很难看，拓跋宏只好尴尬地大笑，掩饰自己的理屈词穷。

拓跋宏真够窝囊的，嘴上没占到半点便宜，还让崔庆远白蹭了一顿饭。崔庆远临回城时，可爱的拓跋宏又送了他一些礼物，回去留个念想吧。

其实攻打寿阳根本不在拓跋宏的军事计划中，他只不过是路过歇歇脚，逗逗闷子，此次出征真正的目标是钟离（今安徽凤阳）。

二　大打出手

齐建武二年（公元495年）二月初九，拓跋宏率军撤离八公山，沿着淮河北岸浩浩荡荡朝正东方向的钟离城开来。从寿阳到钟离只有一百四十多里路，拓跋宏居然走了八天。二月十七，魏军才磨磨蹭蹭到了钟离城下。

这时魏军刘昶、王肃率领的中路军约二十万人已经杀到了义阳（今河南

信阳），对义阳发动了潮水般的进攻，司州形势岌岌可危。在这个危急时刻，负责救援义阳的王广之"畏魏强"，做了缩头乌龟，在义阳城外百余里处迟疑不进。

随队执行救援任务的黄门侍郎萧衍不想失去这个建功立业的机会，于是请王广之给他一队人马，拼了这条性命也要为国纾难。王广之正愁没人出头垫脚，萧衍就站了出来，自然求之不得，立即派萧衍和太子右卫率萧诔等人领兵去救义阳。

萧衍带领精锐齐军趁夜色朦胧之际衔枚疾进，没想到由于过于心急，准备工作不够充分，没多久就迷了路。这时前方隐隐约约有两点火光缓缓前行，萧衍顾不得许多，一路跟着火光，很快就到了义阳城下的贤首山。

魏军眼瞅着就要破城，自然不希望萧衍捣乱，王肃带着十万鲜卑骑兵杀到贤首山下，强行攻山。萧衍非常强硬，打就打，这年头谁怕谁？他骑马临阵，挥剑高喝："有没有不怕死的，跟萧爷一起上阵杀敌！"话音未落就有大批壮士挺身而出，纷纷大呼"愿为国效死"。

萧衍大喜，带领一干弟兄呼啸着冲进了魏军大营，魏军逆着东南风仓促应战。就在两军铁血搏杀的时候，义阳城上的萧诞发现援兵正和魏军厮打，知道有救了，这是他生存下来的唯一机会，是时候反击了。

萧诞派长史王伯瑜率军出城，抄到魏军背后，一边杀人，一边放火。魏军两面受敌，加上风急火烈，终于撑不住了，王肃和刘昶见势不妙，拔脚就溜，魏军惨败，死伤遍野。

自从萧承之死后，萧衍家道中落，一直隐忍低调地在官场上苦苦挣扎，直到贤首山之战才扬眉吐气，他知道，凭借这一战，自己肯定要发达了。最让他兴奋的是，打退魏军后，他从王肃私人巾箱里发现了一封拓跋宏写给王肃等人的信。

拓跋宏在信中说："我听说江东黄门萧衍善用兵，是当世英雄，你们不要轻易和萧衍开战，等朕亲自擒他。只要能生擒萧衍，朕就能夷平江东，一统天下。"能得到拓跋宏如此高的评价，萧衍激动得快疯了，他越来越相信自己是天命授受。果然，七年后萧衍一飞冲天，翱翔于万里云霄之上。

贤首山的惨败并没有影响到拓跋宏游山玩水的好心情，二月二十二，拓跋宏离开钟离，准备去长江边问候萧鸾，一如当年拓跋焘临江问候刘义隆。

不过拓跋宏发热的大脑很快就冷静下来，他知道，齐魏两国实力半斤八两，对于一举消灭萧鸾他没有任何把握，与其搞花架子，不如实实在在捞点实惠。他决定回到钟离，只是派人到长江边大声诵读声讨萧鸾"得位不正"的檄文，替萧昭业、萧昭文讨一个"公道"。

齐朝的长江防线固若金汤，而钟离城中的萧惠休也刀枪不入，魏军围着钟离百般狂攻，非但没捞到什么便宜，反而死伤惨重。拓跋宏不是个轻易言退的人，他不相信三十万鲜卑铁骑奈何不了一座小小的钟离城。

三月初九，拓跋宏把部队拉到钟离东北四十里外的邵阳洲（淮河内小岛），在洲上建造了一座小城，同时在淮河岸边修了两座军事堡垒，并截断淮河水流，企图阻止齐军救援钟离。

让拓跋宏恼火的是，这两座小城刚刚建好，就被无耻的裴叔业给抄了个底朝天，白白便宜了齐军。

魏军出师不利，拓跋宏有些撑不住，他也玩腻了，想撤，但面子上又下不来。相州刺史高闾和尚书令陆睿都是明眼人，知道拓跋宏的心思，立刻窜出来敲锣打鼓，劝拓跋宏与其这样干耗着，不如先经营洛阳新都，积蓄实力，以后再拿萧鸾开刀也不晚。拓跋宏要的就是他们这几句话：看看，不是我想撤，是他们逼我撤的。

其实齐军方面早有人看出了拓跋宏的鬼心思，齐领军长史张欣泰就是这样一个明白人。左卫将军崔慧景还在为魏军在邵阳洲筑城发愁呢，张欣泰就拈须笑道："拓跋宏在邵阳洲筑城，表面上是想与我们长期对抗，实际上是在放迷雾弹迷惑我们，以便见机撤军。鲜卑人的实力明摆着，我们是打不过的，将军不如做个顺水人情，我们也能落个清静。"

崔慧景巴不得早点回京交差，马上派张欣泰出城跟拓跋宏打招呼。面对齐军送来的台阶，拓跋宏毫不客气，嬉皮笑脸地踩着就下来了。

正当拓跋宏准备渡淮河北上的时候，崔慧景却突然改变主意，派大股齐军追杀过来。崔慧景在打什么如意算盘？很简单，活捉拓跋宏，一夜暴富。

拓跋宏已经过了河，只有五个魏军将领还没来得及渡河。捉不到拓跋宏，能逮到这五条大鱼也不错，齐军堵在邵阳洲，准备活捉这几个鲜卑将领。

拓跋宏在北岸气得直跺脚，大骂崔慧景无耻下作。为救南岸将领，拓跋宏下令在军中募集敢死勇士去救人，赏格是直阁将军。

厚重的赏格果然在人群中引起骚动，军主奚康生激动地告诉朋友："今天该我发财，如果能破南人，我一战成名。如果不能，大丈夫为国捐躯，死而无憾！"

奚康生挺身而出，愿意救人，拓跋宏也不多说，让他快点动手。奚康生让部下搬来木柴捆在船筏上，点火后推进河里。这时河上正刮着西北风，火船借着风势疯一般地撞向齐军船队。

江上浓烟滚滚，齐军的叫骂声还没停下来，魏军已经在浓烟的掩护下杀了进来，乱刀齐下，齐军死伤惨重。拓跋宏言而有信，立刻擢升奚康生为直阁将军，他要让弟兄们知道：只要肯替朕卖命，荣华富贵都是你们的。

三　闹剧

眼睁睁看着被困的魏军突围而出，崔慧景在岸上气得直骂。正在他懊恼不已的时候，手下人突然来报，邵阳洲上发现了还没来得及撤离的一万多鲜卑军。

还有这等美事？崔慧景喜笑颜开，送上嘴的肥肉，不吃那是傻子。还没等他张嘴呢，邵阳洲上的魏军就派人过来讨饶，请崔将军手下留情放他们北归，他们愿意奉送良马五百匹。

为了五百匹马放弃吃掉上万鲜卑兵？崔慧景的算盘可不是这么打的。他准备拒绝鲜卑人的求饶，派人切断魏军的归路，好吃顿大餐。还没等老崔下令呢，旁边张欣泰又贼头鼠脑地凑过来说："兵法云，穷寇勿追。这些鲜卑人要是被逼急了，不定怎么咬我们呢。何况他们只是落魄残军，我们赢了也是胜之不武，万一要输给他们，可就颜面扫地了。"

崔慧景觉得老张说的在理，与人方便，与己方便，能白捞五百匹马也不错了，这年头赚点外快容易么？崔慧景同意了魏军的请求，齐军奉命闪开一条生路，这支落魄的魏军仓皇逃离邵阳洲北归。

拓跋宏这次所谓的南征就这样稀里糊涂地结束了，其实出发之前他就知道，此行不太可能从萧鸾那里占到什么便宜。不过他并没有直接回到洛阳，而是去山东祭拜了孔老夫子——四处走走，换换心情也是好的。

拓跋宏夹着尾巴溜了，建康城中的萧鸾长长出了一口气，对于这场战争，他也没有十足的把握，万一拓跋宏杀进建康，那火就玩大了。

这次打退拓跋宏，多亏了崔慧景和张欣泰，萧鸾决定重赏这二位抗魏英雄。

此次实际负责救援钟离的是右卫将军萧坦之，结果却让崔慧景和张欣泰大出风头，萧坦之心里别提多别扭了。你们想升官发财？门都没有！憋了一肚子气的萧坦之回到建康就把崔张二人私放邵阳洲万余魏军的事情捅了出来。

萧鸾一听鼻子都气歪了：这两个混蛋，吃朕的喝朕的，背后还敢放朕的鸽子，不罚你们已经不错了，赏赐？门儿都没有！其他抗魏有功将领均有封赏，只有崔慧景和张欣泰半文钱也没捞到，还被萧鸾狠狠臭骂了一顿。崔慧景气得吐了张欣泰一脸口水：狗头军师，尽出馊主意！

三月十五，萧鸾下诏解除戒严，建康城中依然盛世太平，纸醉金迷。

拓跋宏虽然滚蛋了，但这只是魏军东线军事计划的失败，魏军的西线军事计划并没有停止，魏梁州刺史拓跋英、平南将军刘藻继续向汉中挺进。

魏朝的梁州刺史拓跋英大举进攻，齐朝的梁州刺史萧懿也不含糊，抄家伙上阵。萧懿在历史上不太知名，但他的三弟却大名鼎鼎：梁武帝萧衍。齐朝的梁州不是专设，而是和秦州同时并称的，萧懿的职务严格上说是梁、秦二州刺史。

萧懿闻警，立刻派部将尹绍祖、梁季群率二万精兵在沮水边分五军下营，傍山为寨，居高临下，互为犄角，阻止魏军南下。萧懿想法是好的，但弱点非常明显。孙子曰："并敌一向，千里杀将。"魏军本就强悍，齐军却将有限兵力分散，这就给了拓跋英可乘之机。

拓跋英是个聪明人，他也发现了这一点，尹绍祖和梁季群都是无名小将，威望不高，只要攻下齐军一营，其他四营不战自溃。魏军精锐衔短刃从三面攀山而上，偷袭其中一营，其余四营果然大乱，被魏军狠狠宰了一票。齐军阵亡三千余人，梁季群被俘。

击破齐军五营之后，魏军浩浩荡荡地朝汉中城杀来，齐白马成将看到魏军这架势，吓得连夜逃窜。汉中已经无险可守，萧懿不服气，又派部将姜修出马。刚开始的时候姜修还能和魏军打个平手，慢慢就撑不住了，被拓跋英强势反击，姜修所部全军覆没。

魏军顺利包围汉中，汉中是齐朝西北重镇，一旦失守，两川将直接暴露在鲜卑人强大的攻击力之下，后果不堪设想。汉中城里气氛极为紧张，最要命的是，城中已经没有粮食了。萧懿心里发毛，他可承担不起这个责任。

现在最重要的是稳定军心，军心一散，什么都完了。还是录事参军庾域有主意，他派心腹人将早就吃空的粮库打上封条，强作镇定地告诉众将士："看到没有，这里都是我们的储备粮，够我们吃两年的，怕什么鲜卑小虏！"这招果然灵验，齐军士气大振。

其实庾域这么做也是非常冒险的，万一魏军真围上个一年半载，城中有粮的谎言就会不攻自破，齐军根本撑不了多长时间。就在这个危急关头，萧懿突然发现魏军开始后撤，仔细打听，原来是魏主拓跋宏下诏撤军。

这次西线撤军是魏留守洛阳的左仆射李冲提出来的，李冲一直反对拓跋宏对齐用兵，他写了道奏疏给拓跋宏，劝小主子不要再穷折腾了，见好就收吧。拓跋宏考虑了一下，觉得李冲说的也有道理，齐朝根本就是个无底洞，投再大的本钱也只能打水漂，就同意了。

皇帝说撤，那就撤吧，拓跋英也玩够了。他做事很谨慎，为防万一，他让老弱残兵先撤，自己率精锐铁甲压阵殿后。临走前，拓跋英派人给萧懿捎话，我要回家了，您就不要送了，老实呆着吧。

萧懿怀疑拓跋英在玩诱敌计，没敢轻举妄动，直到第二天他才发现拓跋英真的撤了。困了我三个月，说跑就跑了？萧懿哪里咽得下这口恶气，立刻派人去追，至少也要从拓跋英身上揪几根鸡毛下来。

拓跋英对此早有准备，等到齐军追来的时候，拓跋英亲率敢死士和齐军玩命，魏军素称悍勇，齐军没占到什么便宜，干脆撤回去了。魏军在归途又遇上氐兵的骚扰，拓跋英又改打头阵，一路披荆斩棘，历尽千辛万苦才回到关中。

拓跋英撤军的同时，在雍州、司州作战的拓跋鸾、薛真度等也遭到了齐军的迎头痛击，屡战屡败，最后被齐军强行礼送出境，灰头土脸地逃回去了。

这场混乱的齐魏大战渐渐拉下了帷幕，作为两大主演，拓跋宏和萧鸾却一直没闲着。拓跋宏继续他的汉化改革大业，和朝中那帮反对汉化的老顽固周旋。萧鸾在做什么？他又要大开杀戒了。

四 权力的魔杖

对萧鸾来说，拓跋宏并不会造成实质性的威胁，以齐朝的综合国力，拓跋宏只有望江兴叹的份，不足为虑。真正让他寝食难安的是身边的那几颗定时炸弹，比如萧谌。

早在萧鸾即位之初，因为萧谌那句"见炊饭熟，推以与人"就让萧鸾有了除掉他的心思。只是随后拓跋宏吃饱了撑的来砸场子，而司州刺史萧诞和增援司州的太子右卫率萧诔是萧谌的亲兄弟，这时要对萧谌下手，势必逼反萧诞兄弟，所以一直隐忍不发。

萧鸾做事果决，不拖泥带水，魏军前脚刚撤，他紧接着就动手了。齐建武二年六月二十五，萧鸾在华林园设宴，邀请王晏、萧谌等人吃酒叙旧，这顿饭吃得非常开心。等到傍晚，王晏先告辞了，萧谌被萧鸾多留了一会儿，天黑时才离开。

刚走到华林阁，萧谌就被一群武士拿下，推搡到尚书省。随后萧鸾的心腹莫智明带诏前来谴责萧谌："当初郁林昏政，如果不是卿等，朕也做不上皇帝，朕知恩图报，卿兄弟三人位尽人臣。没想到卿却得寸进尺，干预朝政，还胡说什么'见炊饭熟，推以与人'。是可忍，孰不可忍！今赐卿死，黄泉路上多保重吧。"

萧谌知道这一天早晚要来，只是面带微笑说道："当初我与今上杀高武诸王，罪孽深重，自知会有今日，没什么了不起的。"莫智明不想多说废话，命人将萧谌处死。随后萧鸾又杀掉了太子卫右率萧诔，同时任命心腹萧衍为司州别驾，前往义阳诛杀萧诞。

招萧鸾嫉恨的不只是萧谌兄弟，还有堂兄萧赜的几个儿子。在萧鸾看来，他们的存在就是对自己的威胁，干脆并案处理吧。在杀萧谌的同一天，萧鸾以伙同萧谌谋反的罪名诛杀了武帝第十子西阳王萧子明（十七岁）、第十一南海王萧子罕（十七岁）、第十四子邵陵王萧子贞（十五岁）。

自萧鸾掌权以来，萧赜的十六个儿子已经被他杀掉了九个，还有七个未成年的，另加萧长懋的两个儿子。萧鸾觉得这些可怜的从侄孙们暂时不会对自己产生什么威胁，于是决定收刀，以后再找机会下手。

也不能完全怪萧鸾狠毒，人性本就如此，在南北朝时期，新朝推翻旧朝，都会对旧朝宗室大肆屠杀，斩草除根。当年萧道成屠杀刘宋宗室何其狠毒！萧鸾只不过照葫芦画瓢而已。

衡量一个帝王是优是劣，不能用道德来评价，这样是得不出客观结论的。历史上那些有作为的帝王都没少杀人，刘裕诛南燕王公三千人，永乐攻破应天，诛十族瓜蔓抄，李世民杀兄屠弟并侄子十人……他们非常珍惜自己千辛万苦打下来的江山，杀戮大多针对敌对势力，萧鸾也是这样。不管他的江山是怎么来的，但只要到了手里，他就有责任将江山平安地传给下一代。

皇权具有强烈的排他性，明太祖朱元璋大杀功臣，太子朱标苦苦劝谏，

-150-

朱元璋取来一根长满棘刺的棍子丢在地上，让朱标用手去拿。朱标怕疼不敢拿，父亲趁机教育儿子："你也知道怕疼？现在我替你杀掉那些碍事的，将来你就可以坐享天下，这你都不明白吗？"

不管是谁，也不管曾经立过多大的功劳，只要威胁到皇权，其存在就是错误的。权力场上是最不讲感情的，讲感情也可以，比如苻坚，可有哪个帝王愿意做苻坚第二？萧鸾自然懂得这个道理。

萧谌三兄弟被杀之后，萧鸾下一个清除的目标是尚书令王晏。

就职务来说，王晏的威胁显然比萧谌更大，如果不是萧谌心存异念，萧鸾也不会对他下手，萧坦之不就深得萧鸾信任么？因为内外事务繁多，萧鸾暂时腾不出手来对付王晏，只是派心腹陈世范等人侦察王晏的动向。

王晏也真是愚昧至极，局势都发展到了这一步，还跟没事人似的到处捞钱。最让人喷饭的是，他不知从哪找来一个算命的，这位算命先生见来了主顾，自然尽拣好听的说，什么君相大贵，前程不可限量云云，听得王晏飘了起来。

萧鸾的心思其实许多人都看出来了，王晏的堂弟御史中丞王思远就经常劝王晏："哥哥你疯了？难道看不出来上边对你已经起了杀心？不要再做那些乌七八糟的蠢事了，想办法自保才是上策。"王晏不但不听，还嘲讽堂弟胆小怕事。

王晏的表弟处士阮孝绪也是明白人，"眼看他起朱楼，眼看他宴宾客，眼看他楼塌了"。王晏的下场在他背叛武皇帝的时候就已经注定，阮孝绪可不想为表哥殉葬，所以每次王晏来访，他都推诿不见。

有一次阮孝绪在家里吃到一种味道鲜美的酱，一打听是王晏送来的，立刻将嘴里的酱吐在地上，还把剩下的都丢掉。他这么做是想和王晏撇清关系，以免日后萧鸾跟王晏算总账的时候牵连到自己。

王晏还在做黄粱大梦呢，萧鸾的狗腿子陈世范就挖到了重大线索，他向主子曝料："王晏阴谋在陛下南郊祭祀时，和武帝旧臣在祭坛道中行逆。"

萧鸾不知道这个消息是否准确，正在犹豫之际，突然有人来报，说有一

只老虎闯进了南郊祭坛。萧鸾很迷信，立刻联想到这是上天在向他示警，再加上王晏不住地劝他去郊祭，不禁更加起疑，终于决定对王晏下手。

齐建武四年（公元497年）正月二十八，萧鸾将王晏召到华林省，以企图奉河东王萧铉谋逆的罪名治了死罪，王晏连喊冤的机会都没有就被一刀送上了路。这就是萧鸾的做事风格，快刀乱麻，一刀了断。

王晏死了，他的两个儿子王德元、王德和，好友北中郎司马萧毅、台军队主刘明达都跟着他上了路。至于他的弟弟广州刺史王诩，萧鸾也没打算放过，派南中郎司马萧季敞去广州捕杀了他，萧季敞继任为广州刺史。

萧鸾杀人还有一个好处，他只杀政敌，不杀无关的人，只要不窥视皇权，他不会没来由和谁过不去。他知道王思远和阮孝绪有意和王晏撇清关系，也就没难为他们。

萧鸾也许已经把拓跋宏给忘了，但拓跋宏却一直没有忘记萧鸾。上次的溃败让拓跋宏非常窝火，这位性格活泼的皇帝根本闲不住，他又把贼手伸向了萧鸾……

五 乱七八糟的战争

严格意义上来说，我们应该称拓跋宏为元宏，魏太和二十年（齐建武三年，公元496年）初，他已下诏改拓跋姓为元姓。元宏进行汉化改革的信念坚定不可动摇，他顶住了强大的政治压力，在北魏境内力行汉化。

元宏这次起兵的原因是为了报之前薛真度所部在南阳遭到南齐军沉重打击之仇，实际上他还想以南阳做突破口，在齐朝的腰部敲进一颗大头钉子，方便自己日后慢慢蚕食江东。

魏太和二十一年（公元497年）五月初七，元宏从冀州、定州、瀛州、相州、济州征调二十万强兵壮马，准备找萧鸾寻仇。

此后的近三个月时间里，元宏一直在处理乱七八糟的家事，他也不容易，七大姑八大姨的事情都要有个妥当的安排。

八月初一，元宏下诏全国进入戒严状态。

八月十九，元宏会集精甲，在华林园讲武，无非就是说些鼓舞士气的话。

八月二十，元宏留任城王元澄居守洛阳，御史中丞李彪、尚书仆射李冲辅政。元宏亲率三十六路魏军，号称百万铁甲，浩浩荡荡朝南阳杀来。

元宏起兵的同时，从西边传来一个糟糕的消息：他任命的南梁州刺史杨灵珍突然叛变，袭击魏氏帅杨集始，杨灵珍知道得罪了元宏没好果子吃，立刻向萧鸾称臣求援，元宏派河南尹李崇率兵前去收拾杨灵珍。

九月十七，魏军路过赭阳（今河南方城），留部分人马攻城，元宏率主力部队继续南下。

九月十九，魏军闪电奔袭到南阳城外，元宏并没有安营休整，而是下令直接攻城。

魏军的战斗力确实非常强，一战就攻下南阳外城，齐南阳太守房伯玉只能死守内城，好在房伯玉守城有方，魏军被拒之城外。上次将薛真度打得灰头土脸的就是房伯玉，元宏岂能饶了他。

元宏可能是对自己的嘴皮子功夫过于自信，想不战而屈人之兵，一雪上次被崔庆远奚落的耻辱。他派中书舍人公孙延景到城下喊话，自己则打着黄罗伞坐在城外一里处的空地上，估计是怕房伯玉用冷箭射他。

公孙延景来到城下，以元宏的口气谴责房伯玉犯下的累累罪行："卿有三罪可诛！其一，贵朝武帝（萧赜）待你不薄，萧鸾冒充高帝第三子入继大统，屠杀高武子孙，你不但不舍命相救，反而厚颜无耻地做萧鸾的走狗；其二，上次你打败我的大将薛真度，我军死伤惨重；其三，朕御驾亲临，你居然不泥首面缚归降天朝，你讲不讲道理啊？"

看来元宏的搞笑本事还是不减当年，除了第一条勉强说得过去，后两条简直让人喷饭。他去骚扰别人，别人自卫，他居然还要告别人行凶打人，这是典型的强盗逻辑。

元宏随后派公孙延景给房伯玉指了一条明路："朕久欲荡平四海，这次南下，不克南阳绝不北归。最多一年，最快一月，朕就能拿下你。如果房将军识时务早点投降，朕给你加官晋爵。如果执迷不悟，朕破城之后就砍下你的狗头。生死两路，房将军好好考虑吧。"

房伯玉也是个搞笑的人物，听明白公孙延景的意思后，派军副乐稚柔出城答谢。乐稚柔首先代表齐军对魏军大举攻城表示了热烈欢迎，并预祝魏军顺利拿下南阳。

礼貌性问候后，乐稚柔切入正题，替房伯玉回答元宏："小人不过是个江东匹夫，这次能和尊贵的陛下大打出手，实在是无上荣幸。小人深受世祖武皇帝信任，岂敢忘恩负义。只是鬱林、海陵二王昏暴无德，不能主天下。本朝主人是太祖高皇帝第三子，继承大统，名正言顺，这也是武皇帝的遗意。上次陛下派薛真度骚扰小人，这笔账还没算呢。小人是齐臣，守土有责，您为什么不从小人的角度考虑问题呢。"除了萧鸾篡位是房伯玉在胡说八道，其他都是至情至理，元宏也拿房伯玉没办法。

房伯玉也是个狠人，别看他说话温柔，下手狠着呢。他发现南阳城东南有座建在淯水河边的寺庙，寺边有一座小桥，元宏经常骑马从桥边经过，于是悄悄派几个敢死士，身穿虎皮衣，头戴虎头帽，趴在桥下伺机行刺。

有一回元宏从桥边路过，那几个敢死士大叫着冲上来，准备擒贼先擒王。元宏没想到这里居然有埋伏，吓得魂飞魄散，幸亏身边有个叫原灵度的神射手护驾，几箭射死了齐军敢死士，元宏这才得以脱身，狼狈逃回大营。

直到此时，元宏才发现房伯玉是块不好啃的硬骨头，看样子南阳一时半会儿是拿不下来了，不过元宏是聪明人，有的是好办法。九月二十三，元宏留下咸阳王元禧继续围攻房伯玉，自己则亲率主力南下新野，他不相信齐新野太守刘思忌比房伯玉还难对付。两天后，元宏来到新野城下，这回他可长记性了，先休整几天再打。十月初三，魏军开始攻城，结果还是让元宏非常失望，小小的新野城固若金汤，根本攻不进去。拿下不新野，元宏就派人去吓唬刘思忌："大魏雄师已拿下南阳，房伯玉投降了，刘将军为何执迷不悟，与王师抗衡，难道不怕被砍下狗头么？"

刘思忌也是个硬头钉子，根本不吃这一套，派人出城喷了魏使一脸唾沫："您老就省省吧，哄小孩子呢？新野城非不高，粮非不多，兵非不精也，有本事就打，少说废话。"元宏气得直翻白眼。

翻白眼的还不止是元宏，建康城中的萧鸾同样在翻白眼，元宏三天两头跑来捣乱，太不把人放眼里了，真是越想越恼火。事不宜迟，救城要紧，萧鸾立刻派人去钟离，命令北徐州刺史裴叔业去救雍州。

裴叔业是出了名的官场滑头，去和兵强马壮的元宏拼命？他才没那么傻呢。不过皇帝的命令也不好违背，这位裴爷真是精明到家了，他建议趁魏军主力集中西线之机，进攻魏军相对薄弱的东线，自然就能解雍州之围。

萧鸾觉得这办法不错，就让裴叔业北上虹城（今安徽泗县境内一座小城）"围魏救赵"。裴叔业果然能征善战，在虹城威风八面，顺手掠走了四千多北魏百姓，回去请功去了。

尽管如此，形势对齐朝还是越来越不利。雍州绝不能落到元宏手里，否则后果不堪设想。十月二十，萧鸾下诏，以太子中庶子萧衍、右军司马张稷为第一波救援队紧急前往雍州执行救援任务。

难怪裴叔业不敢和魏军主力交手呢，元宏手下的这支部队真是够分量，齐军连战连败。最骇人听闻的是，十一月十一，齐前军将军韩秀方等十五员将领集体向魏军投降，大挫齐军士气。

面对如此危局，齐雍州刺史曹虎成了软蛋，他不敢和元宏正面交锋，窝在襄阳城内大气不敢出。加上他和房伯玉有私仇，巴不得元宏帮忙收拾房伯玉呢，表面上是领兵去救南阳，实则窝在樊城逗留不进，就等着看房伯玉的笑话。

萧鸾对曹虎已经不抱什么希望，这老家伙成事不足，败事有余。十二月二十五，再派度支尚书崔慧景以代天子出征的名义率两万精锐紧急赶往襄阳，雍州刺史曹虎也要受崔慧景调度。

六 萧鸾疯了

两年前的那次南征，活蹦乱跳的元宏被弄得灰头土脸，这一次他是动真格的了。老虎不发威，你当我是病猫？！元宏要让萧鸾知道他的厉害。

转眼残年就过去了，齐建武五年（公元498年）正月，在元宏的督战下，平远将军李佐身先士卒，数万鲜卑军向新野城发动猛烈的攻击。新野是小城，兵力不足，刘思忌虽然拼命死战，终是寡不敌众，正月初六，魏军破城，生擒刘思忌。元宏笑眯眯地问刘思忌："刘将军，现在你还有什么话好说？投降吧，朕保你荣华一世。"

刘思忌真是一条响当当的汉子，元宏话音未落就被喷了一脸唾沫："思忌守土不成，自当殉国，以谢圣主隆遇。思忌宁死为南鬼，不生做北臣。来刀痛快的吧。"元宏见他敬酒不吃吃罚酒，二话不说，斩！刘思忌悲壮殉国。

新野的失守对雍州各郡造成了非常大的震撼，齐各城戍主弃城抱头鼠窜，这几位"好汉"是：湖阳（今河南新野湖阳镇）戍主蔡道福、赭阳（今河南方城）戍主成公期、军主胡松、舞阴（今河南泌阳北）戍主黄瑶起、台军主鲍举、南乡（今河南淅川南）太守席谦。为国尽忠只有刘思忌这样的傻子才能做得出来，聪明人谁会干这种傻事？

雍州形势危如累卵，萧鸾对元宏非常恼火，下诏大骂元宏是"凶丑剽狡，专事侵掠"。光有嘴上功夫不行，关键时刻还要亮真家伙，萧鸾立刻派太尉陈显达督军北上，务必守住雍州。

这时的萧鸾疾病缠身，身体已经大不如前，他本想安心养病，但元宏偏偏在这个时候跳出来捣乱，只好强撑着应付。病人一般都对自己的身体非常敏感，萧鸾总感觉自己时日无多了，元宏倒没什么，自己手下那帮弟兄也不是吃素的，他最担心的是，之前没杀光的高武子孙会不会在自己死后对自己的儿子们反攻倒算！这是他无论如何都不能接受的，否则这几年岂不是白忙活了。每次高武子孙上朝晋见，他都会暗自叹息："我的儿子们年纪都还小，高武子孙却日渐长大！”

萧鸾虽然知道自己这么狠毒肯定要遭天谴，但现在已经顾不了许多，斩草不除根，必留后患！萧鸾让扬州刺史萧遥光给他出谋划策，想办法除掉高武子孙。

萧遥光也是个忘恩负义的小人。萧道成即位时嫌弃萧遥光脚上有疾，想改封萧遥欣，多亏萧颐苦劝，萧遥光才得以继承始安王宗祀。如果不是萧颐，萧遥光什么都不是，可这位萧爷却恩将仇报，力劝萧鸾早日除掉后患。

萧遥光的算盘打得很精明，先帮助萧鸾除掉高武子孙，等萧鸾死后，他再找机会除掉萧鸾的儿子们，自己坐享天下。当然这不能让萧鸾知道，他还要在叔父面前继续装忠臣孝子。

齐建武五年（公元498年）正月二十四，萧道成如果地下有知，应该永远记住这一天。这一天，他最疼爱的侄子萧鸾为刘宋宗室讨回了公道，将他的儿子全部屠杀，孑遗不留。

萧鸾已经丧心病狂了，他明明想杀高武子孙，却又不想留给后人把柄，于是唆使群臣上疏，诬告高武子孙谋反，肯请陛下大义灭亲。萧鸾装好人，驳回，这帮有奶便是娘的奴才们继续上疏，请陛下以天下大义为重。萧鸾"无奈"，只好痛哭着下诏，诛杀高武子孙。

第三批被杀诸王名单如下：

高帝十九子河东王萧铉（十九岁）、武帝十六子临贺王萧子岳（十四岁）、武帝十七子西阳王萧子文（十四岁）、武帝十八子永阳王萧子竣（十四岁）、武帝十九子南康王萧子琳（十四岁）、武帝二十子衡阳王萧子珉（过继给萧道成长兄萧道度为后，十四岁）、武帝二十一子湘东王萧子建（十三岁）、武帝二十三子南郡王萧子夏（七岁）、文惠太子萧长懋三子巴陵王萧昭秀（十六岁）、萧长懋四子桂阳王萧昭粲（八岁），包括萧铉两个尚在襁褓中的儿子。

说要南朝皇帝中的杀宗室冠军，非萧鸾莫属，清人赵翼在《廿二史札记》中"高度"评价萧鸾的冷血变态："宋子孙多不得其死，犹是文帝、孝

武、废帝、明帝（刘彧）数君之所为。至齐高、武子孙，则皆明帝（萧鸾）一人所杀，其惨毒自古所未有也。"

萧道成临死前曾经嘱咐萧赜："如果不是宋朝宗室骨肉残杀，我们也没机会出头，你不要学宋朝。"萧道成了解萧赜待人还算厚道，却漏算了侄子萧鸾，结果杀来杀去，杀到了自己的头上。清初史学家赵翼为此讽刺萧道成："齐高但知宋之自相屠戮，而不知己之杀刘氏子孙之惨。"

萧鸾现在还活着，死后的事他管不着，眼前最要紧的是如何对付开始发飙的元宏。两年前的那场胜利让萧鸾产生了错觉，以为魏军实力不过如此，这次再交手，萧鸾终于领教了元宏的厉害，鲜卑军打遍天下无敌手可不是吹出来的。

齐建武五年（公元498年）二月十二，魏军攻陷南阳城，走投无路的南阳太守房伯玉及府吏二百人束身投降。关于房伯玉投降后的事情，《南齐书》和《魏书》的记载完全相反。

《魏书》的记载是：房伯玉投降后，元宏狠狠地羞辱了他，指责他跟着萧鸾作恶多端。房伯玉跪在元宏脚下摇尾乞怜，加上他在北魏任统军的堂弟房思安帮忙求情，才最终保住了小命。

《南齐书》则说房伯玉大义凛然，宁死不吃嗟来之食。萧鸾知道房伯玉身在魏营心在齐，也不为难房伯玉的儿子房希哲，每月还给他若干米粮。后来房希哲逃到北魏见父亲，房伯玉却大骂儿子不忠不孝。

南北朝互为敌国，史书自然拣对自己有利的大书特书，对自己不利的则避而不谈，甚至互相泼脏水、拍板砖，难说谁的记载更可靠一些。

行军打仗全凭一口气，魏军一扫前几次对齐军的颓势，接连取得重大胜利，极大鼓舞了士气。

魏军弟兄们倒是高兴了，前来救援雍州的齐度支尚书崔慧景却是火冒三丈，之前在邵阳洲，听张欣泰的建议放走了上万鲜卑兵，结果半文钱也没捞到，这次可不能再让煮熟的鸭子飞了。

七 乱战

崔慧景来到襄阳，稍事休整后立刻率五千精锐急驰北上。齐建武五年三月初一，齐军到达邓城，侦察兵突然来报，前方不远处发现几万鲜卑骑兵。崔慧景也不着急，他让萧衍守北门，自己则守着南门，奋力抵御魏军。

一切安排妥当，没想到齐军队伍中却出现了三个败类，他们趁人不备，悄悄出城投降，并把城中虚实告诉领头的魏彭城王元勰。元勰见天上掉肉饼，喜笑颜开，立刻调武卫将军元蚪率军去城南切断齐军的南逃路线，司马孟斌攻城东，右卫将军播正攻城北。

萧衍看到城外强敌不断围上来，不免有些着急，他劝崔慧景趁魏军立足未稳之际出城决战，或可一胜。崔慧景不同意，称索虏没有晚上攻城的习惯，到了傍晚他们就会撤退。哪知道这次魏军偏偏破例，人越聚越多，将邓城围了个水泄不通。

齐军主力多跟着崔慧景集中在南门，北门空虚，魏军就从北门打开缺口，蜂拥而入。幸亏军主刘山阳及时发现，带着几百个弟兄和鲜卑人玩命，勉强为崔慧景争取了一点逃命时间。

《通鉴》、《南齐书》的记载都是刘山阳率兵和魏军死战，而《梁书》却说是萧衍"独帅众距战，杀数十百人，魏骑稍却"，根本没刘山阳什么功劳。

但为什么其他史料均说立功的是刘山阳，唯独《梁书本纪》说是萧衍？最大的可能应该是萧衍确实参加了刘山阳的行动，但主角是刘山阳。加上二人素为政敌，萧衍称帝后，极有可能有意抹掉刘山阳的功劳，往自己脸上贴金。

鸭子是吃不成了，还是逃命要紧，崔慧景带着部队没头苍蝇似的逃出邓城，在闹沟被魏军追上杀了一个痛快！还是刘山阳让人把衣服和武器都扔到沟里，崔慧景等人踩着武器哭嚎着逃出生天。

元宏还记得上次被耍的事情，想活捉老崔一雪前耻，于是亲自提兵拿

人。又是刘山阳，舍了命和元宏肉搏，魏军没占到什么便宜，只好撤军。崔慧景率残部连夜划着小船逃回襄阳。

打了一场漂亮的胜仗，元宏心情大好，他知道此时的北魏还没有一次吞下南朝的实力，但还是觉得有必要向萧鸾展示一下大魏铁甲雄师的威严，镇一镇这帮偷奸耍滑的也好。

三月初七，元宏率十万鲜卑精锐，打着羽仪华盖，耀武扬威地来到樊城（今湖北襄樊汉水北岸）。之所以选择樊城，是因为守樊城的是上次无端耍他的曹虎。到了樊城后，元宏还没有攻城，曹虎已经被吓破了胆，闭城死守。

元宏来樊城不是为了攻城，而是来骂曹虎的。他曾经写过一封信托人捎给曹虎，在信中讽刺曹虎："进而陈平归汉之智，退无关羽殉节之忠，婴闭穷城，权勇两缺，何其嗟哉。"

曹虎脸皮非常厚实，这几句不咸不淡的话也扎不疼他，别看他打仗不行，耍嘴皮子却是十分厉害。他回信对元宏冷嘲热讽，同时威胁道："组甲十万，雄戟千群，以此堪难，何往不克？……云旗北扫，长驱燕代，并羁名王，使少卿忽诸，头曼不祀。"

曹虎真是吹牛不脸红，还"长驱燕代"呢，自己缩在樊城都不敢出来了。估计元宏看完信也是仰天大笑，这老东西倒挺有意思。

元宏心情倒是爽了，萧鸾的脸上却是阴云密布，沔北五郡的丢失让齐军在中线防御体系上非常被动，他咽不下这口气。你敢挖我的墙脚，我就敢掘你家的坟头，看谁狠得过谁。

萧鸾诏命豫州刺史裴叔业领兵北上，进攻魏南兖州治所涡阳（今安徽蒙城），在元宏的后院放把火，烧得越大越好。

裴叔业就喜欢干这等便宜买卖，他兴高采烈地带着五万齐军渡过淮河，出其不意地围住了涡阳，准备吃大餐。魏南兖州刺史孟表没想到裴叔业会过河偷袭，急忙固城自守，并向朝廷本部求援。裴叔业暂时吃不下涡阳，决定一边攻城，一边围点打援，派军主萧璪和成宝真去攻涡阳东南百余里的龙亢成，没想到龙亢成也高悬免战牌等待援兵。

听说涡阳告急，元宏立刻派弟弟徐州刺史、广陵王元羽率二万精锐前去救援。元羽本是个风花雪月的公子，玩偷香窃玉的勾当是把好手，哪里会打仗。裴叔业正准备闷头大发财，哪会让元羽断了自己的财路，当下就点了三万悍卒杀到龙亢，趁着魏军立营未稳之际一通狠揍，将元羽打成了光棍，元羽狼狈逃跑。

元宏见弟弟不中用，再派征虏将军刘藻、安远将军傅永、督统军高聪等人领军去找裴叔业寻仇。裴叔业已经杀红眼了，见又来了一票送死的，那就不客气了。

齐魏两军在龙亢城外展开决战，齐军士气高昂，来多少吃多少。是役魏军仅战死的就有一万多，被俘三千多，损失军资无数。这场齐魏战争史上少有的惨败把元宏气得七窍冒烟，怎么会输得这么惨！盛怒之下，元宏命人将刘藻等三人锁拿至行在，严加训斥，免为庶人。

北魏堂堂大国却在南朝折了面子，元宏实在咽不下这口气，于是再出血本，派统军杨大眼、奚康生率精锐马队十万星夜去救涡阳，并下令，此战再不胜，所有相关人等都要受到处罚。

杨大眼是北魏响当当的名将，跟着元宏踏遍雍司诸州，据史书记载："所经战阵，莫不勇冠六军。"杨大眼胸怀大志，他知道，要想当上大腕儿，必须露几手真功夫，机会终于来了。

十万鲜卑兵铺天盖地地向涡阳杀了过来，杨大眼知道裴叔业是南朝名将，觉得这次相遇肯定是场恶战，他做足了心理准备。让杨大眼没有想到的是，裴叔业是个欺软怕硬的主，见北魏十万强兵压境，当场就下了软蛋。

当天晚上，已经被吓破胆的裴叔业带着本部人马悄悄南逃，溜回了境内。第二天一大早，齐军发现主帅不见了，立刻炸开了锅，开始成群结队地南逃。杨大眼发现情况后，率兵直追。齐军已经丧失了战斗力，魏军如虎入羊群，好一场屠杀！

涡口惨败的消息风一般传回了建康，萧鸾气得大骂裴叔业："饭桶，超大号的饭桶！"但他还算明白人，现在是非常时期，他不敢把裴叔业逼急了，不然这厮就敢当场叛变。为了稳住裴叔业，萧鸾特地遣使慰问。

战争打到这个份上，实际上已经结束了，元宏捞到了大头，吃得满嘴流油。不仅攻陷沔北五郡，西线李崇那一路也进展顺利，在武兴大胜杨灵珍，随后又将前来救援的齐梁州刺史阴广宗所部吃了个精光。

元宏趾高气扬地回到洛阳，尽情享受胜利的喜悦。没有想到的是，他的时代快要结束了——只剩下不到一年的时间。

更让元宏意外的是，他的对手萧鸾，比他先一步去了极乐世界。

八 萧鸾的末日

萧鸾的身体每况愈下，再加上这次元宏的折腾，更是心力交瘁，病情加重。有时觉得萧鸾挺可怜的，为了保住自己的家天下而背了万世骂名。其实屠杀前朝宗室，他并不是始作俑者，只不过是遵守了历史的潜规则而已。人性在权力面前往往不堪一击。

萧鸾开始为自己安排后事，首先是要让皇太子萧宝卷顺利接班，他也许不是一个好人，却是一个好父亲，虎毒还不食子呢。然而，就在这个时候，突然从东南方向传来紧急军情：大司马王敬则在会稽（今浙江绍兴）扯旗造反！

王敬则是齐朝重臣，但他却不是萧鸾的人马，他与萧道成、萧赜父子的私交远不是萧鸾可以比的。萧鸾篡位以来，虽然表面上对王敬则尊崇有加，暗中却严加防备，他根本信不过这些高武旧臣。

为了提防这个老家伙作乱，萧鸾特意安插了光禄大夫张瓌任平东将军，率兵驻守吴郡（今江苏苏州）。王敬则也不是傻子，张瓌的任命一下来，他就破口大骂："狗屁平东将军，现在东边有贼吗？不就是想平我吗？老子也是上过刀山下过火海的，这年头谁怕谁！"

王敬则这么一闹，他的女婿、南徐州代理刺史谢朓的处境非常尴尬。南徐州辖区即今天江苏的镇江、常州、无锡一带，南京城以北就是南徐州地界，所以如果谢朓能帮忙，朝发夕至，建康城唾手可得。

王敬则的五儿子、太子洗马王幼隆派正员将军徐岳去说服姐夫起事。

反萧鸾？省省吧，谢朓才不干这种傻事呢。徐岳的唾沫星子刚喷完，谢朓就把他五花大绑送到了建康宫中，并告发了王敬则。

徐岳被抓的事情被王敬则通过七拐八绕的关系网给打听到了，他又气又急，大骂谢朓白眼狼，他的儿子们可全都在京师呢，这下肯定全报销了。眼下已经没有退路，萧鸾什么为人他最清楚，是生是死再赌最后一把，于是打着拥立南康侯萧子恪（萧嶷次子）的旗号起兵。

得到谢朓的密报后，萧鸾立刻下诏将王敬则在京师的四个儿子就地处死，同时让北徐州刺史徐玄庆诛杀王敬则长子、黄门侍郎王元迁。萧鸾要让王敬则知道，这就是对他不忠的代价！

萧鸾打算听从萧遥光的毒计，利用王敬则拥立萧子恪的借口诛杀上次没杀光的宗室子孙七十余人。当天晚上，他命诸王子孙来到西省待命，同时命人备下毒药，打造了七十多具棺材，准备三更时分将这些人都送上路。

说来他们也是命不该绝，就在二更时分，不愿跟着王敬则造反的萧子恪突然跌跌撞撞地闯进皇宫，请求见驾。亲信单景隽摇醒睡梦中的萧鸾，正睡得糊涂的萧鸾大骂："你们怎么还没动手，成心坏朕的大事么？"

单景隽把萧子恪的事情告诉萧鸾，萧鸾仅存的一点人性突然复苏了，萧子恪如此明白事理，自己还要杀他们，实在是羞愧难当。于是下命罢手，天一亮，让诸王子孙都回府第去，自己已经够造孽的了，就饶了他们吧，现在最关键的是对付王敬则。

就在萧鸾胡思乱想的时候，王敬则已经率甲兵上万渡过浙江（今富春江）北上，要和萧鸾决一死战。王敬则的第一个目标是吴郡，平东将军张瑰守土有责，派甲兵三千驻守松江口。没想到这帮兵爷都是饭桶，一听南岸王敬则部队的鼓声，以为敌人杀了过来，一哄而散。

张瑰比这帮兵爷还有本事，一见事情不妙，也顾不得身份，抱头逃出官府，跑到民间避难去了。看来齐朝在东南地区没少刮油水，老百姓怨气沸腾，

王敬则人马一到，老百姓就跟着他造反，"担篙荷锸，随之者十馀万众"，震动东南。

这支兵民合一的部队继续北上，很快就杀到曲陵（今江苏丹阳）。曲陵是埋葬萧赜的地方，也许是触景生情，在武进陵口，王敬则坐着小轿从景安陵前号啕痛哭，唏嘘而过。当然这也可能是他拉拢人心的政治手段，这么一来，替高武子孙报仇的理由就能站住脚。

萧鸾不敢大意，派前军司马左兴盛、后军将军崔恭祖、辅国将军刘山阳、龙骧将军胡松等人在曲阿东南的长冈埭构筑防线。王敬则不说废话，围着左兴盛和刘山阳的寨子就是狂攻猛打，不信打不出个子丑寅卯来。

左兴盛被打急了，派人站在高处使劲刺激王敬则："王太尉的儿子们都死绝了，你现在还瞎忙活什么！"这话确实够狠，但事情已经到了这一步，王敬则根本没有退路，只能继续狂扁官军。

官军有些撑不住了，想撤，但漫天遍野全是王敬则的人马，根本突围不了。倒是龙骧将军胡松聪明，他带着骑兵抄到王敬则的背后，王敬则的队伍多是手无寸铁的百姓，哪经得起骑兵的摧残？没几下就全都被打跑了。

在混乱中，王敬则也被挤下了马，他想再爬上马继续作战，却被眼尖的后军将军崔恭祖发现了。崔恭祖是崔慧景的同族，自然也是专做油光水滑的买卖，小崔一个箭步上前，一枪将七十多岁的王敬则刺倒在地。

不过没等崔恭祖上前捡猎物呢，左兴盛的军容袁文旷忽然半路杀出，大笑着砍下王敬则的人头，崔恭祖直叫晦气。

王敬则就这么失败了，如风而来，如风而去，到地下见萧赜去了。但他的造反却让建康城中鸡飞狗跳，萧鸾已经病得不行了，皇太子萧宝卷没了主心骨，吓得魂飞魄散。萧宝卷派人爬到高处向东南观望，发现征虏亭起大火，以为王敬则杀了过来，立刻收拾细软，甩掉老爹要逃。

好在王敬则雷声大雨点小，建康城安然无恙，萧鸾长出了一口气。下面要做的就是论功行赏，四位将军各封四百户县男，但关于首功的问题，崔恭祖和袁文旷在萧鸾面前吵了起来。

袁文旷说王敬则的人头是他砍下的，当然是首功。崔恭祖不服："臣冒着危险刺倒老贼，这才便宜了袁文旷。没有臣的助攻，袁某也不可能在门前捡漏。"

萧鸾病快快的，哪有心情听他们叽叽喳喳，于是指责左兴盛："你怎么能让袁文旷和崔恭祖争功掐架？传出去不怕外人笑话！"右仆射江祏也反对把首功给袁文旷，没少在旁边帮腔。萧鸾爱惜崔恭祖是员猛将，加上清河崔氏也是天下豪门，好歹给点面子，以崔恭祖为首功，袁文旷封二百户了事。

受到封赏的还有大义灭亲的谢朓，萧鸾改任其为尚书吏部郎，谢朓觉得挺对不住老丈人的，推辞不受。即便如此，谢朓的老婆王夫人还是没打算放过这个没心肝的，身怀利刃，准备杀掉丈夫，为父亲报仇，谢朓吓得不敢回家。侍中沈昭略引用《诗经·思齐》的名句"刑于寡妻，至于兄弟，以御于家邦"挖苦谢朓，谢朓怕老婆的事情一时传为官场笑柄。

按照制度，那些跟着王敬则造反的老百姓都要论罪处死，但这事牵扯面太大，弄不好会再度激起民变。晋陵太守王瞻也上疏劝萧鸾不要再轻易开杀戒，萧鸾同意了，"所全活以万数"，并专门特赦东南七郡，稳定人心。

这时的萧鸾已经病得不行了，几次昏死过去。他知道自己大限到了，为了儿子萧宝卷能顺利即位，他写了一道遗诏，称幼子孤弱，诸卿勉力云云，并进徐孝嗣开府仪同、沈文季为左仆射、江祏为右仆射、江祀为侍中、刘暄任卫尉，太尉陈显达主管军务，并与萧遥光、萧坦之、刘悛、萧惠休、崔慧景等人共辅国政。

齐永泰元年（公元498年）七月三十，四十二岁的萧鸾在正福殿寿终正寝，在位只有四年。死前，萧鸾拉着皇太子萧宝卷的手要他牢记郁林王萧昭业的历史教训，好好做皇帝，"作事不可在人后"！

南朝二十四个皇帝虽然性格不同，但还没有哪一个像萧鸾这样冰冷得不可接近。他经常面无表情地坐着，没有人知道他心中是喜是怒，是哀是乐。刘备也是这样，"喜怒不形于色"，但刘备比萧鸾可爱多了，也更像是活生生的人，而不是一台冰冷的机器。

萧鸾不相信任何人，包括他自己。每次出门之前都要找巫婆占卜，不吉利的日子绝不出宫门半步。甚至出行的时候，也不敢明确说出往哪个方向，他说往南走，那就一定朝西边去，如果说往东走，一定朝北边去，以妨遭人暗算。他干的坏事太多了，心虚。

当然，对于坐在皇位上的人来说，最重要的不是看他人品有多好，而是能不能牢牢控制住权力。苻坚人品几乎完美，但下场又如何？萧鸾对权力的贪欲大得惊人，事必躬亲，哪怕是地方上鸡毛蒜皮的小事，也必须经过他的同意。

不仅如此，萧鸾还是个"特务皇帝"，掌权之后他豢养了大批间谍严密监控群臣王公，连王公大臣们几时吃饭睡觉几时更衣如厕都了如指掌。

像这样冰冷严酷的皇帝，往往在生活上都惊人地节俭，比如明朝的永乐、清朝的雍正。萧鸾很会过日子，有次御膳官呈进一个大馒头，他一顿吃不完，就切成四块留作晚上充饥。每次洗澡后剩下的皂荚水他也舍不得倒掉，让太监们盛起来，下次再用。

萧鸾人生最大的污点就是屠杀了高武子孙，萧道成和萧赜父子俩向来对萧鸾宠爱有加，萧鸾这么做，忘恩负义的骂名是肯定跑不了的。不过从另一个角度来看，萧鸾虽然杀人如麻，但基本不杀百姓，在他统治期间，南朝没有发生大规模的动荡，在对北魏的战争中也是互有胜负，毁灭南朝的是他信任的雍州刺史萧衍。

当初萧鸾诛杀武帝子孙时，萧衍没少煽风点火，被萧鸾倚为忠臣。没想到三年后，萧鸾的子孙除了一个北逃的萧宝寅、一个残废的萧宝义，其余均死于萧衍的刀下。

历史总是这么荒唐地轮回着，但这一切萧鸾已经不知道了。

萧鸾驾崩后，皇太子萧宝卷在王公大臣们的拥护下于父亲灵前称帝，改年永元。随后将大行皇帝遗柩奉葬兴安陵，谥为明皇帝，庙号高宗。

历史进入了一个更为荒唐的时代，十六岁的萧宝卷是这场历史闹剧的第一号男主角，第一号男配角是萧衍，另有若干群众演员。

第六章 萧宝卷的另类人生

一 萧宝卷闪亮登场

南齐共有七个皇帝（包括萧昭文和萧宝融两个傀儡），虽然萧道成、萧赜、萧鸾都雄武强悍，但他们留给历史的深刻记忆并不多。

对于皇帝来说，想在历史上留名其实也还算简单，要么非常英明，要么非常荒唐，前者如李世民，后者如朱厚照，夹在中间的只能是半红不黑。具体到南齐，要说荒唐的，萧昭业算一个，但他只能算个暖场的，真正的搞笑明星是下面出场的萧宝卷。

萧宝卷生于齐永明元年（公元483年），虽是次子，却为嫡出，加上长兄萧宝义有残疾，所以萧鸾选择他做皇位继承人。

萧宝卷虽然比萧昭业荒谬可笑，但资质远不如堂侄，萧昭业练得一手好书法，萧宝卷却贪玩不肯学习，经常带着一帮小厮通宵达旦地在宫里掀墙挖洞。他在做什么？在捉老鼠取乐，以填补他空虚的精神世界。儿子顽皮捣蛋，萧鸾也没什么办法，干脆听之任之，由他闹去。萧鸾已经把那根权力魔杖上的刺都拔掉了，儿子不傻不呆，完全可以安安稳稳传承他的家业。

萧鸾死后，遗体停放在太极殿，按照礼法，萧宝卷应该哭丧，可他对哭没兴趣，还想着怎么玩呢。有人劝他哭，他就天南海北地找借口，推说嗓子疼哭不出来。他平时被管得严，巴不得老爹早点上西天，如今高兴还来不及呢。

可能是被人逼急了，萧宝卷只好装模作样地嚎上几嗓子。正哭着，太中大夫羊阐前来哭丧，羊大人跪在地上对着萧鸾的遗体号啕痛哭，帽子不小心掉在地上，露出了光秃秃的脑袋。萧宝卷看到羊阐这副尊容，也不哭了，开怀大笑："谁把这秃鹜放到宫里来的？哈哈！"

官场上许多人都知道小主子的德性，几乎就是萧昭业的翻版，但没人在乎他是疯是傻，有银子赚就行。

萧宝卷继位之初，曾下诏"访搜贫屈"，安抚贫苦百姓，一副悲天悯人的模样。不过这些都是小火，萧宝卷觉得不过瘾，又点了一把大火，烧向已经身患重病的北魏皇帝元宏。

萧鸾去世那年九月，元宏装过一回好人，打着"礼不伐丧"的旗号率军北撤。实际上他就算是继续打也未必能占到多少便宜，不如卖齐朝一个人情，何况他自己身体也不太好，不如回去养病。

抢完钱就想跑？也要问问萧宝卷答不答应：吃了我的雍州五郡，都得给我吐出来！

齐永元元年（公元499年）正月，萧宝卷下诏北伐，太尉陈显达、平北将军崔慧景率军四万攻魏，意图收复雍州五郡。陈显达的第一个目标是马圈城（今河南镇平南），马圈城是南阳的西大门，拿下马圈，南阳收复指日可待。

坐镇魏荆州（今河南鲁山）的魏前将军元英听说齐军又来了，立刻率军南下驰援马圈城。元英有些轻视陈显达，七十岁的老棺材瓢子，还能干什么。一交手才知道，姜还是老的辣！

陈显达一边围住马圈城狂攻猛打，一边收拾元英。元英屡战屡败，三拳两脚就被打翻在地，好不狼狈。援兵被歼，这下可苦了马圈城中的魏军。粮食没了，虽然城中有大批丝织品，但那不能吃啊。只能忍着恶心吃死人的肉，树皮也啃光了。

为了活命，二月二十七，被围四十多天的马圈魏军强行突围北逃。大部队虽然跑了，但仍被齐军干掉一千多人。齐军兴高采烈地入城，开始坐地分赃，弟兄们个个都吃得满嘴流油。陈显达开始发飙，随后让军主庄丘黑收复南乡郡。

魏军的惨败让元宏非常震怒，一方面是因为元英不争气，再者，他好容易吃进肚的雍州五郡，岂肯轻易再吐出来！陈显达既然来了，那爷爷只好舍命奉陪到底。

齐永元元年三月初四，元宏抱病从洛阳出发，率十万精锐骑兵去和陈显达玩命。骑兵的行军速度就是快，魏军三天后抵达梁县（今河南临汝西郊），但这时元宏病情严重恶化，形势不容乐观。

为了防止意外，导致军中无主，元宏特命彭城王元勰全权打理军中事务。但前线战事紧急，元宏不放心元勰一个人处理，咬着牙继续南下，准备会会陈显达。

陈显达将部队扎在鹰子山（今河南淅川县老城镇北），元宏生怕这老家伙溜了，派广阳王元嘉率军悄悄潜至均口（今湖北均县，汉江和丹江的汇合处），截住陈显达的退路。

准备得差不多后，元宏下令向鹰子山发动总攻，齐军士气不如魏军，一战大败。陈显达害怕了，自己困守孤山，万一被元宏下锅煮了饺子，那老命就没了。

手下弟兄们也不想打了，一群人私下一合计，干脆逃吧。当天夜里，崔恭祖和胡松等人找来一个大布袋子，请年迈的陈太尉钻进去，挑了几个精壮的汉子挑着，跟跟跄跄地朝山下逃窜。元宏可不想放过这条大鱼，发兵追杀过来，虎入羊群，杀了个痛快，齐军仅战死的就有三万余人。

崔恭祖等都不是当地人，天黑摸不着路，只能扛着陈太尉没头苍蝇似的疯跑。幸亏军中有个叫冯道根的军客，熟悉当地形势，由他带路众人才勉强逃脱，保住了性命。另一路的平北将军崔慧景正在攻打顺阳，听说陈太尉逃了，再也撑不下去，也夹着尾巴溜了。

这就是萧宝卷的皇帝生涯中第一次外战的成绩，卷子上画了醒目的大红叉——不及格！

不过对萧宝卷来说，有一个好消息，齐永元元年四月初一，北魏皇帝元宏在返回洛阳的途中病逝，去世时只有三十三岁。十七岁的皇太子元恪继位，他给父亲的谥号是孝文皇帝，庙号高祖。

元宏是个非常有趣的皇帝，他的去世让南北朝的娱乐系数直降好几个等级，南北朝的灿烂星空突然暗淡下来。元宏虽然英年早逝，但其汉化改革大业，足以让他彪炳千古，跻身第一流皇帝的行列。

元宏病逝后，北魏的权力架构开始了新一轮的洗牌，暂时不会再对齐发动战争，萧宝卷也不想打了，打仗多没意思，他手上那摊子鸡毛蒜皮的破事还没扯干净呢。

明帝萧鸾在临死前让尚书令徐孝嗣、右仆射江祏、扬州刺史萧遥光、右将军萧坦之、侍中江祀、卫尉刘暄六人身受顾命，辅佐幼主，是为齐朝决策集团的核心，号称六贵。

在这六人中，真正拿主意的是江祏和江祀，因为萧鸾最信得过他们。二江得志后，目中无人，不仅瞧不起徐孝嗣等人，连萧宝卷也没少吃两位表叔的夹板气，对他们非常恼火。

萧宝卷信任的制局监茹法珍和梅虫儿想捞点外快，也被江祏断了财路，这二人恨透了江祏，没少在萧宝卷面前说江祏的坏话。江祏可真有本事，不但对此满不在乎，还想做一场更大的买卖：废掉萧宝卷，拥立江夏王萧宝玄。

江祏找卫尉刘暄商量这事，没想到刘暄和萧宝玄平时有过节，不想立萧宝玄，劝江祏不如改立建安王萧宝夤。江祏一时没拿定主意，又跑到始安王萧遥光府上请王爷指点明路。

萧遥光更有意思，立什么萧宝夤，不如立自己好了，他可是太祖高皇帝萧道成的侄孙，正牌宗室王爷。不过萧遥光没摸透江祏的底细，就没直说，只是拐弯抹角地给江祏敲边鼓。

在官场上吃饭的哪个也不是傻子，江祏自然听得出来萧遥光的话外音。

立萧遥光？他还真没想过，考虑一下吧。江祀也劝哥哥拥立萧遥光，萧宝夤还不如萧遥光明白事理呢。

江祏觉得真要立萧遥光未必不是一个好选择，但没等他下决心呢，刘暄就跳出来反对。原因很简单，萧宝夤是刘暄的亲外甥，如果立了不相干的萧遥光，他就失了皇帝母舅这个特殊的身份，自然不愿意。

还有萧坦之，他对萧遥光似乎也不太感冒，江祏找他的时候，萧坦之说了一句很有道理的话："当初明帝废立，天下人大不服气，现在如果再干这种事，恐怕人心散乱，到时可不好收场。"

几个人为了私利争论不休，江祏头都大了，一时也没了主意。他真够坏的，还没决定拥立谁呢，就和江祀一起去见尚书吏部郎谢朓，称大家已经同意立始安王萧遥光了，来问问小谢的意见。表面上说得动听，实际上是想把祸水引到谢朓身上。

还没等谢朓表态，萧遥光就派心腹刘沨来见，希望谢朓能加入其麾下，一起做大事。哪知道谢朓根本没瞧上他，以"身受高宗皇帝大恩"为借口婉拒了他。谢朓不给面子，萧遥光暴跳如雷，给你脸你不要，那就不要怪爷爷下手狠了。

谢朓似乎闻到了异味，为了自保，他把萧遥光等人的计划告诉太子右卫率左兴盛，想让左将军在外面宣传宣传，拆萧遥光的台。左兴盛吃碗官饭不容易，哪敢轻易蹚这个浑水？支支吾吾不敢答应。

谢朓见左兴盛胆小如鼠，大袖子一甩，又跑到刘暄府里，从利害关系角度劝说刘暄不要跟着萧遥光捣乱，否则你的位子早晚要被萧遥光的人马取代。

谢朓是南朝著名文学家，才华横溢，但政治上明显不成熟，他对刘暄并不了解，就敢轻易掺和这等杀头的买卖。刘暄虽然和萧遥光不和，但暂时还和萧遥光穿一条裤子，不见兔子不撒鹰。

刘暄表面上和谢朓称兄道弟，指天划地为国尽忠，等谢朓一走，立刻把他的话捅给萧遥光。这下萧遥光可真火了，王八蛋，这次爷爷可不能饶了你！萧遥光和江祏等人一合计，决定利用这个机会干掉人嫌狗憎的谢朓。

随后萧遥光立刻派人将谢朓捕拿下狱，众人痛打落水狗，联名上疏，诬告谢朓"扇动内外，处处奸说，妄贬乘舆，窃论宫禁"。这帽子扣得够大的，萧宝卷估计对谢朓也没好感，他的诏书有一句"朓资性轻险，久彰物议"，说明谢朓在官场上的人缘很差，不废话了，论死狱中，时年三十六岁。

这个临时拼凑起来的团伙在谢朓死后立刻土崩瓦解，开始互相撕咬起

来。之前刘暄反对立萧遥光为帝，萧遥光一直怀恨在心，心想与其这样耗着，不如一刀下去，干干净净。于是派心腹黄昙庆去刺杀刘暄，没想到黄昙庆临场退却，哆哆嗦嗦没敢下手。

虽然刺杀没有成功，但这事却不知怎么就让刘暄知道了，刘暄恨得咬牙切齿，立刻入宫将江祏兄弟的废立计划全盘告诉尚蒙在鼓里的萧宝卷。

萧宝卷虽然年纪小，但也知道江祏等人的计划如果实现，对自己来说意味着什么，立刻命侍卫捉拿江祏兄弟。二位江爷此时都在宫中当值，江祀发现情况异常，便劝哥哥早拿主意。

江祏刚说了句"不要急，等等再看情况"就被来人拿个正着。带头的正是袁文旷，当初袁文旷砍下了王敬则的人头，本能获得首功，因遭到江祏强烈反对才丢了首功，袁文旷自然怀恨在心，趁机杀害了江祏和江祀。

萧宝卷有个爱好，喜欢在宫中跑马，袁文旷等人回来复命的时候，他正在骑马。知道袁文旷得手之后，他笑着对左右人说道："江祏兄弟若在，朕哪还有在这里骑马作乐的机会啊？"众人纷纷附和。

萧宝卷平时就不太喜欢表叔江祏，现在江祏死了，终于没有人来管他了，他可以玩个痛快。除了迷恋骑马，萧宝卷还喜欢听小曲，每天都和一帮太监歌伎玩到深夜，在宫中吹拉弹唱骑大马，经常从鸡打鸣时开始睡觉，到太阳落山才睡醒。

由于作息时间黑白颠倒，大臣们每次入朝，白天根本见不到皇帝。只有到了晚上，萧宝卷才偶尔出来见见，没说两句就将饿得头昏眼花的大臣全都撵回家，自己继续玩儿去。

最荒唐的是，他只顾着贪玩，朝政大事也没人打理了。各省司官的折子虽然呈进宫中，但他基本上看不到，都被当值的太监们拿了去，包着从御膳房偷来的上好鱼肉，回家享口福去了。

看来刘暄并没有把萧遥光的阴谋曝光，萧宝卷除掉二江后，召萧遥光入宫，告诉他江祏的事情。萧遥光以为事情败露，吓得魂飞魄散，从宫里出来后，立刻装疯卖傻，狂哭乱叫着回了府，从此再不入宫。

萧宝卷不知道萧遥光装傻，还担心他因为江祏的事情受刺激，就派人去东府宣诏，请堂兄出任司徒，打理朝政。萧遥光精神极度紧张，听说宫里来了人，以为是要拿他问罪的，情急之下，一狠心，反了！

萧遥光早就想反了，只是他的两个弟弟，即荆州刺史萧遥欣和豫州刺史萧遥昌相继病故，他忙着处理后事，没来得及动手。看如今这种形势，不能再拖下去了。齐永元元年八月十二，萧遥光带着两位弟弟留下的上千亲兵，打着诛杀刘暄的旗号发动政变。

二 权力场上的斗争

要想除掉萧宝卷，就必须打掉负责宫中禁卫的领军将军萧坦之。萧遥光派人去杀萧坦之，没想到动静太大，惊动了萧坦之，他被吓得光着膀子，头上套着一条裤子就跳出了院墙，朝宫中逃窜。

萧坦之逃窜路上遇到了巡逻队主颜端，颜端以为是来偷东西的歹人，当场将其拿住，气得萧坦之直骂。弄清事情原委后，颜端立刻调给萧坦之一匹马入宫报信，萧坦之一路大叫着"萧遥光杀过来了！"

萧遥光杀过来了吗？没有。太子右卫率垣历生劝萧遥光早点动手，并大言不惭地保证："王爷您只管在后面跟着，等我拿下昏君，天下就是您的。"萧遥光"狐疑不敢出"。垣历生苦劝了一夜，萧遥光跟木头似的根本听不进去。

萧遥光是想等宫中发生变故，有人替他干掉萧宝卷，这样他就不用冒杀头的危险了。想得挺美，宝贵的机会就这么被他白白浪费掉了，等到天亮之后，萧宝卷已经把平叛的部队集合好。

萧遥光要造反？那就送他上西天好了！天刚放亮，萧宝卷马上下诏在建康实行紧急戒严，由徐孝嗣、沈文季等人屯卫内宫，萧坦之率军平叛。这时萧遥光终于后悔了，但已经晚了，只好硬着头皮和萧坦之玩命。

替萧遥光出马的是垣历生，垣爷有些本事，一战击斩官军头目桑天爱。萧遥光大喜，他相信自己还有翻盘的希望，不过没等笑容褪去就有人来报，谘议参军萧畅（萧衍四弟）和抚军长史沈昭略逃出南门，游过秦淮河，向官军反水了。

萧沈二人的反水给本就人心不稳的叛军造成了沉重的心理打击，"众情大沮"。垣历生本来还指望押一把萧遥光，弄个新朝元勋当当，现在看来，萧遥光根本就是个饭桶草包。垣历生不想陪他送死，在青溪中桥投降了前雍州刺史、镇军司马曹虎。

正愁没肉吃，天上就掉下来一块肥的，曹虎嘴都笑歪了。他命人将"反贼"垣历生拿住，押到桥下砍头，拎着老垣的人头准备邀功。萧遥光这边还指望着垣历生给他卖命呢，听说他居然投降了，不禁大怒，立刻提来垣历生的儿子，当场斩首。

这是萧遥光人生中最后一次杀人，当天夜里，官军从东北方向破城而入。叛军多是想跟萧遥光发财的，眼看着要赔本，全都溜了。萧遥光这回可傻眼了，为了活命，英明神武的萧王爷吹灭蜡烛钻到床下，哆哆嗦嗦地祈求老天爷保佑。

官军带队的是军主刘国宝和时当伯，二位军爷率部闯入宅子，发现屋里一片漆黑，正想点火呢，却突然听到床下有动静。众人大笑，摸着黑将萧王爷从床下拖了出来，还没等他求饶，就一刀下去结果了萧遥光三十二岁的生命。

平定叛乱，几位大佬都得到了相当丰厚的赏赐，徐孝嗣晋司空，沈文季加镇军将军，萧坦之晋右仆射，刘喧晋领军将军，曹虎晋右卫将军，弟兄们喜笑颜开地数银子。

可没想到的是，这竟然是一碗断头饭，萧宝卷开始要杀人了。他身边的那些帮闲对这几位非常讨厌，没少在他面前煽风点火，他终于忍不住要动手了。

第一个倒霉的是萧坦之，萧宝卷派军主黄文济领兵抄到萧坦之的宅子，揪住萧坦之，杀！

下一个是领军将军刘暄，制局监茹法珍诬告刘暄谋反，萧宝卷不太相信："不会吧，他可是俺的亲舅舅。"刚说完，直合将军徐世檦一个巴掌就打了过来："高宗皇帝是武皇帝堂弟，且受武帝大恩，犹诛绝武帝子孙，难道舅舅就可靠？"萧宝卷大笑："说得好！舅舅算什么，杀！"

第三个是曹虎，萧宝卷之所以要杀曹虎，除了觉得他不太可靠外，最重要的原因居然是他的钱多！曹虎是官场上有名的捞钱大户，仅在雍州那几年就捞了五千万钱。他还是只铁公鸡，虽然家里有金山银海，但豢养的歌伎却每天吃酱菜度日。萧宝卷就早瞄上曹虎了，杀！

看到几个老哥都倒下了，徐孝嗣不禁心里发毛，下一个会不会是自己？虎贲中郎将许准劝徐丞相见机废掉萧宝卷，自专朝政。徐孝嗣也想趁萧宝卷出外游玩时下手废立，但他性格比较懦弱，遇事犹豫不决，这事就拖了下来。

对敌人仁慈就是对自己的残忍，徐孝嗣拖拖拉拉，萧宝卷那边可是准备动手了。除了徐孝嗣，沈文季也深受萧宝卷猜忌，干脆一并解决。十月二十三，萧宝卷召徐孝嗣、沈文季、沈昭略（沈文季的侄子）入华林省，说是有事商议。

沈文季是个明白人，临上车的时候，他回头告诉家人："准备后事吧，我这一去恐怕是回不来了。"沈文季的预感很准，刚到华林省，萧宝卷就派茹法珍送来美酒：三位大人，喝了趁早上路吧。

沈昭略之前多次劝过叔父早行废立，沈文季就是不从，现在遭到报应了。还有徐孝嗣，上辈子一定是蜗牛投胎，做事没见过这么拖拉的。脾气火暴的沈昭略悲愤地指着徐孝嗣的鼻子痛骂："都是你这个饭桶草包误事，才有今天的下场！"说罢拿起一个酒坛子砸向徐孝嗣，徐孝嗣惨叫一声，脸上鲜血直流，沈昭略还不解气："你这个大饭桶！爷今天给你点颜色尝尝，到了阴曹地府，你也要做一个破面鬼！"

现在说这些还有什么用？徐孝嗣叹了口气，忍着疼痛，拿起酒瓮，连喝了一斗毒酒才气绝身亡。沈家叔侄无路可逃，跟着喝下毒酒，到阎王殿和曹虎他们会合去了。

历史是一出让人哭笑不得的讽刺剧，萧鸾死前精心挑选了"六贵"来辅佐儿子坐天下，哪想到仅仅一年，"六贵"就全都被萧宝卷杀光了。

萧宝卷杀人上瘾，吓坏了那些官场上的老油条们，宰相都被小疯子杀光了，还有谁他不敢杀？为了活命，许多人都有了想法。

第一个站出来反抗萧宝卷的是太尉陈显达，这时他并不在京师，而是在江州任刺史。京师最近杀戮不断，能被放外任实在是他的造化，老陈头做梦都笑了出来。

陈显达造反的直接原因是听说萧宝卷要派兵来攻江州，看来小疯子也没打算放过他，那就没什么好说的，反了吧。

齐永元元年（公元499年）十一月十五，陈显达打着拥立建安王萧宝寅的旗号在浔阳起兵。同时让长史庾弘远给朝中权贵写了一封信，斥骂萧宝卷"淫犯先宫，秽兴闱阃"，"任非华尚，宠必寒厮"，陈显达可能忘了自己也是"寒厮"出身。

陈显达很够朋友，为朋友徐孝嗣、沈文季等人鸣冤叫屈，实际上是想提醒那些"朝贵"：不跟我合作，你们早晚也要被萧宝卷当猪给宰了！

虽然在政治上明显是陈显达占理，但解决政治问题还是要靠军事实力。什么是真理，枪杆子硬就是真理，废话不多说了，打吧。

萧宝卷听说陈显达这老东西反了，正好拿他开斋。十一月二十四，萧宝卷诏命护军将军崔慧景率军西下平叛，实际上崔慧景只是尊泥菩萨，萧宝卷信不过他，真正主持前线军务的是辅国将军徐世檦，后军将军胡松屯兵采石（今安徽马鞍山南），等陈显达过来。

陈显达虽然上次在鹰子山丢尽了颜面，威望大跌，但这不要紧，因为对付胡松简直太容易了。

两军会战于采石，陈显达"大破之"，胡松的老本都赔光了。十二月十三，江州兵杀到建康城外的新林，建造工事。

朝廷方面是左卫将军左兴盛出马，不过陈显达没瞧上左兴盛，他想抓的是萧宝卷。当天夜里，陈显达命人在长江岸边放火，江州兵主力潜水过长江，直袭宫城。第二天凌晨，岸边的大火依然熊熊燃烧，江州兵已经连夜过江，登陆落星岗。

驻守在新亭的官军听说叛军已经过江，吓得腿都软了，一窝蜂似的逃回城里。仅用了一个月，江州兵就杀到了建康城天子脚下，陈显达这个快活！萧宝卷已经成为瓮中之鳖，蹦跶不了几个时辰了，陈显达执槊上马，带着几百个弟兄在西州城下和官军决战。

陈显达虽然已经七十二岁了，但宝刀未老，将官军打得死去活来，还亲手斩杀数人。但他带的兵太少，区区数百人根本挡不住越聚越多的官军，他明显撑不住了，大槊都打折了。

见势不妙，陈显达拨马想溜，但场面太过混乱，他老眼昏花，也分不清官军和江州兵了，被朝廷骑官赵潭注一个飞枪刺倒在篱笆墙边，没等爬起来，人头就已落地。

权力场就是赌场，赌赢了一夜暴富，赌输了倾家荡产。陈显达不幸赌输了，不仅一世英名尽毁，子孙们也要陪他挨刀，"诸子皆伏诛"。

萧宝卷一想起陈显达就忍不住冒火，老东西，你死了也不能便宜你。萧宝卷下诏将陈显达的人头悬于朱雀航示众。

这年冬天建康城连月下大雪，朱雀航下，白茫茫一片。狂风卷着暴雪，刮得让人心寒，陈显达的人头孤零零地吊在城上。

不远处的皇宫里，灯火通明，温暖如春，萧宝卷和他的朋友们快活地吃酒玩耍，阵阵欢声笑语不断从宫里传出，飘散在茫茫夜色之中。

三 不仅变态，而且无耻！

萧宝卷的理想是做一个快乐的玩家，谁不让他玩他就杀谁！

讨厌的"六贵"外加一个陈显达都到阎王殿报到去了，暂时不会有人再跳出来捣乱。萧宝卷大笑着撒开脚丫子开始了他的玩主生涯。

南朝有四个著名的少主玩家：刘子业、刘昱、萧昭业、萧宝卷，这四个小变态就像四条臭鱼，被上帝丢进了味道鲜美的汤里，把好端端的南朝搞得满锅恶臭。

其中两人导致了政权内部的权力更迭（刘子业—刘彧，萧昭业—萧鸾），另外两人更是直接导致了改朝换代（刘昱—萧道成，萧宝卷—萧衍）。更巧的是，刘昱和萧宝卷之后都还有个垫脚的傀儡——宋顺帝刘准和齐和帝萧宝融。

这四位少主虽然都够变态，但要说变态中的变态，刘昱和萧昭业的档次稍次一点，最有资格争冠军的就是刘子业和萧宝卷，他们都是变态皇帝中的极品。

萧宝卷喜欢骑马，没多久就腻了，开始带着帮闲们四处游荡。这本没什么稀奇，刘昱当初就喜欢逛街。但和刘昱不同的是，萧宝卷出门时不喜欢让人看到他，就命人用布幔做屏障拉满了大街小巷，这就是所谓的"屏除"。

每次出行前，有关部门都要扛着一面大鼓在前方开道，告诉百姓人等：皇帝要出巡，尔等都滚远一些，谁敢违旨，当场格杀！萧宝卷喜欢三更半夜出门，天还没亮，街上就鼓声大作，百姓们知道小变态要出门了。

百姓们谁也不想撞到枪口上，跟难民似的一拨一拨地往外逃，有时甚至连衣服都来不及穿好，衣冠不整地就逃了，正常的生活秩序完全被打乱，民间怨声载道。

最残忍的是萧宝卷喜欢无端杀人。有次在沈公城，一位怀孕的妇女躲闪不及被这伙变态抓住，萧宝卷闲得没事做，想看看这个孕妇怀的是男是女，竟然残忍地将孕妇肚子剖开。

还有一次在定林寺（《文心雕龙》作者刘勰出家的寺院），一个老年僧人也因年弱多病来不及避开，只好藏在草丛中。萧宝卷贼眼一扫，发现草丛中有动静，大笑着让一百多名弓箭手朝草丛放箭。

侍卫韩晖光心存善念，劝萧宝卷："老僧无辜，陛下不如放了他。"萧宝卷喷了韩晖光一脸口水："你要是在野外看到獐鹿射不射？给朕射！"众弓箭手只听皇帝的，皇帝要射我们就射，可怜的老和尚生生被射成了刺猬。

皇帝变态，那帮手下也跟着变态，有些老弱病残的百姓实在走不动了，就躺在路边。这些丧尽天良的王八蛋怕皇帝责骂他们，便将这些百姓全都推到水里，不知道残害了多少无辜。

杀几个草民，萧宝卷根本不在乎，只要玩得开心就行。他是天下最至尊的皇帝，有权决定别人的生死，这也正是一代代野心家前仆后继，不惜用九族身家来赌权力的原因。

萧宝卷起初是一个人玩独角戏，后来觉得自己玩没意思，就带上他最心爱的潘贵妃一起出去兜风，潘贵妃坐着小轿前行，萧宝卷骑马跟在后面护花。

潘贵妃并不姓潘，本名俞尼子，是前太尉王敬则的家伎，后来王敬则叛变被杀，家眷籍没入宫，被萧宝卷倒了一个二手。之所以改姓潘，是因为宋文帝刘义隆也有一个潘贵妃，为了讨个吉利，萧宝卷就强行给爱妃改了户口，甚至连她的老爹俞宝庆也改姓为潘。

萧宝卷非常宠爱潘尼子，把小老婆当亲娘一样供着，对心爱的女人他从来都是舍得砸钱的。潘尼子有一件虎魄钏，市值一百七十万钱，以一枚铜钱约折现在的三角钱粗略计算，这枚虎魄钏约值五十万元，可谓价值不菲，但对于萧宝卷来说这算不得什么，谁会在乎这点小钱？

虽然萧宝卷有皇后褚令璩，是前司徒褚渊的侄女，但他和褚令璩没什么感情，于是让她守活寡，自己则天天和潘尼子厮混。萧宝卷为了讨潘尼子的欢心，还拿出自己的看家本领：担白虎幢。

所谓担白虎幢，就是顶竿，也称顶幢。艺人把一根长长的竿子顶在自己的肩膀上甚至是脸上来回抖动，竿上系有铜铃，每动一下，铜铃就哗哗作响，确实很有美感。玩这个绝活首先要有牛一般的力量，不然一定玩不转。

别看萧宝卷一脑袋糨糊，但有的是力气，他玩的白虎幢有七丈五尺高，都是他自己制作的。他的块头跟蛮牛似的，顶起来毫不费力，不但用脸顶，还非常喜欢用牙齿顶，牙齿哪能承受那么大的重量，他也因此被顶掉了好几颗牙。

玩白虎幢的时候，萧宝卷穿着饰满金玉的奇装异服大摇大摆走到场地中间，抱拳唱个喏，然后开始现场表演。潘尼子坐在凉棚下，手舞足蹈地看着老公耍宝。萧宝卷脸皮比城墙还厚三分，当着众帮闲的面将竿子玩得呼呼作响，也没觉得不好意思。

白虎幢玩腻了，萧宝卷就带着潘尼子满世界疯跑，小变态穿着内衣，头顶金帽子，手上横着一杆七宝槊，出城丢人现眼去了。玩累了就跳下马，拿出马勺趴在河边舀水喝，全无皇帝体统。

萧宝卷和他的大伯萧赜一样喜欢射雉，仅皇家射雉场就有二百九十六座，他经常在几百座射雉场之间来回奔走，乐此不疲，真不知道哪来这么多野鸡让他折腾。

萧宝卷这么胡闹，朝廷内外重臣看在眼里，心都凉透了，"六贵"这样的重臣说完蛋就完蛋，自己还能活到哪一天？在朝中任职的整日提心吊胆，天天求佛爷保佑，而在边镇任职的则是山高皇帝远，想甩掉萧宝卷是非常容易的。

四 乌云压城

当初齐明帝萧鸾遗命"六贵"辅政的时候，雍州刺史萧衍就看出了其中的弊端，他告诉表舅、雍州录事参军张弘策："一国执政，二人尚且嫌多，何况有六个人！等着吧，天下不久就要乱了。"

萧衍虽然是萧鸾的心腹，却不怕萧宝卷。萧鸾虽是齐朝宗室旁支，却依然做了皇帝，算起来他萧衍也是齐朝宗室旁支，萧鸾可以飞上枝头做凤凰，他凭什么不可以！

萧衍打算想说动时任益州刺史的大哥萧懿与他联手做一番大事。这时萧懿已经调任郢州刺史，郢州辖境由西南向东北倾斜，呈哑铃形状，以洞庭湖为界分为两部，西部包括湘西和黔北，东部约为鄂东，距京师只有六百余地，且地势平坦，战略位置非常重要。

萧衍让张弘策游说萧懿造反，张弘策将萧衍对时局的看法告诉了萧懿："六贵都是狗屁，萧遥光没大气局，徐孝嗣听人穿鼻，江祏优柔，刘暄暗弱，萧坦之刚狠，而皇帝又喜近小人，内乱不可避免。我兄弟有幸在外，守雍控郢，兵强马壮，虎视雄关，俯观天下。如朝廷安稳，我们俯首效命。若天道有变，我们可以一飞冲天。时不我待，哥哥当早做打算。"看人眼光如此狠准毒辣，怪不得萧衍最终能成大事。

随后张弘策也以自己的角度劝萧懿："卿兄弟二人皆当世英才，何不借雍、郢霸材之资，将义兵，诛昏君，成齐桓晋文霸业。"张弘策慷慨激昂地说了半天，萧懿却木头桩子似的根本没反应。萧懿没弟弟那么多花花肠子，他对朝廷非常忠诚，张弘策没办法，悻悻地回到襄阳。

大哥不同意并不影响萧衍的计划，他是铁了心要反。萧衍让心腹秘密打造武器，砍伐树木，准备造船，暂时用不上就先悄悄沉到河里。

要做大事，仅有物质条件是远远不够的，还要有人才。萧衍身边藏龙卧虎，群英荟萃，如襄阳太守王茂、竟陵太守曹景宗、别驾从事柳庆远、辅国司马蔡道恭、中兵参军吕僧珍、宁蛮长史郑绍叔、华山太守康绚、前冯翊戍主昌义之等人都是可用之才。

萧衍还有一个贴身棋童，三十年后，这位棋童率七千白袍军北上伐魏，一举攻克魏都洛阳，他的名字叫陈庆之。

还有一些人，虽然不是萧衍的属下，但对他非常欣赏。如梁秦二州刺史柳惔、上庸太守韦叡、前武宁太守邓元起、前横桑戍主张惠绍、布衣冯道根。

在外面折腾的不仅是萧衍，还有益州刺史刘季连和豫州刺史裴叔业。刘季连也不是个安分的主儿，他听说萧宝卷荒唐乱政，就有了想法，准备在益州做个长久的土霸王。

刘季连在益州狂妄自大，"严愎酷狠"，暴掠百姓。蜀人大愤，最终激起民变，各地起义风起云涌。蜀中大乱，刘季连只好手忙脚乱地到处扑火。

刘季连玩的只是小儿科，裴叔业才是真正做大买卖的。萧宝卷大杀宰

第六章　萧宝卷的另类人生

辅，裴叔业不禁心里发毛：这世上还有谁是萧宝卷不敢杀的？自己拼了一辈子才攒下这份家业，可不想毁在变态的萧宝卷手里。

其实萧宝卷早就盯上了裴叔业，"朝廷疑叔业有异志"，裴叔业也不傻，早在京城布了眼线，专门刺探消息。萧宝卷想把裴叔业弄到南兖州当刺史，裴叔业死活不肯去，南兖州哪有豫州自在。

萧宝卷也学聪明了，不能把裴叔业逼急，不然这厮什么事都做得出来。萧宝卷派中书舍人裴长穆去寿阳安慰裴叔业，承诺让他长久坐镇寿阳。这条件其实不错，但裴叔业的几个侄子突然从京师逃回来，说朝廷早晚要拿叔叔开刀，早想办法保命吧。

裴叔业曾经爬上寿阳城墙，北望淝水，对手下说："你们想要富贵吗？我有办法。"说白了无非是想投降北魏，但毕竟事关重大，他也不敢草率决定前程。

裴叔业和萧衍交情不错，于是派心腹马文范去襄阳，把自己想投降的意思告诉萧衍："昏君乱国，无可救药，为我们兄弟身后计，不如北面事魏，至少可以混个河南公。"

萧衍并不希望裴叔业降魏，这将给自己以后起兵带来很大的麻烦，就劝裴叔业："裴公糊涂！昏君当废，何不废之？以豫州之兵横断江流，大事可定矣。如果降房，索房必然派人来取代你，随便在河北划一块小地面打发你，裴公不过落得个纸面上的富贵，到时后悔就晚了，不如将家小遣送建康，打消朝廷疑虑，再作打算。"

萧衍说的都是大实话，裴叔业也明白萧衍的意思，就先把儿子裴芬之打发到建康做人质。但裴叔业还是不放心，他一方面和萧宝卷周旋，一方面派心腹秘密越境去汝南探魏豫州刺史薛真度的口风。

薛真度是薛安都的堂弟，刘宋淮北四州就是他们几个打包送给北魏的，现在裴叔业要叛变，他自然愿意撮合，以后被史家扔板砖时也好拉个垫背的。薛真度先对着来人大吹魏朝美政，并劝裴叔业早点归顺，等事急时再降就捞不到多少好处了。

刚开始裴叔业还是有点犹豫，但架不住薛真度的诱惑和恫吓，一狠心就投降北魏去了。因为儿子裴芬之已经溜回寿阳，没有了后顾之忧，裴叔业就派裴芬之奉表降魏。

齐永元二年（魏景明元年，公元500年）正月初七，被幸福砸晕的北魏宣武帝元恪派骠骑大将军元勰、车骑将军王肃率十万鲜卑骑兵渡淮，接手寿阳城。北魏如此兴师动众，明摆着是信不过裴叔业，但开弓没有回头箭，裴叔业只好咬牙任由鲜卑人摆布。

但还没等魏军渡河，裴叔业突然得了大病，没几个时辰就死了。他辛苦一场，只捞到了兰陵忠武公的谥号，淮南险要之地就这样被他轻易送给了北魏。许多齐朝人瞬间就成了魏人，包括裴叔业的同宗裴邃，不过几年后裴邃又逃了回来，成为梁朝名将。

豫州的失陷给南朝带来了巨大的灾难，此前南朝军队可以凭借淮河天险防御魏军，而今魏军过了淮河，强悍的鲜卑骑兵就可以在淮南千里平川之地肆意纵横，南朝对北魏的战略防御完全陷入被动。

寿阳是南朝淮河防线上的头号军事重镇，萧宝卷再贪玩也知道鲜卑军队过了淮河对他来说意味着什么。

三月十五，萧宝卷下诏命平西将军崔慧景率水陆诸军北讨反贼裴叔业，不过裴叔业已经死了，崔慧景的对手实际上是北魏新设的扬州刺史元勰。

萧宝卷对这次北伐非常重视，亲自在琅琊城为崔慧景送行，他坐在城上，让崔慧景一个人入内，说是有话要说。崔慧景出来的时候，老脸都笑开了花，估计是萧宝卷许下了什么重诺。

为防万一，萧宝卷遣新任豫州刺史萧懿率三万精锐守小岘（今安徽含山北郊），护卫京师安全。

北魏方面也不含糊，吃完了一条大鱼，他们还想吃第二条，不能怪他们贪婪，这是人的本性。时隔五十年后，鲜卑军队再次驰骋在淮南的土地上，鲜卑骑兵打遍天下无敌手，区区南朝步兵根本不是他们的对手。

魏骠骑大将军元勰是孝文帝元宏的弟弟，"博综经史，雅好属文"，耍

起枪杆子也是把好手。齐军陈伯之部、胡松部已经开到了寿阳城下，魏军必须敲掉这支军队。

元勰带着大股部队杀向齐军，打阵地战齐军根本不是魏军的对手，是役齐军惨败，战死九千人，被俘一万人，陈伯之和胡松等人抱头鼠窜。

自从三年前元宏攻克南阳之后，齐军就一直在魏军面前抬不起头来，这次也不例外。虽然重镇寿阳是无耻的裴叔业卖出去的，但淮南另一个重镇合肥却是魏军实实在在打下来的，合肥丢了，魏军把尖刀直接捅到萧宝卷的鼻子底下。

如果不是萧懿的三万重兵在小岘盯着，魏军随时都可能杀到建康，萧宝卷这回真坐不住了，命崔慧景赶快北上抗魏。

崔慧景确实率军北上了，但在广陵城北几十里的地方突然停了下来，就地召开军主以上将领会议，议题不是如何抗魏，而是要推翻昏君萧宝卷！

崔慧景在会议上严厉指责萧宝卷："我深受高皇帝、武皇帝、明皇帝三世厚恩，且受明皇帝托孤之重，本当尽力辅弼幼主。但昏君无道，枉杀重臣，祸乱民间，若不矫枉，社稷危矣。为拯万民于水火，我决定推翻昏君，诸公有意与崔某共匡社稷否？"

萧宝卷在位只有两年，但早把人心丢得差不多了，崔慧景一说，众人高呼响应：反了！既然弟兄们都支持，崔慧景也不再废话，下令军队调头南下。看来他也是早有准备的，部队刚回到广陵，守城司马崔恭祖立刻大开城门将人马迎了进来。

广陵是江北第一门户，如果想拿下建康，就必须敲掉长江南岸的南徐州治所京口（今江苏镇江）。守京口的是萧宝卷的三弟、江夏王萧宝玄，因为萧宝卷曾逼他休掉发妻徐氏（徐孝嗣的女儿），萧宝玄恨透了二哥。

这次崔慧景造反的旗号就是拥立江夏王为帝，萧宝玄知道暴富的机会来了，立即杀掉朝廷使节，和崔慧景站在一起。崔慧景的部队顺风顺水地过江来到京口，萧宝玄也做好了进京当皇帝的准备，坐着八抬大轿，手拿红色的旗子，摇头晃脑地跟着崔慧景向建康进发。

"北伐军"突然变成了"南征军",萧宝卷魂都吓飞了,直骂崔慧景不是东西,派左卫将军左兴盛率军讨伐反贼崔慧景和萧宝玄。

　　萧宝卷担心左兴盛不济事,再派骁骑将军张佛护和直合将军徐元称等六名军主率兵守住要塞竹里(今江苏南京龙谭镇东)。

　　萧宝玄不想让张佛护过来添乱,派人劝降,没想到张佛护对萧宝卷忠心不二,不睬他这一套。崔慧景见张佛护不识相,那就不要怪爷们下手狠了。因崔慧景的手下多是江北悍卒,而且属于机动作战,没有多少储备粮,为了吃饭,就必须玩命。官军虽然也拼命抵抗,但还是没有玩过这伙不要命的,张佛护和另外四位军主战死,徐元称见势不妙,立刻反水。

　　竹里的失陷几乎让萧宝卷抓狂,他可不想做第二个刘劭,再赌一把吧。萧宝卷派太子詹事王莹率兵驻扎湖头,连同蒋山的官军,足有数万人。崔慧景见官军这阵势,确实有些发怵,如果发动正面进攻,以他的实力未必能胜。

　　手下一个叫万副儿的当地人给崔慧景出了个主意:"官军驻守蒋山,我们从正面突不进去,不如从蒋山上抄小路入城。"崔慧景大喜,挑了一千多精壮汉子趁着夜色悄悄从蒋山西面攀爬过来,骚扰官军。

　　叛军不过区区千人,居然就把数万官军吓得魂飞魄散,还没打呢,全都跑了。王莹根本不是打仗的材料,但天生是个游水的好手,见大势已去,慌忙跳到水里,抱着块木头拼命划回城里。

　　王莹跑了,另一路的左兴盛也不甘示弱,丢下驻守北篱门的三万多弟兄,狂呼乱叫地逃了,但左将军运气不好,没跑多远就被崔慧景捉去砍头示众。

　　崔慧景也没想到官军这么没用,大笑着指挥弟兄们包围皇宫,准备攻城。官军在蒋山的溃逃给城内树了一个坏榜样,建康全城崩溃,崔慧景趁热打铁,打着宣德太后王宝明的旗号废萧宝卷为吴王,准备拥立萧宝玄。

　　就在这个时候,竟陵王萧子良的两个儿子巴陵王萧昭胄和永新侯萧昭颖突然投奔崔慧景。因为萧昭胄是世祖武皇帝萧赜的正牌嫡孙,比旁枝末节的萧宝玄更正统,所以崔慧景动了抛弃萧宝玄拥立萧昭胄的念头。

崔慧景犹豫不决，按兵不动，萧宝卷就得了宝贵的战略缓冲时间，现在朝中已经无人可派，万不得已中，萧宝卷将驻守小岘的豫州刺史萧懿调回来平叛。萧懿是永元朝仅有的柱石之臣，对萧宝卷可谓忠心耿耿。

萧懿正在吃饭，听闻皇帝派人来调他，二话不说，马上丢掉筷子带着三千劲卒去了京城。萧衍听说大哥带兵进京，觉得这是除掉萧宝卷的最佳时机，于是派心腹虞安福劝萧懿趁进京的时候干掉萧宝卷自己坐天下，萧懿素称忠义，哪肯做这种事情，当然不从。

萧懿一门心思对付崔慧景，其实双方就兵力来说不相上下，但叛军内部却出了问题。崔慧景的儿子崔觉和崔恭祖因争抢竹里之捷的功劳打了起来，儿子和同宗兄弟掐架，弄得崔慧景两头安慰，好不尴尬。

崔恭祖倒还讲情分，以大事为重，劝崔慧景派人守住秦淮河，阻止萧懿过河。崔慧景却幻想官军不战自溃，不肯同意。崔恭祖请战萧懿，崔慧景却让崔觉出战，肥水不流外人田。结果崔觉不经打，被萧懿杀得溃不成军，死伤两千多人马。

崔恭祖见这爷俩也不像成大事的，加上前几天自己抢来几个貌美如花的东宫歌伎，还没来得及怜香惜玉就被崔觉给抢走了，不禁越想越生气，一怒之下带着崔慧景的心腹猛将刘灵运投降了官军。

二人的出逃对叛军士气的打击相当沉重，叛军内部一片混乱。崔慧景看到这个样子，知道这回算栽在萧懿手上了，但已经和萧宝卷翻脸，除了北逃也没第二路可走。

崔慧景带着几个心腹悄悄逃出大营，准备过江投奔魏朝，萧懿没发现崔慧景，率领士兵攻击叛军本部，叛军早就不想打了，一触即溃。崔慧景也真可怜，刚逃到蟹浦就被一个渔夫认出，渔夫一刀将他砍死，随后带着人头到建康邀功。

崔觉没和老爹一起逃，而是化装成一个道士，但还是没逃脱，被人发现捕拿，送去跟老爹汇合。最亏的就是崔恭祖，虽然投降了，但萧宝卷并没有放过他，一刀送上西天。

崔慧景的失败，直接把江夏王萧宝玄暴露在光天化日之下，萧宝卷岂能饶了他。想取代我做皇帝，先去地下做阎王吧。

为了解恨，萧宝卷让一伙小厮用布帐将萧宝玄围在中间，几十个人在一旁擂鼓吹号。萧宝卷对着萧宝玄冷笑："老三，现在知道瓮中之鳖的滋味了吧。"萧宝玄已为人刀上的鱼肉，只求速死，这点大哥倒满足了他，"少日杀之"。至于巴陵王萧昭胄和弟弟萧昭颖，萧宝卷难得发了一回善心，没杀他们，踢回府里做窝囊王爷去了。

看来萧宝卷没白跟老爹萧鸾学本事，不仅残害骨肉的功夫青出于蓝，玩起政治手腕也不逊色。崔慧景败后，官军搜查出许多朝廷大佬私通崔慧景的信件，都是提前求保命符的。

有人劝萧宝卷大开杀戒，诛杀逆贼，肃清朝野，萧宝卷却难得英明一回，让人把这些信件全都烧掉，并告诉手下人："攀龙附凤是人的本性，萧宝玄尚且知道，更何况外人，算了吧。朕以后还指望他们办差呢。"

从这件事上来看，萧宝卷还是挺明白的，可惜明白的时候少，糊涂的时候多，如果他能善始善终，天下怎么会轻落于萧衍之手？

五　襄阳有条真龙

在这次平定崔慧景的军事叛乱中，豫州刺史萧懿无疑是首功，如果没有他，崔慧景早就杀进大殿了。萧宝卷也没亏待萧懿，晋其为尚书令，横跨文武两道，成了齐朝官场当之无愧的男一号。

和弟弟萧衍不同，萧懿为人忠厚，嫉恶如仇。由于过于正派，而且手握大权，自然就引萧宝卷身边那帮小人的嫉恨，有萧懿在，他们以后就别想在萧宝卷身上揩油了。

为了扳倒萧懿，茹法珍、王咺之等人在萧宝卷面前诬告萧懿谋反："据可靠消息，萧懿准备发动政变废掉陛下。陛下危在旦夕，宜速自保。"萧宝卷也不问青红皂白，立刻命人捕拿萧懿问罪。

其实之前确实有人劝萧懿谋反，趁萧宝卷出城游玩之际废掉他，但萧懿不同意。这次萧宝卷来抓，已经有人通过秘密渠道向人缘好的萧懿透漏风声，告诉他江边备有快船，请立刻西奔襄阳。萧懿却榆木脑袋不开窍，对萧宝卷愚忠到底，叹了口气道："我宁可死也不能背叛朝廷，毁了一世清名。"

齐永元二年（公元500年）十月十三，萧懿被萧宝卷赐死，萧懿很顺从地喝了毒酒上路。最可恨的是他临死前还把弟弟给出卖了："家弟衍虎据雍州上流，一旦有变，必为朝廷大患。"萧宝卷记住了这句话。

萧懿死了，家眷都要连坐，萧懿有九个弟弟，除了倒霉的老五萧融被捕处死，其他人都侥幸逃脱。萧家十兄弟在永元朝官场上名头很响，但除了萧懿，对萧宝卷来说威胁最大的无疑是萧衍。

虽然襄阳在千里之外，但以萧宝卷的绝顶聪明，自有办法除掉萧衍。所谓办法，就是派人行刺。至于刺客人选，萧宝卷相中了中兵直后郑植，因为郑植的弟弟郑绍叔在萧衍手下任宁蛮府长史，萧宝卷让郑植以探望弟弟为名接近萧衍，伺机行刺。

郑植襄阳之行的目的，不知道怎么就让郑绍叔打听到了，作为萧衍的心腹，郑绍叔立刻将此事上报。萧衍自有办法对付，郑植刚到襄阳，他就在郑绍叔的宅内设宴款待。

酒过三巡，萧衍借醉跟郑植调侃："卿来襄阳，一可探望兄弟，二可刺杀萧衍，公私两便，不知道什么时候动手。"说完仰天大笑。郑植已经被郑绍叔收买了，也想给自己留条后路，听萧衍这么一说也是大笑。

行刺计划失败后，萧衍和萧宝卷翻脸已经不可避免。萧衍是聪明人，知道现在除了武力推翻萧宝卷，没有第二条路可走。人生本来就是一场赌局，赌赢了一夜暴富，赌输了大不了含笑赴黄泉。萧衍一狠心，反！

十一月初九，雍州刺史萧衍大会文武将佐，萧衍告诉弟兄们："萧宝卷昏狂乱国，暴虐天下，商纣不如如此！今日萧衍决定替天行道，废昏立明，诸卿若有意，可与衍共匡天下危局！"众人都是萧衍心腹，那还有什么话好说，举臂高呼，声震远近。

早在萧懿死后几天，萧衍就已经和心腹商议好了武力推翻萧宝卷的计划，初九当日就招募到甲兵上万，马一千多匹，船三千多艘，之前沉在河里的竹木全部捞出打造船舰。

萧衍此时所控制的地盘并不大，而且雍州北五郡几年前还被元宏给吞了，要想造反必须得到近邻荆州的帮助。这时的荆州刺史是萧宝卷的八弟、十三岁的南康王萧宝融，但实际上主持荆州军政的是行事萧颖胄。

萧衍和萧颖胄虽然认识，但并不熟悉，他正挖空心思琢磨如何拉拢萧颖胄呢，突然有消息传来：萧宝卷已经派巴西（今四川绵阳）太守刘山阳率三千官军赶赴荆州，协同萧颖胄剿灭萧衍。

再劝萧颖胄恐怕来不及了，萧衍决定改变计划，以反间计逼迫萧颖胄跟着自己造反。《梁书》称萧衍"英武睿哲"，这可不是凭空吹出来的，他的反间计玩得实在是漂亮至极！

萧衍命人写了几百封内容一样的书信，诈称刘山阳西上是来袭击荆州和雍州的，然后派参军王天虎去江陵挨家挨户地投信，大造舆论。萧颖胄得到消息后果然大为惊恐。

与此同时，萧衍又给萧颖胄和其弟萧颖达另寄两封书信，内容只有一句话："事涉机密，由王天虎口述。"可萧衍根本就没有给王天虎交代过任何一句机密话，萧颖胄问王天虎："萧雍州到底说了什么？"王天虎瞠目结舌，答不上来。

这件事很快就在江陵城传开了，加上王天虎本是萧颖胄的贴身心腹，许多人都开始相信萧颖胄已经和萧衍勾搭成奸了。萧颖胄夹在刘山阳和萧衍中间进退维谷，好不尴尬。

巴西太守刘山阳是个滑头，听说萧颖胄和萧衍有一腿，不敢去江陵，生怕萧颖胄吃了他。刘山阳这么一停，反而让萧颖胄担惊受怕，难道刘山阳真的相信自己要与萧衍谋反？可事实上萧颖胄根本就没想过要跟萧衍蹚这个浑水。

萧颖胄一时没了主意，便找来西中郎城局参军柳忱和席阐文，闭门商议

如何应付眼前的局面。柳忱是梁、南秦二州刺史柳惔的弟弟，和萧衍私交甚笃，自然劝萧颖胄倒向萧衍。

柳忱的理由非常充分："昏君在上，群小在下，祸害社稷，人心思乱。尚书令萧懿扫灭崔慧景，功勋第一，犹陷于小人之手，何况使君！而今雍州士马精强，萧牧雄姿绝代，我看萧牧必能成大事，使君才姿英勃，自当明白忱之深意。"

席阐文也劝萧颖胄和萧衍合作，同时给萧颖胄献策："使君欲与萧雍州平坐，不如杀刘山阳做见面礼，然后共襄大业。现在刘山阳迟疑不进，是怀疑我们有反心，使君可杀掉王天虎，送天虎人头于山阳。天虎是使君心腹，刘山阳必然会相信我们。然后把刘山阳诱到城里，一壮士之力可斩彼头！"萧颖胄经过慎重考虑，觉得跟着萧衍远比跟着萧宝卷更可靠，于是决定赌一把大的。

萧颖胄为人"弘厚"，不过这等君子要玩起阴招来，更让人心寒。他把王天虎叫过来，不怀好意地笑："我今有难，且借天虎的人头送给刘山阳。"话音未落，早有人踹门进来，一刀砍下王天虎的人头。萧颖胄派人将人头送去刘山阳处，并传话说自己马上就起兵进攻萧衍。

刘山阳果然上当，十一月十八，刘山阳带着几十个随从，便服来江陵见萧颖胄。刘山阳刚进城，眼前突然杀出前汶阳太守刘孝庆，还没等反应过来人头就被刘孝庆砍了，众随从见势不妙，跪地请降。

刘山阳的人头是萧颖胄和萧衍合作的最好信物，萧颖胄派人给萧衍捎话，希望在次年二月天气回暖的时候再起兵推翻昏君。萧衍笑眯眯地欣赏着刘山阳血肉模糊的人头，没有同意萧颖胄的计划。他告诉来人："兵贵神速，否则军心易变。大丈夫行事当果决，何必拖泥带水！"

萧衍早就盯上了萧宝卷那个位置，但不想直接以自己的名义出兵。现在唯一的选择就是拥立南康王萧宝融，在政治上否定萧宝卷就能争取更多人的支持。萧颖胄也是这样想的，而且萧宝融在他的控制之下，在政治上他比萧衍更具优势。

但如何给萧宝融镀层金身是个技术性难题，如果贸然称帝，恐怕影响不好。正好这时西中郎司马夏侯详把在朝中任职的夏侯亶召了回来，夏侯亶一到江陵就拿出一道宣德太后王宝明的敕令，称南康王比萧宝卷更有资格继承皇位，准备迎接南康王入京即位。

明眼人一看就知道这道敕令是假的，都是萧颖胄和夏侯详事先安排好的。萧衍当然也知道这是萧颖胄干的好事，但他没有点破，毕竟萧宝融还在萧颖胄手上。竟陵太守曹景宗劝萧衍把萧宝融抢过来，然后帮其称帝，就可挟天子令诸侯，萧衍没同意。

如果真这么做了，就等于和萧颖胄翻脸，谁不知道萧宝融现在价值连城，萧颖胄肯放么？其实只要萧衍能抢先灭掉萧宝卷，萧颖胄纵使有天大的能耐也扑腾不出多大的浪来，正所谓："若其克捷，则威振四海，谁敢不从！"

六　风卷残云

筹备许久，萧衍终于要动手了，是生是死很快就能见分晓。

萧衍起兵在荆雍地区造成了非常大的震动，许多人相信萧衍才是真正能成大事的人物，都把宝押在他身上。上庸太守韦叡就很欣赏他，萧衍这边刚动手，就带着本部两千多人马来到襄阳。韦叡希望能够通过萧衍来实现自己的政治抱负，毕竟他已经近六十岁了，机会已经不多。梁、南秦二州刺史柳忱，华山太守康绚和布衣冯道根等人也纷纷响应，荆雍上流一时大震。

齐永元三年（公元501年）正月初十，南康王在萧颖胄的摆布下接受宣德太后的"敕令"，称相国，并大赦"天下"。所谓天下，实际就那几块地盘。萧衍被封为征东将军，荆雍军事集团能否推翻萧宝卷，全看萧衍了。

正月十三，征东将军萧衍正式起兵，留弟弟萧伟和萧憺守襄阳，自己则率兵襄阳东下，开始了他人生中最大一场赌博。

起兵后，萧衍写了一道檄文，声讨昏君萧宝卷，在政治上给自己造势拉

分。在这道两千多字的檄文中，萧衍将萧宝卷干过的丑事全都抖出来，大骂萧宝卷"独夫扰乱天常，毁弃君德，奸回淫纵。猜忌凶毒，触途而着，暴戾昏荒"。

萧衍选择的进军路线是先南下竟陵（今湖北钟祥），然后沿汉水东进江夏（今湖北武汉），占据上流优势，再顺江东下，平克建康。

雍州兵很快就抵达汉口。有人劝萧衍先围住江夏，围点打援，攻克西阳（今湖北黄石）和武昌（今湖北鄂州），萧衍不同意，而是派王茂率军渡江，在九里下营，曹景宗屯兵石桥浦。

萧衍这么布兵，主要是担心万一贸然攻西阳，驻守鲁山（今武汉龟山）的骁骑将军房僧寄有可能在背后偷袭，那麻烦就大了。只要拿下鲁山，郢州唾手可得。王茂也给萧衍争气，在郢州城下一战击败官军，郢州刺史张约见势不妙，龟缩城中死守。

对萧衍威胁最大的并不是张约，而是鲁山的房僧寄，为防止房僧寄和张约眉来眼去，萧衍派水军头领张惠绍率船队在长江上来回游弋，切断郢州和鲁山的一切人员往来。

萧衍在前线折腾，后方的萧颖胄也没闲着，他和萧衍是一根绳上的蚂蚱，萧衍要是败了，他也得跟着完蛋。萧颖胄知道其中的利害关系，派冠军将军邓元起率本部增援萧衍，湘州土霸杨公则也带着本部人马和萧衍会合。

这次萧颖胄是下了血本的，为了支援前线，他派中兵参军刘坦主持湘州军政，专为前线供应军粮，一次就调运了三十多万斛粮食，弟兄们能吃上饱饭，自然愿意卖命。

这时郢州城突然发生变故，刺史张约病故，骁骑将军薛元嗣、江夏内史程茂以及张约之子张孜继续死守江夏。萧衍没把他们当回事，这些人早晚都是他盘子里的肥肉，他更关心的是江陵城的情况。

三月十一，南康王萧宝融在江陵称帝，改元中兴，置百官，并遥废萧宝卷为涪陵王，当然这些都是在萧颖胄的指挥下进行的。萧颖胄和萧衍分工明确，萧衍负责前线军事，萧颖胄负责后方朝政。

虽然两人暂时结盟，有短期的共同政治目标，但他们同时还是竞争对手。萧颖胄的职务是尚书令兼荆州刺史，萧衍是征东大将军。在大后方实际上是萧颖胄一个人说了算，萧衍在前线打拼的同时还要密切关注萧颖胄，人心隔肚皮，谁知道萧颖胄的肚子里有几条蛔虫？

到了六月，江陵朝廷派卫尉席阐文来前线犒军，席阐文同时还捎来了萧颖胄对前线的看法，萧颖胄对萧衍顿兵郢州城下、围而不攻相当不满，认为萧衍坐误战机，并建议萧衍请来魏军协同作战，这样胜算更大。

听完席阐文的话，萧衍直摇头："我军人少，分则易为官军所乘，我坐镇汉口，就是要切断各种官军往来通道，等到官军粮食吃光，就是我们反击的时候。且索房贪婪，请神容易送神难，烦公等再容衍一点时间，必然克敌。"

萧颖胄的战略眼光确实不如萧衍，真要请来鲜卑人，只能加快南朝灭亡的时间，鲜卑人贪婪是出了名的。萧衍相信萧宝卷根本不是他的对手，天下早晚是自己的，何必请鲜卑人分蛋糕。

留给萧衍的时间并不多，他必须在最短的时间内扫掉眼前这几个碍事的，夜长梦多的道理他自然明白。征房将军王茂和军主曹仲宗奉萧衍之命率水师进攻加湖（今湖北武汉长江北），全歼官军吴子阳所部上万人。

官军在加湖的惨败让本还有一丝希望的江夏和鲁山二垒全都泄了气，知道这回是真没救了。

萧衍围困鲁山有一段时间了，房僧寄已经病死，军权由军主孙乐祖代理。面对强悍的雍州军，孙乐祖也没咒念了，没粮食吃，只好让弟兄们在江边捕小鱼充饥。吃不饱的军队是没有战斗力的，孙乐祖想弃军逃到夏口，但雍州军已经切断他的后路。七月二十五，走投无路的孙乐祖跪在萧衍面前请降。

鲁山的失陷，直接将江夏暴露在萧衍的兵锋之下，江夏是大郡，城中有十万多百姓，在被围的大半年里，因为缺粮，饿殍遍地，惨不忍睹。守城的程茂和薛元嗣虽然被萧宝卷封为大州刺史，但不过是画饼充饥，解决不了实际问题。在旨意下达的当天，程薛二人就开城投降萧衍。

江夏是长江中上游的军事重镇，拿下江夏，进攻建康的路就是一片坦途。萧衍留下上庸太守韦叡守郢州，他相信韦叡的能力。韦叡可以说是大器晚成的典型，快六十岁才开始在政坛崭露头角，但他人生最辉煌的时刻是在七年后那场惊心动魄的钟离大战。

拿下郢州后，下一步怎么走？许多将领的意思是不如在夏口休整，但萧衍却反对。他想擒贼先擒王，只要端掉萧宝卷，陈伯之和吴子阳等人也蹦跶不了几天了。

张弘策和宁远将军庾域支持萧衍的方案，这事就定了下来。萧衍从不打无准备之仗，张弘策手上有一份行军地势图，村庄码头和险要地点标得一清二楚。从江夏至建康，最快捷的就是走水路，而且还能保持体力，充沛的体力是战斗力的重要组成部分。

萧衍东下的同时，还注意扫清外围，他的背后仍有几个不安分的，尤其是司州刺史王僧景。萧衍的一支军队北上进攻司州，很快就吃掉大半个司州。王僧景知道打不过萧衍，只好拜了萧衍的门子，打发儿子到萧衍那里做人质。

搞定了王僧景，萧衍可以全力对付萧宝卷。老半天没提到萧宝卷了，这个小变态在做什么？

他还能做什么？穷折腾呗，把建康城折腾得鸡毛满天飞。

七　荒唐皇帝的荒唐事

萧衍在长江上游玩得风声水起，萧宝卷也一直没闲着，他有的是事做。

上次萧宝卷没杀巴陵王萧昭胄，算是对得起他了，没想到萧昭胄根本不领堂叔的情面，私通前巴西太守萧寅和父亲萧子良的老部下桑偃，准备废萧宝卷自立。桑偃打算率几百人突入万春门杀掉昏君，萧昭胄却犹豫不决。随后因内部矛盾，被人告发，萧昭胄的下场只能是死。

为了保命，许多人都想干掉萧宝卷，比如好久没动静的新任雍州刺史张欣泰。张欣泰早就瞧萧宝卷不顺眼了，也想干票大买卖，于是勾搭上了太子右

卫率胡松和直合将军鸿选、南谯太守王灵秀等十几位军界强人，准备先干掉萧宝卷身边的茹法珍和梅虫儿那几个小人，再推翻萧宝卷改立建安王萧宝寅。

动手的地点选择在中兴堂，因为张欣泰要率军上前线和萧衍作战，茹法珍和梅虫儿等人来中兴堂给他钱行。众人刚坐好，张欣泰的人马就出手了，先砍死中书舍人冯元嗣和制局监杨明泰，堂中大乱。梅虫儿虽然负伤，但还是跟着茹法珍侥幸逃了出去。

另一路的王灵秀按计划去接建安王萧宝寅，准备入城即位，几千个百姓不知什么原因，诡异地跟着萧宝寅入城。还是茹法珍脚长，先行入城，告发了张欣泰和萧宝寅，萧宝卷立刻下令关城。

城上守军得到命令，万箭齐下，射倒了不少百姓。众人大乱，丢下萧宝寅四处逃窜，萧宝寅终于做了"孤家寡人"，三天后去宫里自首，乞求二哥宽大处理。萧宝卷没舍得杀弟弟，羞辱一番，放了人。倒是张欣泰和胡松那伙反贼一个也不能饶，"皆伏诛"。

搞定了以上两路叛贼，虽然前线还有萧衍，但萧宝卷觉得他一时半会打不过来。曹操有诗曰："对酒当歌，人生几何？"能多玩一天就赚一天，以后的事情再说吧。

萧宝卷在阅武堂内修建了一座园林，起名芳乐苑，从各地运来奇石堆成假山，涂上五彩颜色，在阳光的照耀下闪闪发光。有山就要有花草树木，宫里没有怎么办？好办，抢！

萧宝卷派人到大街小巷，发现谁家种了上好树木、花草，二话不说，连根拔起，扛回宫里栽上。当时正值七月，树木根本不能成活，刚栽下就枯死了。萧宝卷很扫兴，命人将枯死的树木都扔到宫墙外，真是"憔悴损，满地黄花堆积"。

这都不是最荒唐的，最搞笑的是萧宝卷在芳乐苑的水池边修建了几座小楼，楼里的墙壁上都画着一些不堪入目的春宫图，他整日嬉皮笑脸地搂着潘贵妃欣赏，口水流了一地。

萧宝卷对潘尼子百依百顺，只要她发话，上天揽月，下海捉鳖，没他不敢干的。为了讨潘尼子的欢心，萧宝卷建造了神仙殿、永寿殿、玉寿殿，并把京城名刹中的金玉宝饰全都拆下来装在潘尼子的寝殿上，他脸皮厚实，不怕佛祖责骂。

为了让潘尼子有足够的脂粉钱，萧宝卷下令将京师各地收上来的酒税都折成现钱，纳入潘尼子的小金库，供她挥霍。

还有一件可笑的事情，萧宝卷不知是听了谁的主意，在芳乐苑里建造了一座集市，让太监宫女们扮做卖菜甲和买菜乙，潘尼子做市令，即市场管理人员，萧宝卷则扮做市场录事，凡发现有人在市中作奸舞弊，立刻揪出来责打。

萧宝卷觉得做录事不过瘾，干脆亲自上阵，开了一家肉铺，萧屠户撸袖操刀，剁肉叫卖。潘尼子也没闲着，紧挨着肉铺开了家小酒肆，潘娘娘捏着细嗓子卖酒，众帮闲在旁边手舞足蹈，宫中一片乌烟瘴气。

萧宝卷的荒唐勾当早在京师传开了，有句民谣唱得好："阅武堂，种杨柳；至尊屠肉，潘妃沽酒。"但他根本不在乎外人怎么说，只要自己高兴就行。

虽然萧宝卷大脑经常短路，但要玩起花样来绝对是人中龙凤。他还是一个了不起的发明家，不但直接"制造"出梁朝，还创造了一个充满美感的成语：步步莲花。

萧宝卷让工匠把黄金雕刻成莲花的形状，铺在潘尼子的寝殿里，让她走在金莲花上面，美人出莲花，倾国倾城。四百多年后，南唐后主李煜也凿金为莲，让宠妾香娘在金莲上跳舞，应该是从萧宝卷这里学来的。

萧宝卷眼里只有潘尼子，连死鬼老爹都不当回事。有一次他在乐游苑里骑马狂奔，坐骑突然受惊，他很迷信，向据说能白日见鬼的神汉朱光尚询问凶吉。朱光尚胡说八道，说听到了明皇帝（萧鸾）骂陛下，不让陛下出门。

萧宝卷听完大怒，立刻抽刀下马，和朱光尚一起捉拿"萧鸾"。胡闹一场后，当然什么都没捉到，萧宝卷不解气，命人用茭草扎成萧鸾的模样，将这个草人按着跪在地上，一刀砍下草头，悬在芳乐苑的门前示众，简直荒谬绝伦。

看来萧鸾真是不得人心，连宝贝儿子都这么糟蹋他，和萧鸾相比，萧宝卷的大伯萧赜要幸运多了。有一回萧宝卷来到兴光楼游玩，兴光楼是萧赜在位时修建的，楼外涂上青漆，俗称"青楼"。

萧宝卷看见后，笑骂大伯："老头子是个大笨蛋外加铁公鸡，放着琉璃不用，用什么青漆，拔几根鸡毛会死啊？"当时琉璃是很贵重的物品，价值不菲，萧赜勤俭持家，当然舍不得用，哪像萧宝卷这个败家子。

也活该齐朝气数已尽，摊上这么个变态的小主子，正在萧宝卷在建康城中玩得天花乱坠的时候，他的敌人萧衍已经离开郢州（今湖北武汉）东下了。

八 长驱直入

萧衍虽然拿下郢州，打掉了东进道路上的第一个拦路虎，但前方的道路依然凶险，没人知道明天会发生什么。

萧衍制定的军事计划是顺江东下，奇袭建康，但郢州和建康之间还盘桓着一个江州，走水路东下必须要经过江州地面。

这时的江州刺史是陈伯之，陈伯之是典型的土匪脾性，少年时代就是乡里一霸，经常头戴獭皮冠，拿着磨好的刀，窜到别人的田地偷割长熟的稻子。

有一次陈伯之行窃时被田主发现，田主指责他偷东西，陈伯之不服："不过拿了你一担稻子，值得大惊小怪么？"田主要拿他问罪。他急了，舞刀大骂："想找死么！"田主哪吃得起刀子，吓跑了，陈伯之哼着小曲将偷来的稻子担回了家。

陈伯之虽然斗大的字不识一个，却狡猾得很，是个骑墙行家。萧衍特意从俘虏中挑出了陈伯之的心腹苏隆之，派去浔阳劝降，并承诺让他继续留在江州做霸王。

陈伯之拨了一会儿算盘，觉得两头不得罪最符合自己的利益，就答应了萧衍。但他不希望雍州军过来，他信不过萧衍。萧衍就知道这厮不安分，决定

第六章 萧宝卷的另类人生

压一压他的锐气，光要嘴皮子不行，关键时候还要看拳头硬不硬。

冠军将军邓元起、左卫将军杨公则奉萧衍之命，率精锐直袭柴桑（今江西九江城郊），萧衍率主力部队随后跟进。人人都有欺软怕硬的毛病，陈伯之看到萧衍要吃人，果然软了，立刻开门请罪。

萧衍还要继续东进建康，但不放心陈伯之，决定留下郑绍叔守江州，负责前线军粮运输，陈伯之跟他连兵东下，实际上是就近监视。不只是陈伯之，远在江陵的萧颖胄也是萧衍的怀疑对象，毕竟萧颖胄在后方控制萧宝融，万一有什么风吹草动，对萧衍是非常不利的。

萧衍东进后，巴西太守鲁休烈突然发兵进攻上明（今湖北枝江南），距江陵不过几十里，萧颖胄有些坐不住了。

按萧颖胄的意思，是想请萧衍把杨公则的部队拉回来救驾，萧宝融绝不能落到萧宝卷手里。萧衍不同意萧颖胄的意思，他告诉来人："远水救不了近火，杨公则赶回江陵已经来不及了。何况鲁休烈的人马不过是一群乌合之众，有什么好怕的。"

江州已经拿下，建康城近在咫尺，萧衍可不想在这个时候功亏一篑。自己的利益永远在别人的利益之上，何况江陵也不是他的地盘。只要他控制住建康，无论是谁，都蹦跶不出他的手掌心，更何况鲁休烈只是一只小蚂蚱。

和鲁休烈相比，萧宝卷才真正是块肥肉，天底下最大的一块肥肉。

萧衍的行军速度够快，这是南朝军队的一个优势。江南水网纵横，走水路是最方便的，"朝辞白帝彩云间，千里江陵一日还"，雍州军战舰如云，借着风势，浩浩荡荡地来到了襄垣（今安徽芜湖），准备和驻守姑孰（今安徽当涂）的辅国将军申胄决战。

萧衍太高看申胄了，这厮胆小如鼠，哪敢和他过招？他刚到芜湖，申胄就带着二万弟兄作鸟兽散了。天上掉馅饼，萧衍不客气，张嘴就接着了，吃得喷喷香。

姑孰是建康西边门户重镇，拿下姑孰后，唯一能给建康城挡风遮雨的只有江宁。萧衍把这个光荣而艰巨的任务交给了将军曹景宗，曹景宗是南朝著名悍将，打起架来不要命。

朝廷方面派出的是太子右卫率李居士，李居士带着一千精锐骑兵来到江宁决战。官军看到雍州军穿着破旧，武器老化，没瞧得起曹景宗，傲慢地上来掐架。曹景宗正愁没饭吃呢，带着弟兄们就杀了过去，没过几回合，官军大败，雍州军乘胜进逼阜荚桥。

曹景宗首战告捷，萧衍提兵大进，在新林设临时指挥部，准备和萧宝卷进行战略决战。

萧衍开始布局落子，王茂占据越城，邓元起占据道士敦，陈伯之占据篱门，吕僧珍占据白板桥，进一步勒紧萧宝卷颈上的绞索。

萧宝卷当然不会坐以待毙，再派李居士出来捣乱，这回李居士带了一万多悍兵，声势很大。李居士瞅准了吕僧珍人数最少，就决定先拿他开刀。

吕僧珍知道双方实力悬殊，不敢力拼，带着三百个不怕死的弟兄抄到李居士后面偷袭。白板桥上的雍州军见吕僧珍得手，大叫着出城，里外合击，大败李居士。李居士不服气，在请示萧宝卷后，烧掉大半个建康外城，开辟新的战场，和萧衍再赌一把大的。

齐永元三年（公元501年）十月十三，萧宝卷痛下血本，派宁朔将军王珍国率十万精锐步兵屯于朱雀航南首，对外号称二十万，背对着秦淮河下阵，和萧衍玩命。不过萧宝卷不放心王珍国，这小子和他老爹王广之一样油滑，于是另外派太监王宝孙执白虎幡督战。

萧宝卷要玩命，萧衍奉陪就是。萧衍方面出马的是王茂、曹景宗和吕僧珍，王茂的任务是冲击官军的东翼，曹景宗跟在王茂后面，吕僧珍负责放火箭。

主将在拼命，雍州军的弟兄们都不甘落后，个个奋勇向前。官军虽然人多，但多是临时拼凑起来的乌合之众，哪经得起雍州军这么玩命地打。加上直合将军席豪受不了王伥子的辱骂，愤然上阵，结果不幸战死，官军更没心思打了，一哄而逃。

他们能逃到哪里？逃到哪儿雍州军也不会放过他们。朱雀航的惨败基本

上瓦解了官军各部的士气，官军将士纷纷望风而逃，他们都明白，萧宝卷已经没救了。没骨气的都逃了，有骨气的都投降萧衍，李居士也弃暗投明，并献出新亭要塞。

萧衍不给萧宝卷丝毫反击的机会，立刻率兵进击宣阳门，陈伯之围西明门，准备攻城。不过萧衍听说陈伯之和城里的人勾勾搭搭，知道这厮不太安分，就吓唬他："昏君听说将军倒戈，恨你入骨，准备活捉将军，生吃将军肉，痛饮将军血，我提醒你了，你自己看着办吧。"陈伯之胆小，果然怕了，他现在已经被萧衍拴在一根绳上了，没有后路，只好跟着萧衍继续做贼。

十月二十一，萧衍坐镇石头城，督令各部进薄建康城。萧宝卷见外城要守不住了，也不和萧衍纠缠，立刻下令烧掉外城建筑，所有人员全部逃进内城。

萧宝卷想做乌龟那就成全他，萧衍下令四面合围内城，挖战壕工事，打不死也要饿死这个小变态。

面对城外咄咄逼人的萧衍，萧宝卷却跟没事人似的，照样在宫里跑马玩耍，甚至叫嚣要和萧衍一对一单挑。萧宝卷轻视萧衍也是有理由的，当初陈显达、崔慧景造反时，声势何其大，不也瓦解冰消了？在萧宝卷看来，萧衍不过是陈显达、崔慧景的翻版。

这时城中还有七万多精锐部队，足够和萧衍掰腕子，但萧宝卷之前觉得萧衍好对付，只准备了够吃一百天的粮食和物资。现在雍州军围住内城，看样子萧衍是准备饿死他们了，"众情汹惧"。

俗话说，人为财死，鸟为食亡。只要萧宝卷肯掏银子，重赏之下必有勇夫，不愁没人出来卖命。但他却是只铁公鸡，一根毛都舍不得拔。茹法珍虽然是个小人，但还算明白，萧宝卷再不掏钱，人心真要散了，大伙全都得完蛋。

茹法珍劝萧宝卷放血，结果却被喷了一脸唾沫："萧衍攻城，又不是冲着我来的，凭什么让我掏钱充大头！"看来萧宝卷大脑又短路了，萧衍不冲着他，还能冲着谁来？

萧宝卷舍不得掏钱的消息传到外面，弟兄们一听全都泄了气，本来还指望趁机捞一把呢，现在没戏了。摊上这么一只铁公鸡，弟兄们直叫晦气，虽然暂时还没有大规模逃亡事件发生，但人心已经乱了。

这样一支士气低落的军队，虽然人数众多，但根本没什么战斗力，几次突围全被雍州军给打了回来。对不起，上峰有令，一只鸟都甭想飞过去，何况你们这些鸟人，老实呆着吧。

官军的士气跌到谷底，许多人开始绝望，再跟着萧宝卷，吃饭的家伙早晚要充公。宁朔将军王珍国和兖州刺史张稷听说茹法珍、梅虫儿在萧宝卷耳朵边嚼舌头，劝萧宝卷诛杀大臣，为了自保，二人决定投降萧衍，这当然不能怪他们，完全是萧宝卷逼出来的。

王张二人先派心腹秘密出城联系上了萧衍，萧衍巴不得有内线呢，自然好言安慰。二人也知道萧衍说的不过是场面话，真要让萧衍拿他们当人看，那只有做一场天大的买卖，让萧衍掂量出他们的分量。

他们准备做什么买卖？

刺杀萧宝卷！

王珍国趁着夜色溜到张稷的府里，二人附耳密谈，制定刺杀计划。做这种事情，只能成功不许失败，必须有周密的计划，否则一旦失败，九族俱毁。

九　江山易主

齐永元三年（公元501年）十二月初六晚上，王珍国和张稷胆战心惊地率本部人马悄悄来到云龙门下，由事先买通的后阁舍人钱强打开门，乱兵一拥而入。

他们已经打听到，此刻萧宝卷正坐在含德殿上对着月亮吹笙，抒发对美好生活的向往，于是大队人马直扑含德殿。

萧宝卷其时确实在吹笙，曲名叫《女儿子》，估计也是凄婉柔美的曲子，潘妃子此时并不在身边，他是否也会感觉寂寞？吹了一会儿，萧宝卷觉得累了，就转身上床休息。

正在辗转反侧的时候，他隐约听到殿外有动静，还没反应过来，乱兵已经踹开殿门闯了进来。萧宝卷吓得脸都绿了，准备跳过北墙，逃往后宫避难。怎料还没等他跳墙，跟在身边的太监黄泰平突然狞笑不已，抽刀从背后砍了过来。

萧宝卷惨叫一声，扑倒在地，这时才看清是黄泰平这个小阉害他，于是破口大骂："狗奴才，你想造反吗？"废话！不造反砍你干什么？

这是萧宝卷十九年短暂人生中说的最后一句话，他本想忍痛再说些什么，却被突然赶到的张稷中兵参军张齐一刀剁下了人头，连个喊疼的机会都没有。南北朝最著名的荒唐皇帝萧宝卷就这么死了，死得没萧昭业耻辱，但足够滑稽。

从资质上来说，萧宝卷明显逊于萧昭业，但要讲政治手腕，萧宝卷深得萧鸾的真传，只要他肯用心，做个安稳的太平天子是没问题的，至少他对权力的掌控能力很强，这点非常重要。

可惜的是，萧宝卷把心思全用在吃喝玩乐上面，成天吊儿郎当，诛杀大臣，弄得人人自危，裴叔业携豫州叛国，陈显达、崔慧景兴兵谋反，萧衍襄阳起兵，最终逼得王珍国等人弑君作乱。

虽然这些人都不算什么好鸟，王夫之说他们"身为大臣，不定策于顾命之日，不进谏于失德之始，翘首以待其颠覆"，但他们都是因为在萧宝卷身上看不到希望才铤而走险的。

王夫之对萧宝卷是持否定态度的，"东昏之虐，非苍梧（刘子业）、郁林（萧昭业）之比也"。萧宝卷在位仅三年，这三年却是南朝一百六十九年中最为血腥混乱的，王夫之严厉批判："呜呼！君臣道亡，恬不知恤，相习以成风尚，至此极矣！"

萧宝卷的倒台，虽是他个人的不幸，却是整个南朝的幸运。自从萧鸾以来，齐朝在和北魏的较量中颓势明显，先丢北雍州，再丢豫州，战略主动权完全丧失。萧衍起兵后，北魏朝野纷纷劝皇帝元恪趁齐内乱南伐，必能统一天下，这几乎就是三国时"蜀汉伐吴，魏当乘其弊"的翻版。

元恪没有同意，以北魏强大的实力，一旦萧宝卷继续赖在皇位上，南朝有可能会被北魏打成筛子。

萧宝卷一死，南齐朝野一片欢呼，这个小变态早就该死了。张稷得手后，立刻召集百官，让大佬们签字画押，准备卖身给萧衍。其实这些大佬们除了右仆射王亮外，早就私下和萧衍勾搭上了，现在只不过走个过场罢了。

签完名后，张稷将黄绢抹上油，包了萧宝卷的人头，出城献给他们未来的新主子萧衍。虽然江陵城还有一个皇帝萧宝融，但谁都知道萧宝融只是个木偶，真正掌握最高权力的是萧衍。

江陵城的大总管不是萧颖胄么？其实早在一个月前，萧颖胄就因鲁休烈在西线骚扰江陵，忧愤成疾病故了，死时四十岁。当时因为局势飘摇不定，江陵朝廷决定秘不发丧，稳定人心，这事萧衍知道，只不过他也有意隐瞒萧颖胄的死讯。

等萧衍攻克建康后，江陵朝廷这才公开给萧颖胄发丧，赠侍中、丞相，风风光光地下葬。萧颖胄死了，萧衍心里非常高兴，毕竟萧颖胄和他只是暂时联盟，两人早晚都要为了各自利益翻脸，现在老天替他除去了萧颖胄，江东天下都是他萧衍一个人的了。

虽然建康城已经被萧衍划到自己的户头上，但因为城中形势尚不明显，他没有贸然进城，而是派吕僧珍和张弘策先进城清查府库户籍，做好建立新朝的准备工作。

现在他还需要做一件事，就是废除萧宝卷的皇帝称号。和几年萧鸾废除萧昭业一样，萧衍同样请来了宣德皇太后王宝明出来演串场戏，跑跑龙套。王宝明一介庸妪，无权无势，但她的金字招牌却价值连城。

齐永元三年（公元501年）十二月初十，萧衍以宣德皇太后的名义下令，废萧宝卷为东昏侯，皇后褚令璩和皇太子萧涌并废为庶人。

萧衍是这场战争的最大赢家，当然要吃最大的那块蛋糕，被封为大司马、录尚书事、骠骑大将军、扬州刺史，晋爵建安郡公，食邑万户。建安王萧

宝夤因为要避讳，改封为鄱阳王，时兼扬州刺史的晋安王萧宝义改封为司徒，名声上好听，但实际上他们都不过是萧衍掌上的玩物。

路铺好了，十二月十九，萧衍以胜利者的姿态耀武扬威地进入建康城，入居阅武堂。随后以大司马的名义下令废除萧宝卷时代不合理的制度，并清查冤狱，建康城中一片晏然。

搞定了建康，萧衍还要收拾周边那些不太听话的萧宝卷残部，比如豫州刺史马仙琕。萧衍不想和马仙琕动武，于是先派马仙琕的朋友姚仲宾去做说客，晓明形势，劝其归降。没想到马仙琕大怒，立斩姚仲宾。

马仙琕是忠臣么？难说他不是在演戏，以便日后从萧衍那里捞条大鱼。杀掉姚仲宾之后，他哭号着遣散部下，说弟兄们家有父母，他自己做忠臣，让弟兄们都回家做孝子。随后自投大营，被萧衍的人马捆绑着来见大司马，一同被绑来的还有"宁死不降"的吴兴太守袁昂。

萧衍自然不能亏待这两位"忠臣"，给他们戴高帽："不意今天见二义士。"马仙琕的回答很有趣："小人只是一条没有主人的狗，后主（萧宝卷）给我骨头啃，我当然要为主人效命了。"萧衍大笑。马仙琕的话外音很明白，只要有骨头啃，他照样会做萧衍的忠实走狗。

经过一段时间的努力，萧衍已经完全控制了建康城，明眼人都瞧得出来，他早晚是要篡位的。但萧衍明白，饭要一口口吃，大餐没做好，可以先吃几盘甜点开开胃。

萧衍眼中所谓的甜点其实就是萧宝卷留下的那几个绝色美女，他不仅要接管萧宝卷的江山，还要接管萧宝卷的女人。首当其冲的就是潘贵妃，其实萧衍早已经被潘尼子的国色天香给迷倒了，口水流了一地。

这也不能怪萧衍，面对这样一个尤物，哪个男人不想咬一口？萧衍的发妻郗徽三年前病故，他膝下只有一个儿子，就是出生三个月的长子萧统，萧统的生母丁氏留在襄阳照看儿子。

萧衍起兵一年多，一直打着光棍，也不容易。他是个大善人，看到这几位美女在失去丈夫后凄楚哀怨的眼神，心都碎了，于是决定发扬人道主义精神，把她们都接收过来。不过领军将军王茂对萧衍贪恋美色有意见，劝他以大事为重，不要因为这些事落人口实。

萧衍觉得王茂说得有理，便将威福享尽的潘尼子缢杀于狱中，同死的还有萧宝卷的篾片朋友四十一人。但还是将萧宝卷的侧妃余氏、吴氏、阮氏揽入怀中调情取乐，满足了男人最基本的生理需求，其中吴氏还怀有萧宝卷的"龙种"。

阮氏本姓石，芳名令嬴，在她六十七年的人生中，先后有过三个男人。第一个是萧遥光，萧遥光被杀后，萧宝卷跟进；萧宝卷被杀后，萧衍再跟进。萧衍也是她最后一个男人，梁天监七年（公元508年），阮氏给萧衍生了一个儿子，即后来的梁元帝萧绎。

玩弄女人的同时，萧衍也没有忘记王茂所说的"大事"。所谓大事，无非就是玩"禅让"的老把戏。这个游戏非常简单，曹丕、司马炎、刘裕和萧道成等老前辈玩得炉火纯青，萧衍直接抄现成的就行。

齐中兴二年（公元502年）正月十二，宣德皇太后下令，晋萧大司马都督中外诸军事，剑履上殿、入朝不趋、赞拜不名，正式拉开改朝换代的序幕。

虽然萧衍是从雍州起兵，但其政治起家却是从建康开始的，所以建康城中的老朋友非常多。在建康官场混的时候，他是竟陵八友之一，而今一朝得志，老朋友们闻到腥味，纷纷凑了过来。

如今萧衍也需要人手，只要肯为新朝效力，来者不拒。拜黄门侍郎范云为谘议参军、司徒右长史任昉为记室参军、司徒左长史沈约为骠骑参军。沈约在官场上了混了大半辈子也没混出什么名堂，本已经死心，但没想到半路杀出个萧衍，沈约知道他的机会来了。

他料到天下早晚是萧衍的，为了当上开国元勋，就跑到大司马府里煽风点火，劝萧衍建立新朝。萧衍不傻，哪能轻易让人抓住话柄，并不理沈约的那一套。

沈约见萧衍又想做婊子，又想立牌坊，不禁暗笑，继续劝道："士大夫想攀龙附凤，这也是人之常性，现在黄毛小儿都知道齐朝要完蛋了，天下非大

司马您莫属。这是上天的旨意，大司马要顺天应人，不可逆天背人。"

萧衍还是没什么反应，只随口敷衍道："事关重大，让我考虑一下吧。"

沈约再劝："当初大司马龙兴襄阳之时，就应该考虑这事，现在大事已成，您还考虑什么？难道考虑把建安公爵的位子传给小世子吗？现在天子尚在江陵，如果有人把天子迎还京师，君臣名分定了下来，那时大司马再想做大事就来不及了。"

沈约最后一句最狠："天子长大，君明臣贤，到时看还有谁愿意跟着大司马您做鼠窃贼！"

这句话果然刺痛了萧衍，萧衍也知道夜长梦多，这事不能再拖。他让沈约先回去，随后把范云拽了过来，范云比沈约还要热衷名利，自然也劝萧衍称帝。萧衍让范云通知沈约，次日一早过来议事。

范云把这事告诉沈约，并约好次日在大司马府前会合，一起去见大司马，沈约微笑着答应了。第二天天刚放亮，范云就跑来了，可等了半天也不见沈约的人影。正在纳闷的时候，却看见沈约春风满面地从大司马府里走了出来，范云这才知道被老沈给耍了。

范云不好发作，只得垂头丧气地问："沈公，不知道大司马将来如何安排我？"沈约大笑，举左手晃了晃，范云知道要做左仆射了，脸上笑开了花。沈约已经奉萧衍之命拟好了受禅诏书和人事安排名单，萧衍对范云明显有好感，所以他虽然来晚了，却没损失什么。

按照计划，正月二十四，远在江陵的萧宝融"顺从天意人心"，下诏封萧衍为相国、总百揆，从南豫州、南徐州、扬州划出十郡，分封给萧衍做梁公，备九锡礼，置梁国百司。

先做国公，再做国王，然后称帝，这是历代实行禅让的三部曲。萧衍是个文化人，比无赖朱温强多了，蒋玄晖劝朱温按禅让的潜规则走程序，朱三却冲着蒋玄晖破口大骂，一点涵养也没有，不值得后人学习。

十　历史的轮回

萧衍要做皇帝了，但在做皇帝之前，他必须除掉任何有可能威胁到他皇位的人，不管这个人是谁。

第一个被萧衍盯上的是湘东王萧宝晊，萧宝晊是萧鸾的亲侄子，这个草包王爷不太老实，张稷等人杀萧宝卷的时候，他竟然坐在府里眼巴巴地等人迎他入宫做皇帝，结果空欢喜一场。

萧衍知道后冷笑，你想做皇帝，那就去地下做吧。齐中兴二年正月十一，萧衍以谋反的罪名拿下萧宝晊及他的两个弟弟萧宝览和萧宝宏，杀！

在杀人的间隙，二月初五，萧衍自动给自己提高级别，晋爵梁王。

萧衍还要继续杀人，接下来轮到了萧鸾的儿子们，二月十九，邵陵王萧宝攸、晋熙王萧宝嵩和桂阳王萧宝贞以谋反罪被萧衍当猪一样给宰了。萧衍是不会同情他们的，这就是赌场的规矩，你赌输了，我就有权利决定你的命运。

唯一让萧衍感到遗憾的是，鄱阳王萧宝夤不知去向。萧衍派人捕杀萧宝夤，没想到萧宝夤府上的太监颜文智速度太快，和几个同伙穿墙破壁，带着十六岁的萧宝夤，穿着破衣服，光着脚逃往北魏。

一路上都有萧衍的人马驻防，一旦被捉，只有死路一条。可怜的萧宝夤昼伏夜行，住山洞，吃野果，算他命大，终于跟跟跄跄地逃到了寿阳城下。

魏扬州刺史元澄听说萧宝夤来了，立刻派人迎接。他知道萧宝夤的价值，如同当年的刘昶一样。

元澄一看萧宝夤这身打扮，好家伙，这是齐朝的富贵王爷？简直就是被拐卖的奴隶。萧宝夤的人生是一部传奇，刘昶虽然也是外逃，但毕竟是从边境上逃的，而萧宝夤是从萧衍的刀口下逃生，后来竟然成为北魏重臣。

虽然萧鸾的长子萧宝义还在，但因身有残疾，不招萧衍忌讳，侥幸保全性命，安享富贵。除了萧宝义，南朝明帝诸子中，只剩下江陵皇帝萧宝融了。

萧衍要称帝，是绝对离不开萧宝融这个第一号男配角的，不然这出戏就没法演

第六章　萧宝卷的另类人生

下去。

萧衍留下九弟萧憺任荆州刺史，命人强行将萧宝融接到建康，给他安排戏份。眼看着萧衍飞黄腾达，他那帮老哥们无不欢喜异常，可就在这时候，萧衍称帝一事突然没了下文。

范云一打听缘由，差点没气死。原来萧衍的魂儿已经被萧宝卷的余妃给勾去了，天天在府里和余氏寻欢作乐。范云曾劝过他，但他不听。范云暗骂萧衍没出息，心说不能让他这么胡来，自己下半生的富贵可都指望他了。

范云拉上萧衍的心腹、领军将军王茂闯进大司马府，指着萧衍的鼻子骂："当年汉高祖入关中，不近女色，范增叹为可畏。今日大司马登龙在望，海内无不额首加幸，没想到明公竟然堕落成跟昏君萧宝卷一个级别，太让人失望了。"

王茂当然要说话的，他指着站在一边目瞪口呆的余氏劝萧衍："范公说的有道理，主公当以天下苍生为念。奈何恋此亡国祸水！"萧衍被二人痛骂了一顿，哑口无言。

范云真够缺德的，骂了还不算，还劝萧衍大方点儿，把余氏赏给王茂做小妾，算是犒赏功臣。萧衍是聪明人，王茂说余氏是亡国祸水？那就把这祸水引到王茂的田里吧，顺手就把余氏送给了王茂。王茂平白得了美女，回家后笑得嘴都合不上了。

经过范云和王茂这么一闹，萧衍明白他该做些正事了，比如废掉萧宝融，建立属于自己的王朝。

这时江陵皇帝萧宝融还没到建康，禅位诏书就飞到了萧衍的案子上，当然是有人替萧宝融代劳。

齐中兴二年四月初五，齐宣德皇太后王宝明告诉天下臣民："皇帝（萧宝融）的禅位诏书已经到了，明天早上我将派使者送印玺于梁王。"

自从嫁给"齐世宗文皇帝"萧长懋以后，王宝明一直平平庸庸地活着，哪知道萧长懋死后，她却"飞黄腾达"，成为齐朝当仁不让的头面金字招牌。

当初萧鸾废掉她的亲生儿子萧昭业时，就把她抬出来压场面，没想到现

在又要演同样一出戏，只不过这次要亲手废掉的是仇人萧鸾的儿子。王宝明心里有一丝复仇的快感，她相信这是萧鸾的报应。

第二天一早，心情复杂的王宝明最后一次以皇太后的名义发出策书，派尚书令王亮、中书令王志奉玺授赴梁王宫，恭请梁王殿下顺天应人，即皇帝位。

萧衍脸皮真够厚的，都这时候了，还要装纯洁，三辞三让，无非就是说些"臣无才无德，不足副天下望"之类的陈词滥调。根据剧本安排，齐豫章王萧元琳等齐朝官员八百一十九人、梁台官员一百一十七人联名上表，恭请梁王即位，萧衍还是不同意。

这时太史令蒋道秀适时站出来，装神弄鬼地举出天文符谶六十四条，说上天降瑞，梁王得天下这是天意，非人力所能违，请大王顺天应人。萧衍知道，这台戏早晚都要收场，现在是时候了。天下人都不是傻子，再装下去，大尾巴真的掩不住了。

四月初八，有关部门在建康南郊设祭台，柴燎告天，举行禅让大典。甲士十万横戟于台下，王公大臣两排并列，齐声恭请萧衍即位。萧衍身穿法服，志得意满地坐在权力金字塔的顶端，在众人的山呼万岁声中开始了属于他的时代。

萧衍的帝国国号被定为大梁，改齐中兴二年为梁天监元年。历史实在是太讽刺了，当年萧道成篡宋时，国号定的就是梁，但崔祖思说"金刀利刃齐刈之"，这才改国号为齐。哪知道二十四年后，梁朝横空出世，取代的恰就是萧道成的帝国。

萧衍表面上继承的是萧道成打拼下来的江山，实际上他真正的继承的是萧鸾的天下。螳螂捕蝉，黄雀在后。萧鸾做梦都没有想到，当初劝自己杀尽高武子孙的心腹萧衍，竟然成为自己子孙的掘墓人。